News Agencies:
Challenges in the New Digital Era

挑戦する
世界の通信社

メディア新時代に

「世界の通信社研究会」編

新聞通信調査会

刊行にあたって

　通信社は報道機関の中で極めて重要な地位を占めているにもかかわらず、残念ながら、一般読者との直接的な関わり合いが少ないこともあって、どのような活動をし、どのような役割を果たしているか、その存在自体ほとんど知られていないのが実情です。しかし、実際には、国内のニュースはもちろん、特に外国のニュースは通信社を通じて報道されることが多く、通信社を抜きにして必要な情報を入手することは事実上不可能といっても過言ではありません。

　本書では、一般にあまり知られていない通信社とは一体、どんな会社なのか、報道機関の一つとすれば、その中でどのような役回りをしているのか、同じマスコミ仲間の新聞社やテレビ局とどう違うのか、ニュースや各種情報をどのように取材し、それをどこに、どのようにサービス（配信）しているのか、などの活動ぶりを、通信社成立の事情やこれまでの発展の歴史、外国の通信社との提携関係などに触れながら、できるだけ平易かつ詳細に紹介・説明し、通信社に対する読者の皆さまのご理解をいただきたいと願っています。

　通信社は今、激変するメディア環境の中で歴史的岐路、重大な転換点に立っています。新聞各社が一般読者の「紙離れ」で発行部数の減少など厳しい状況に直面しているのと同様、マスコミ各社へのニュースサービスに依存する度合いの大きい通信社も事業面、経営面で困難な環境に直面し、経営体制を含めて通信社全体の在り方が問われています。さらに、インターネットの登場で情報内容やサービス形態が大きく変わり、それに対応した新しいビジネスモデルの構築が緊急の課題になっています。本書では、そのような現状を踏まえ、通信社は今後どのような道を進むべきか、その将来像を探る意味も込めて、世界の主要通信社が現在の状況をどのように

認識し、どのような方向を目指そうとしているか、各社の経営・編集幹部に意見を聞き、今後の指針をまとめる参考材料を提供できればと考えています。

　一口に通信社と言っても、事業内容や経営形態はさまざまです。新聞社やテレビ局などマスコミ各社に政治、経済、社会、文化、スポーツなどのゼネラルニュースを提供する通信社、銀行、証券などの企業に株式相場や為替相場、各種の経済統計など多様な経済実務情報をサービスする経済専門通信社など、広範かつ多岐にわたり、各社が抱える課題も一様ではありません。また、国によっては、政府と一体の国営通信社もあれば、加盟新聞社の拠出金で運営する新聞組合主義の通信社、株式組織の通信社などがあり、一律に論じることはできません。本書では、原則として、通信社の英語名「News Agency」の原義である「ニュースサービスの代行者」、つまり、マスコミ各社や一般事業者、その他の顧客に代わってニュース・情報を集め、迅速にサービスする企業という定義に沿って取り扱っています。

　本書の発行に当たっては、企画段階から東京経済大学元教授のメディア史研究者、有山輝雄先生に全面的なご助言、ご協力をいただき、無事完成に至りました。改めて深く感謝申し上げます。また、私ども新聞通信調査会の「世界の通信社研究会」メンバーとして、長期にわたって本書の企画、編集、執筆に参加していただいた諸先生、共同、時事両通信社の関係者の皆さまのご尽力に深謝致します。

2017年3月

公益財団法人新聞通信調査会
理事長
長谷川　和明

目　　次

刊行にあたって

Ⅰ部　通信社とは何だろう ─────────────── 1

1．通信社の発生 ─────────── 3
2．通信社の独占協定 ─────────── 7
3．日本の通信社の歴史 ─────────── 9
4．変わりつつある通信社 ─────────── 14

Ⅱ部　世界の主な通信社 ─────────────── 19

第1章　海外の通信社 ─────────────── 21

1．AP通信社 ─────────── 21
起源 23　ニューヨークAP 25　ウエスタンAP 27　通信社戦争 30　ニューヨークで組織再編 31　近代化への改革 34　デジタル時代の到来 38　新たな発想と戦略 40　放送向けサービス好調 43　BtoBモデルが基調 44

［コラム　幻に終わった「通信社連合」］48

2．トムソン・ロイター ─────────── 49
ロイター氏の事務所 51　ロイター電信会社 53　通信社カルテル 55　ローデリック・ジョーンズの功罪 56　ロイター・トラスト 59　総合情報サービス企業への変身 61　トムソン・ロイター 64　ロイター・ニュースが基盤 66　進むオートメーション化 68　映像ニュース 69　将来への布石 71

［コラム　猛威を振るう「日本脅威論」］74

iii

3．フランス通信社（AFP）―― 75

重点分野はビデオ 75　　組織と事業 78　　経営形態 82　　歴史 86　　日本との関係 94　　AFP憲章と編集倫理綱領 95
［コラム　思い出のカナダ"一人支局"］101

4．ドイツ通信社（DPA）―― 102

激しい競争 103　　組織 105　　成り立ち 107

5．ロシアの通信社 ―― 111

⑴　タス通信社　111

概要 110　　歴史 112　　組織と現状 115　　ニュースサービス 118　　インターネットとソーシャルメディア 121　　近年の変化と将来への展望 123　　日本との関係 125

⑵　その他のロシアの通信社　125

［コラム　緊張で胃がキリキリの39分］127

6．スペイン通信社（EFE）と
　　イタリア通信社（ANSA）―― 128

⑴　EFE　128

歴史 129　　現在の所在地・海外ネットワーク 130　　クライアントと発信言語 132　　近年の変動と将来への展望 133　　国家との関係 136　　教育面での貢献 137　　日本との関係 139

⑵　ANSA　141

歴史 141　　現況 141　　近年の変動と将来への展望 143　　日本との関係 144

7．新華社（中国）―― 148

特色 148　　歴史 152　　現状 153　　将来展望 158　　日本との関係 159

8. 朝鮮半島の通信社
（聯合ニュース、朝鮮中央通信）――――― 160
(1) 聯合ニュース（韓国） 160
　歴史 160　　現状 161　　ニュースサービス 166　　近年の変化と将来への展望 167　　日本との関係 170
(2) 朝鮮中央通信（北朝鮮） 172
　［コラム　ソウル特派員の序列］175

9. アラブ世界の通信社――――――――― 176
情報覇権と通信社 176　　国家の独立と通信社の設立 178　　通信社設立をめぐるポリティクス 180　　各国の通信社の規模と活動 181　　地域通信社とその問題点 183　　変化の波 184　　通信社の変化 186　　立ち遅れるアラブの通信社 187　　「アラブの春」と通信社 188　　アラブ世界の通信社の行方 190

10. アジア・太平洋地域のその他の
通信社――――― 193
(1) PTI 通信社　193
　組織と現状 194
(2) イスラム共和国通信社（IRNA、イラン）　195
　組織と現状 196
(3) 国営ベトナム通信社（VNA）　197
　組織と現状 197
(4) ベルナマ通信社（BERNAMA、マレーシア）　199
　組織と現状 200
(5) アンタラ通信（ANTARA、インドネシア）　200
　組織と現状 201
(6) AAP（オーストラリア）　202
　組織と現状 203
(7) 中央通訊社（CNA、台湾）　204

組織と現状　205
(8)　アジア太平洋通信社機構（OANA）　206
　　［コラム　ベトナム戦争の〈最後のサイゴン支局長〉として］207

第2章　日本の通信社 ──────── 208

1．共同通信社 ──────── 208

現況──新聞組合主義の通信社　208　　発足から基盤整備　209　［1）同盟から共同、時事へ　2）役員総退陣でスタート　3）3紙脱退　4）編集綱領　5）船舶に向けPDF紙面送信　6）システム更新続く］　変革の10年　215　　［1）構造改革　2）社費体系見直しと法人格移行　3）毎日再加盟と加盟社との協力　4）外国通信社との協力　5）海外取材網の展開　6）デジタル事業の展開　7）五輪取材　8）CMS導入　9）編集力強化に全力］　グループ会社　226

2．時事通信社 ──────── 228

外部資本排し社員株主制度で自主的運営　228　　共存共栄からライバルに──時事通信と共同通信　229　　発足時からハンディ抱える　230　　苦難の中でも発展への礎築く　231　　技術開発、対外発信・進出で大きく先行　232　　初期は出版で活路　235　　速報時代の先陣「繊維速報」創刊　235　　多彩さ誇る商品群　236　　超長期体制で弊害　242　　26年ぶりに新生時事　243　　8つの衛星企業・社団法人──時事グループ　244　　編集・技術面での主な動き　245　　誤報問題受けて記者行動規範制定　248　　情報ソリューション分野でサービス拡大へ　249

Ⅲ部　付録：世界の通信社一覧 ──────── 255

あとがき ──────── 267

I部
通信社とは何だろう

1. 通信社の発生

　いきなり通信社といっても、多くの人々にとってはなかなかなじみがなく、一体何をしている会社だろうとけげんに思う人もいるかもしれない。通信という言葉からはインターネットを運営している会社と思う人もいるだろう。実は、通信社というのは、国内各地さらには世界各地に網の目のように記者を配置し、それら記者たちが取材・編集したニュースを新聞社、放送会社、一般企業などに配信している会社なのである。通信社はメディアの世界の中では極めて重要な役割を果たしている。しかし、一般の読者・視聴者はテレビや新聞などからニュースを得ていて、その源で活動している通信社のニュースに直接接する機会が少ないため、通信社の役割にはなかなか気が付かない。しかし、最近インターネットの中を色々な形で流れているニュースを注意してみると、ニュースの末尾に「(共同通信)」とか「(ロイター)」とかの注記がある。これらは通信社のニュースなのである。最近のメディア変動によって、かつてより通信社の活動は見えるようになってきている。

　通信社は英語では news agency というが、世界で初めて通信業を始めたフランスのシャルル・ルイ・アバスが自分の会社を Agence Havas と名乗ったのに由来するといわれている。agency というのは色々な意味があるのだが、一般的には会社などの活動の一部を当事者になり代わって専門的に行い、サービスとして提供するという意味である。広告代理業を adevertising agency というが、広告の営業活動を専門に行い、広告主と広告媒体を結び付ける企業活動である。また旅行代理業は travel agency だが、個人や企業になり代わって旅行に関わる面倒を処理し、安全で楽しい旅を用意する企業活動である。通信社も、それら agency と同じように、

企業や新聞社になり代わって広範な情報を集め、速報することに特化した会社と言える。新聞社、放送会社は自分たちだけで、世界中で発生する多種多様な事件を報道することはできないから、通信社に頼るところは大きいのである。

　なぜ情報の収集と速報を専門とする企業が生まれてきたのだろうか。古い時代からできるだけ多くの情報を素早く手に入れることは政治活動、商業活動、軍事活動などにとって最重要の問題であったことは言うまでもない。だが、さまざまな情報を収集し、速報するには多大の労力と費用、特別な通信技術を必要とする。しかも、仮に多数の情報を集めたとしても、その中で何が重要な情報なのかを見抜くには深い洞察力と豊富な経験が必要だ。そしてそれらの情報を個人や企業に販売するためには情報の信頼性について高い評価を得ていなければならない。

　かつてそうした活動を何とか組織化できるのは、君主や豊かな商人などであった。彼らの活動は広域に及んでいたから、各地の情報を入手することは死活問題であり、それによって政治支配圏、商業活動圏が維持され、彼らに権力と富をもたらしたのである。イタリアのヴェニスの商人は一種の副業として商況ニュースの通信サービスを行っており、17世紀頃には当時国際的な商業都市であったアントワープ（現在はベルギー）を中心に顧客に情報を提供する通信業が活動していたといわれる。

　しかし、各地に通信員を配置し、特別の使者または郵便によってこれらの通信員からのニュースをパリの事務所に送らせ、それを翻訳・編集して購読者に配布するという近代的通信社業務を最初に始めたのはシャルル・ルイ・アバスである。彼が1835年にパリに事務所を置き、通信業を開始した。その際の顧客は主に外交官・商人・金融業者など個人であったとされる。当時のフランスの新聞は言論本位で、報道を重視していなかったためアバス社とは契約しようとしなかったのである。だが新聞は次第に報道に力を入れるようになったのと、アバスが伝書バトを使って欧州の各国都市間のニュースの速報性を高めたことによって新聞社は通信社の重要な顧客となってきた。以後、通信社と新聞社は互いに手を携えて活動を拡大して

いくことになった。

　アバスが作りだしたビジネスモデルは応用の利くものであった。彼の下で働いていたベルンハルト・ウォルフとジュリアス・ロイターという2人の人物が通信業をドイツと英国に起こすことになった。ウォルフはドイツに帰って当初は自分の経営していた新聞社の副業として主に株式相場の速報サービスを扱っていたが、次第に一般ニュースにも手を広げ、本格的な通信社として実績を上げていった。

　アバスから離れ、ビジネスの機会を狙っていたジュリアス・ロイターは当時ドイツのアーヘンとベルリンとの間に電信線が架設されたことに注目した。彼はこの新しい通信技術を利用して通信社を始めようとしたのである。ところが、ベルリンの側では既にウォルフが業務を開始していたので、ロイターはアーヘンを中心に相場速報から始めた。だが、ロイターが着目したのは、このころ電信線が各地に架設され始めたが、十分整備されておらず、主要都市間でも直結されていない区間が多く、遠距離通信はできなかったことである。例えばブリュッセルとアーヘンの間は電信線がなく、このためパリとベルリンを直結することができなかった。ロイターはこの電信線未着工区間を伝書バトを利用することによってパリとベルリンという重要都市間の通信を実現したのである。速報のためにはさまざまな通信手段を用いるのは、現在でも通信社にとって最も基本的なことであるが、まだ通信社の活動が十分形を成していない時期に、ロイターはそれを見抜き、他社より優位に立っていったのである。

　さらにロイターにとって大きな画期となったのは51年11月に英仏海峡間の海底電線が開通したことである。ロイターは同年10月にロンドンに進出し、金融街シティーに電信事務所を設立した。これがロイターが世界最有力の通信社となっていく一つの飛躍台となった。ロイターは当初はヨーロッパ大陸とロンドンの相場速報をそれぞれの顧客に売ることを中心として、信用を得ていった。そして、次第に政治、社会などさまざまなニュースを集め、新聞社に売ることで事業を拡大した。本社も新聞街であるフリート・ストリートに移し、メディアにニュースを売るという現在の通信社の

ビジネスモデルを作っていったのである。
　このように通信社勃興を促したのは通信技術の発達、特に電信の発達であった。電信はさまざまな電気技術の上に30年代に実用化された画期的な通信技術だった。それまでの通信は徒歩あるいは馬や船を利用するにしても結局は人間が移動することが必要であった。人間の移動を必要としない通信手段として狼煙、旗振り、腕木信号あるいは伝書バトなどがあったが、伝達は不安定であり、しかも大量の情報や複雑な論理を伝えることは難しい。しかし、文字そのものを符号化して送信する電信は文章そのものを伝達でき、遠隔地への高速な通信を可能にする。
　西欧諸国は初め国内の陸上電信網を整備していき、それが通信社起業の契機となった。さらにガッタパーチャという絶縁被膜で覆われた電信線が開発され、電信技術は海底に電信線を敷設することができるようになった。電信線は大西洋、地中海、インド洋と伸びていき、それを利用する通信社の活動も大きく世界に広がっていったのである。

2．通信社の独占協定

　19世紀において大洋を渡る海底電信線敷設には巨額の資金と高度な電信技術が必要であった。しかも海底電線を保護する強力な海軍力も併せ持っていなければならない。当時それらを保有していたのは英国、フランス、ドイツの西欧列強3国だけであった。折しも、3国はアフリカ、アジアにまで植民地を拡大していた。海底電線とそれを通る通信社の情報は海外領土と本国を結ぶ神経網となったのである。ロイター、ウォルフ、アバスの3通信社はそれぞれ英国、ドイツ、フランスの対外拡張と深く結び付いて通信網を広げていった。

　しかし半面で3通信社はヨーロッパの内外で激しい競争を展開することにもなった。もともと遠隔地にまで特派員を送り、高額の通信費を払ってニュースを送受信する通信社は経営的に苦しい事業であったが、そこに競争という条件が加われば一層厳しいことになる。そこで3社は特定地域でのそれぞれの独占を認め合う協定を結び、経済的利益の確保を図る道を選ぶことになった。

　協定は1856年、59年に結ばれたが、70年の協定は包括的であり、世界を3社が分割した。世界は次のように分割されたのである。

　　　アバス：フランス、スイス、イタリア、スペイン、ポルトガル、エジ
　　　　　　プト、中南米
　　　ロイター：英国、カナダ、インド、オーストラリア、東アジア
　　　ウォルフ：ドイツ、オーストリア、スカンジナビア、ロシア、バルカ
　　　　　　ン

　この地域分割は、英国、ドイツ、フランスの3国の植民地と勢力圏とほぼ重なっている。国際ニュースは、フランス、ドイツ、英国の3国の通信

社によって掌握されることになったのである。
　この協定によって、日本を含む東アジア一帯はロイターの独占地域ということになってしまった。東アジアがロイターの独占地域となったのは、言うまでもなくインド、シンガポール、香港、オーストラリア、ニュージーランドなどが英国の植民地もしくは支配地域であったからである。
　日本が全く知らないところで、3通信社の勝手な都合でロイターの独占が決定されてしまった。日本からすれば、開国してようやく海外諸国との政治・経済・文化などの交流が始まろうとしていたのだが、それら諸分野の基礎となる海外情報においては、情報の受信も発信も英国の通信社ロイターに依存せざるを得ないことがあらかじめ決められてしまったのである。日本に入ってくる海外のニュースはロイターの生産したものか、ロイターの取捨選択したものであり、日本が海外に伝えたいニュースもロイターの介在がなければ、海外に出していくことができない。これは一面では、自らの力で海外情報を集めて輸入し、輸出することができなかった日本にとって便利であったことは間違いない。しかし半面では、日本が自分の思うように海外情報を入手、発信できないことは長期的に深刻な問題となった。何とかロイターの枠にとらわれずに海外のさまざまな情報を入手したいし、海外に日本の情報を送り出したいと考えるようになったのは当然である。

3．日本の通信社の歴史

　明治期の日本の新聞に載っている海外電報のほとんどはロイターの電報である。それ以外はだいぶ遅れて船で運ばれてきた上海、香港などで発行されていた英語新聞のニュースの転載であった。ロイター電報は信頼性が高く、速報性があるのだが、値段が高く、日本の新聞社は直接契約することができず、横浜の英字新聞に載ったものを数日遅れで翻訳掲載するか、多くの新聞社が共同で契約して負担軽減を図るしか方法がなかった。それだけに自国の通信社形成への期待は官民ともに大きかった。

　日本にも通信社が生まれてきたが、当初は相場速報専業であった。欧州の場合、相場通信から本格的通信社が生まれたが、日本では市場規模が小さいこともあって、相場通信から有力な通信社は形成されてこなかった。一般ニュースを扱う通信社として設立された最初は、1888（明治21）年設立の時事通信社で、管見の限りでは「通信社」と名乗った最初の組織である。時事通信社というのは恐らくNews Agencyの翻訳語で、その設立趣旨には「事実の報道を以て目的となし偏頗の議論を附加」しないとうたっている。ストレート・ニュースを伝えるという通信社の特徴をよく示している。また時事通信社は広告代理業を兼営することにしている。通信業と広告代理業との兼営はアバスなどでも見られることだが、日本の通信社の多くはこの兼営方式によって大きくなっていったのである。

　その後、90年に新聞用達会社が生まれ、新聞用達会社と時事通信社が合併して92年に帝国通信社が設立された。さらに1906年には日本電報通信社（現在の電通の前身）が設立された。これら通信社は広告代理業との兼営で、1910年代、20年代新聞社の膨張とともに発展していったが、基本的には国内ニュースを扱う通信社であった。国際的活動を展開する通信社を目指し

て最初に設立されたのは国際通信社である。国際通信社は日露戦争後の国力伸張を背景に14（大正3）年に渋沢栄一、樺山愛輔、牧野伸顕など政財界の有力者のバックアップの下に発起された。

　しかし国際通信社にとって高い壁となったのは、一つはロイターの独占であった。国際通信社はロイター以外の通信社と契約を結ぶことができなかったのである。例えば当時日米間の経済的文化的関係は深まっていたし、また移民問題など外交的難問もあった。それだけに米国とのニュース送受信の必要度は高まってきており、国際通信社設立の理由もそこにあったのだが、米国の通信社との直接契約はできなかったのである。国際通信社はロイターのニュースを日本に取り次ぐ窓口という形になってしまった。もう一つの壁は国際ニュースの取り扱いについての未経験であった。当時、外国語に堪能で海外経験豊富なジャーナリストはほとんどいなかった。国際通信社の場合、ロイターとの交渉窓口となり経営を行ったのはAP通信社の東京支社長であったジョン・ラッセル・ケネディであった。

　当初の目論見からすれば不本意ではあったが、ともかく発足した国際通信社にとって最大の課題はロイターの取次業者という枠を少しでも乗り越え、できれば対外ニュース発信を行う、それが当面無理であれば少なくとも通信社として自主的活動範囲を広げたかった。それはロイターとの契約によって拘束されていて容易なことではなかった。しかし、第一次世界大戦によってそれまでの英独仏列強3カ国通信社による国際通信支配が少しずつ緩んできた。また政府も計画的な対外情報活動に力を入れるようになり、21年に外務省情報部が設立され国際通信業拡大の政策を取るようになった。

　国際通信社の経営強化が図られ、21（大正10）年の定時株主総会で岩永裕吉が取締役に選任された。岩永裕吉は海外での経験が豊かで、内外の要人と広い交流を持った、当時としては数少ない国際人であった。岩永は23（大正12）年にロイターとの契約改定に成功し、ロイターから受領したニュース通信を「ロイター」の名称ではなく、「国際」という名義で自由に発表できる権利を得るなど、国際通信社の自主性拡大にある程度成功した。

しかし、国際通信社にとって大きな問題は累積的な赤字を抱える経営難であった。これを抜本的に改める必要があったのである。それまでも外務省からの秘密補助金によって支えられていたが、強固で持続的な経営構造を構築しなければならなかった。

　次のステップは、26（大正15）年5月1日に国際通信社などの事業を継承する形で新聞聯合社が創立されたことである。初代専務理事には岩永裕吉が就任した。新聞聯合社の基本的性格はそれまでの通信社とは全く異なっていた。第一に、新聞組合主義という組織形態を取ったことである。新聞組合主義というのは、多くの新聞社が出資し、その共同組織として通信社を運営する仕組みで、米国のAP通信社（The Associated Press）も同じ組織形態で、現在でも通信社の組織形態の一つである。第二に政府から恒常的に補助金を受けたことである。政府補助金は秘密にされ、時には新聞連合社予算の約40％も占めることがあった。第三にそれまでのようにロイター電報をただ取り次ぐのではなく、ニュースを日本から発信する活動を行おうとしたことである。29年のロイターとの契約改定によって新聞聯合社は中国大陸へのニュース供給権などを得ることができた。しかし、これだけでは不十分であることは明らかであった。

　第一次世界大戦（1914－18年）は世界のニュース通信の力関係を大きく変えた。それまで世界を分割支配していた英独仏3国のうち、ドイツは没落し、フランスも衰えた。代わって米国の通信社が大きく台頭してきたのである。特にAPはロイターの独占権に縛られることなく自由に世界で活動することを望み、ロイターとの間であつれきを起こしていた。新聞聯合社とAPは対ロイターで共同戦線を張る戦略を取り、33（昭和8）年新聞聯合社とAPとは互いにニュースを交換する契約を結んだ。ロイターはこれに憤慨したが、大勢にはもはやいかんともし難かった。34年ロイターは新聞聯合社との契約改定に応じ、両社は完全に自由な活動を認め合った。これは新聞聯合社だけの問題ではなく、19世紀以来の西欧列強3国の地域分割は崩れたのである。また、電通も米国の通信社であるUPと契約し、国際的活動を強めた。以後、世界のニュース通信は各通信社がしのぎを削

1933年5月東京で日米2カ国の通信社トップが会合した際の写真。前列左からUP通信社のロイ・ハワード社長、新聞聯合社の岩永裕吉専務理事、ジョゼフ・グルー米駐日大使、電通の光永星郎社長、AP通信のケント・クーパー総支配人。後列右端は新聞聯合社の古野伊之助総支配人（共同通信提供）。

る戦国時代となった。

　そしてそれは30年代の世界において国際的緊張が高まっていく時期と重なっていた。各国とも物資・精神を全面動員する総力戦体制構築に急ぎ、それがまた一層国際的緊張を高進させていった。その際最も重要な部門となるのが情報であった。日本は31年満州事変を起こして以来、外務省・陸軍などで情報政策を統合し大規模に推進する機関の必要性が論じられ、情報委員会が設立され（33年）、これは後に内閣情報部（37年）、内閣情報局（40年）と膨張していった。その中で欧米通信社と対抗できる国家代表通信社の設立が構想されたのである。

それを具体化するために新聞聯合社と日本電報通信社（電通）との合併が政府によって進められることになった。しかしこれは両社や全国の新聞社の複雑な利害が絡み合って紛糾を繰り返したが、結局36（昭和11）年、新聞聯合社と日本電報通信社の通信業部門を合併して同盟通信社を設立し、新聞聯合社の広告代理業部門を日本電報通信社が吸収し、日本電報通信社は広告代理業専門として存続することで決着した。これによって同盟通信社は国策通信社となり、一方、現在も続く巨大な広告代理業としての電通が生まれた。

　同盟通信社は政府から莫大（ばくだい）な助成金を受け、急速に規模を拡大し、少なくとも東アジアではロイターやAPを上回る広範な取材体制を築いていった。そのニュースは国内メディアはもとより世界中に向かって発信され、国家宣伝の重要な一翼を担っていったのである。

4. 変わりつつある通信社

　1945（昭和20）年8月の敗戦は日本の通信社にとって深刻な衝撃であった。国策と一体であった同盟通信社は解体もしくは大規模な再編成は避けられないと見なされていた。9月14日、マッカーサー連合国軍最高司令官によって同盟通信社に対する業務停止が命令された。これは19時間後に解除されたが、同盟通信社社長古野伊之助は同盟通信社への解散命令必至と考え、自主的に解体する策を取った。新聞組合主義の組織形態を取って全国の新聞社等にニュースを配信する社団法人共同通信社と一般購読者を対象に時事通信・経済通信等を経営する株式会社時事通信社に分割することとしたのである。

　10月31日同盟通信社は正式に解散し、翌11月1日に社団法人共同通信社が業務を開始し、同日株式会社時事通信社が創立された。この時、共同通信社が新聞社および放送協会を対象とする新聞通信、時事通信社が一般購読者を対象とする時事通信という業務協定が両社の間で取り交わされたが、これは連合国軍最高司令官総司令部（GHQ）から一種の独占協定であるとの非難を受け、また両社から見ても不合理であったので、49年7月に両社は協定を解消した。出自を同じくする2つの通信社が競争していくことになったのである。これが現在の日本の通信社の基本的な体制である。

　共同通信社、時事通信社そして現代の世界で大きな役割を果たしている通信社個々については、第Ⅱ部でそれぞれ詳しく述べることとして、ここでは全般に関わる問題を幾つか取り上げておくこととする。

　まず、70年代から国際的に大きな議論になったのは、情報の国際的不均衡である。国連教育科学文化機関（ユネスコ）を舞台として主として発展途上国の側から、世界を流れるニュースを欧米先進国が握っていて、著し

い不均衡が存続しているという不満が強く表明された。その具体的標的になったのはAP、ロイターなどの先進国通信社である。無論、この背景にあるのは、第二次世界大戦後かつての欧米の植民地であったアジア・アフリカ地域において多くの国々が独立を果たしたことである。ただ、次第に顕在化してきたのは、政治的には独立したものの、経済的・文化的には依然として従属したままであり、その根底には情報の流れを欧米諸国、特に欧米の通信社が握っているという状況である。これを是正するための新世界情報秩序の提唱さえなされた。

　この議論が具体的な形で登場したのは、70年代の前半で、76年の秋にケニアのナイロビで開かれたユネスコ総会において大きく顕在化した。この時の総会において発展途上国の意向に沿って、国際的な情報の均衡ある流れをつくるため宣言案が審議されたが、欧米諸国はユネスコの場においてプレスの機能について交渉すること自体に反対であったし、宣言の中に国家の役割を明記することには強く反発した。結局、宣言案は廃案となり、当時のムボウ事務局長の提案によって、情報の国際的流れについて解明するために「コミュニケーション問題研究国際委員会」（マクブライド委員会）が77年12月に設置された。この委員会には日本の永井道雄をはじめ世界から15人の委員が選任され、国際コミュニケーションの問題点が討議された。最終報告書は、80年2月に事務局長に提出され、"Many Voices, One World"として刊行された。日本でも同年に永井道雄監訳『多くの声、一つの声　コミュニケーションと社会、その現状と将来』（80年、日本放送出版協会）という題名で翻訳刊行された。これは当時における国際ニュースのさまざまな問題点を指摘して今でも参考になる。

　しかし、その後、情報の国際的不均衡の議論は沈静化していった。それは情報の不均衡が解消していったからではない。議論沈静化には国際政治での新興国の発言力が低下したという政治的理由がある。しかし、それだけではなく、不均衡の是正策として唱えられた新世界情報秩序構想は漠然としており、現実性の乏しいものであったのである。発展途上国の情報発信力を高めようとする幾つかの試みはあったが、見るべき成果を上げるに

は至らなかった。

そしてそれ以上の問題は、90年代、2000年代にコンピューターなどの大規模な技術革新によって情報の在り方そのものが大きく変化したことである。社会全体において情報化が進展し、人々の生活も激変した。国際情報の流通も激変し、通信社も変わったし、変わっていきつつある。これまでの通信社の活動の基盤そのものが大きく変化し、しかもその変化は非常に急速なのである。その基盤変化の幾つかを挙げる。

第一に通信の高速化、大容量化である。それを端的に示すのがインターネットである。インターネットの通信も主に海底ケーブルによっているが、かつての海底電線とは速度、容量は比べものにならない。それがまさに網の目にように張り巡らされ、情報はグローバル化しただけでなく、稠密化したのである。かつては通信料が高額で通信社にとって大きな負担であったが、通信コストは低減された。

第二に、通信社の顧客であった新聞社、放送会社等が大きく変わった。紙に新聞（ニュース）を印刷し発行する、かつての新聞社のビジネスモデルは衰弱してきている。通信社の重要な顧客であった新聞社は新方向を目指している状況で、当然通信社も新しいビジネスモデルを構築しなければならない。

第三に、ニュースが多様化してきたことである。かつてはニュースの中心は政治、経済であったが、現在ではスポーツ、文化などさまざまな分野のニュース需要が高まっている。オリンピックやサッカーなどの巨大メディアイベントは通信社にとって最重要な報道対象である。

第四にニュースの形態が多様化してきている。かつてのニュースは文字情報中心であったが、現在では画像、動画などさまざまな形態のニュースを提供していく必要があるのである。またそれを可能にする技術革新は日々進んでいる。

無論、これ以外にも変化はさまざまなところで起きている。通信社が変わっていく、他のメディアも変わっていく。通信社は本章冒頭で述べた定義などを越えたところに、その活動は拡大していっているのである。通信

社と他のメディアの関係、通信社と一般企業、通信社と一般市民などとの関係も大きく変わっていきつつある。それは長年信頼できるニュースをできるだけ早く伝えていく活動を行ってきた通信社にとって新たな可能性が広がってきているとも言えるだろう。その有様を第Ⅱ部で具体的に述べていくことにする。

[有山輝雄]

Ⅱ部
世界の主な通信社

第1章 海外の通信社

1．AP通信社

　「新聞社に、しかも新聞社だけに所有され、ニュースを販売することなく、利益を上げることなく、配当を支払うこともなく、単に新聞社の代理人であり、奉仕者となる全国的なニュース収集連合組織であることを原則とする。そこに参加する者たちは、考えられる全ての党派的、宗教的、経済的、そして社会的な団体に関係を持つジャーナリストたちには違いないが、全員が等しく、厳格な正確さと公正さと高潔さを持ってニュースを収集し、配信することに専念する。これこそが我々の思い描いた理想だった。」

　170年の歴史を誇るAP通信社（The Associated Press）の伝説的総支配人メルビル・E・ストーンが、1921年に出版された自身の回想録 "Fifty Years A Journalist"（50年、1人のジャーナリストとして）に記した、AP黎明期の理念についての一節である。APでは1883年から1984年まで、現在の社長兼最高経営責任者（CEO）に当たる役職を総支配人と呼んでいた。ストーンは1893年から1921年まで総支配人を務め、APの基礎を確固たるものにしたと評されている。

　時代の変遷とともに情報通信技術は進歩し、ニュースメディアを取り巻く環境は大きく変わった。報道の在り方にも大きな変化が生じているが、その基本理念と組織形態は今も受け継がれている。2016年8月末、ゲーリー・プルイット社長兼CEOはAPのニューヨーク本社で行われた筆者と

のインタビューで次のように語った。APは独立した非営利の会員制法人で、政府から補助金を受けることもなく、企業や個人に所有されることもなく、利益を上げて株主に配当を払う必要もない。私企業あるいは株式公開企業であれば、倒産、売却、合併などに直面

ゲーリー・プルイット社長兼CEO（筆者撮影）

することもあり得るが、そうした市場の影響を受けることもない。その組織形態を保ってきたからこそ、政治的、財政的な束縛を受けることなく、不況、戦争、金融危機などを乗り越え、170年もの長期にわたって存続することができた、とその特異性を強調した。

　APは歴史的に他の種類の事業にはほとんど関心を示さず、常にニュース報道に集中してきた。ニュースがその指標であり、これからも常にそうあり続けるとプルイットは語る。独立した報道機関として、意見やイデオロギーを排除し、事実に即した客観報道に徹して信頼性の高い公正なニュースを提供することを目標とする。それが必然的にAPのニュース報道を価値あるものにするのだという。

　そのホームページや最新の年次報告書（15年）によると、いまAPは世界106カ国に合計263に上る支局などの取材拠点を維持し、約3000人の正規スタッフを抱えている。その3分の2がジャーナリストだという注釈が付いていることから、記者職は約2000と推定する。また、世界中で約1万5000の報道機関に記事、写真、グラフィックス、映像ニュースを提供しており、それらの報道機関を通じて世界人口の半数以上の人々が日々APのニュースを見聞きしているという。

起　源

　　AP通信社の報道の歴史をつづった『ブレーキングニュース』（原書 "Breaking News：How The Associated Press Has Covered War, Peace, and Everything Else" は2007年、日本語翻訳版は11年出版）によると、APの起源は電信網が初めてニューヨーク市に達した1846年にさかのぼる。同市の新聞数社が電信によるニュース記事送信に合意した一連のミーティングの後、連合組織の構想は徐々に発展していったという。当初の合意文書がなく、APの起源についての説明は、ミーティング参加者の多少食い違う記憶に基づいている。

　　互いに協力し合うということは、熾烈（しれつ）な競合関係にあったニューヨークの新聞社にとっては画期的な出来事だった。それらの新聞社はいち早くニュースを得るため、激しく、時には乱暴に競争していた。彼らのライバル意識は1820年代末期に始まり、その後の15年間にエスカレートしていった。電信はその競争を激変させた。44年を境に、ニュースを早く得るための競争として、船やポニーエクスプレス（早馬郵便サービス）や伝書バトを使った古い方法に新たな方法が加えられ始めた。その新たな方法とは、最寄りの電報局に記事を届け、新聞社まで電信で送ることだった。

　　46年4月に米墨戦争（米国・メキシコ間の戦争）が勃発した後、ニュース収集の競争はその方面に焦点を合わせた。ニューヨーク市で最大の販売部数を誇るサン紙の発行人モーゼス・イェール・ビーチは、戦争ニュースをいち早く得るためにポニーエクスプレスによる中継を手配し、メキシコから船便で届いたニュースをルイジアナ州ニューオーリンズやアラバマ州モービルからモントゴメリーまで運び、そこからはグレート・サザン・メール社の駅馬車で、当時としては最南端となるバージニア州リッチモンドの電報局まで運ぶ計画を立てた。他にも競合新聞社が連合してニュースを手に入れる計画はあったが、ビーチの急送計画が初期のAPを創設する引き金となった。そのポニーエクスプレス中継がサン紙に24時間の戦争ニュース特ダネを約束していたにもかかわらず、ビーチはライバル紙とそのニ

ュースを共有しようと決めた。その決断の背景には、より包括的な新聞社連合組織の構想があったという。

　同年半ば、ビーチがニューヨーク市の他の新聞発行人たちを自分のオフィスに招いたところ、5人の新聞発行人が現れた。彼らは友人としてではなく、必要に迫られたパートナーとして、サン紙での会合に参加した。彼は招待客たちに、ポニーエクスプレスと電信送信によるニュース収集の便益と費用を共有しようと提案した。そして彼の構想はさらにその先へと進み、新聞社が連合してワシントン、フィラデルフィア、ボルティモア、ボストンなどの他都市からニュースを電信で集めることになった。「これがAP通信社の始まりとなり、全てはそこから生まれ育っていった」と彼の息子、モーゼス・スペリー・ビーチが後に語っている。

　そのミーティングに集まったAPの創始者たちは、ビーチと彼の息子、エクスプレス紙のエラスタス・ブルックスとジェームズ・ブルックス、ヘラルド紙のフレデリック・ハドソン、ジャーナル・オブ・コマース紙のジェラード・ハロック、そして、明確な記録はないがトリビューン紙の代表者も参加していたと思われている。ヘンリー・J・レイモンドはクーリエ・アンド・エンクワイアラー紙を代表していた。その5年後、彼はニューヨーク・タイムズ紙を創刊し、ニューヨークAPの7番目の加盟社となった。

　その取り決めはニュース収集費用を分担するだけにとどまらなかった。電信システムは拡大されつつあったが、全ての新聞社にサービスを同時に提供するだけの能力はなかった。新聞社間の協定がない状況の下では、遠方の電報局に一番先に記事を届けた新聞社だけが締め切り前に記事を入手することができたという。当初は、先に着いた記者が回線を独り占めすることができ、料金さえ払えば、自分の記事を送る準備ができるまで、何かしらを送信して回線を押さえることができた。その目的のため、聖書の言葉を延々と送信したという伝説的なエピソードもあるという。しかし、電信会社はやがて利用者に対して15分ルールを適用し、彼らが回線を共有し、交代で使えるようにした。それ以来、新聞社にとっては電報局まで競走す

る利点がなくなった。

　新聞社（the press）が集まった（associated）とき、彼らの連合組織の名称は自然に決まった。1846年7月2日までに、ビーチが主導した連合はニューヨークの新聞社によって「この市の新聞連合（"the associated press of this city"）」と呼ばれた。そして、レイモンドは48年5月18日付の手紙の中に、「AP通信社を代表して（"in behalf of the Associated Press"）」ボストンからの電信サービスの協定を受け入れると書き記し、ニューヨーク市新聞連合の名称を初めて公式に使用した。50年までに、ニューヨークAPのパートナー新聞社はその共同声明をAP通信社の名前で発表した。

ニューヨークAP

　当時の米国新聞読者は、欧州のニュースに強い関心を持っており、欧州から来航する船舶にボートで記者を送り込み、乗客や乗組員をインタビューしたり、船に積んである欧州各地の新聞を入手したりして、最新の情報を得ていた。競争が激しくなると、米大陸最初の寄港地となるカナダ・ノバスコシア州ハリファクスまで記者を派遣し、蒸気船、ポニーエクスプレス、伝書バトなどを使って記事を本社まで届けようとしていた。

　ボストンを本拠に、才気あふれる海外ニュース収集者として、ニューヨークの新聞社連合と競い合っていたダニエル・クレイグは、1849年に連合組織に雇用され、最初の外国特派員としてハリファクスに駐在した。その2年後、クレイグが40歳の時、彼はニューヨークに呼ばれて組織の運営を任され、2代目の総代理人（general agent）となった。その役職名は83年に総支配人（general manager）と変更されることになる。ちなみに、他の都市に配置された特派員は「エージェント」と呼ばれていた。ニュース・エージェンシー（news agency）が派遣する記者だからエージェント（agent）だというわけである。

　クレイグは直ちにAPの改革に取り掛かり、その業務をニュース収集だけでなく、ニュース販売の分野にも広げていこうとした。ニューヨーク以外の新聞社にニュースを販売してその経費を負担してもらい、そしてそれ

らの新聞社にもAPにニュースを提供してもらうという考えだった。この時点で、契約をもってAPコンテンツの使用権を許諾するという、現在のビジネスモデルの原型が出来上がった。

　そして、クレイグが進めた改革により、APは近代的な組織へと生まれ変わっていった。51年に彼は声明文を配布し、「全ての重要なニュースを収集し、合衆国の端から端まで送信する費用と労力については全加盟社が拠出するものとし、その正確性が信頼されるという本来あるべき姿にまで電信記事の基準を高め、全ての真に重要な、あるいは明らかに興味深いニュースを、最高の配信記事をもって公衆に知らしめるものとする」というAPの新たな展望を示した。

　歴史家のビクター・ローズウォーターによると、APはその創生期からクレイグが経営論争で責任者の地位から外された66年まで、当初からのパートナーだった新聞6社とその後に加わったニューヨーク・タイムズ紙が「この国のニュース収集を完全に支配していた」という。その支配は電信システムの成長と、南北戦争（1861－65年）後に同市場を支配するウェスタン・ユニオン電信会社との密接な関係に結び付いていた。

　ニューヨークで発足した新聞社の連合組織は、やがて取材活動やニュースサービス配信をニューイングランドから西部へ、そして南部へと拡大していった。56年にクレイグが発令した規約の下、加盟新聞社はニューヨークに本部を置くAPの定めた料金と条件に基づいて、国内および国際ニュースを入手しなければならなかった。しかし、西部の新聞社に提供されていたニュースの量は、ニューヨークの新聞社に配信されていたものの一部でしかなく、西部の新聞発行人たちはその料金を法外なものと見なし、ニュースを手に入れる他の方法を模索し始めた。

　66年、大西洋横断電信ケーブルが開設され、海外ニュース配信の世界を一変させた。クレイグは秘密裏にウェスタン・ユニオン電信会社と交渉し、独自に新たな商業ニュースサービスを立ち上げようとしたが、その計画を知ったAPのパートナーたちによって解雇されてしまった。

ウェスタンAP

　そのころまでには、シカゴを本拠とするウェスタンAP通信社設立の準備が進められており、加盟しようとする新聞発行人たちの数も増え、力を蓄えていった。1866年の暮れに、西部の新聞社は公然と反乱を起こした。シカゴ・トリビューン紙発行人のジョゼフ・メディルはニューヨークAPのことを、断片的なニュースを不当に高い料金で他の新聞社に売り付ける「最悪の意味での独占組織」だと表現した。ウェスタンAPが離反し、AP地方組織の一部と連携して新たなサービスを形成することを決めたとき、クレイグと彼が集めた元ニューヨークAPエージェントたちのネットワークが海外ニュースと東海岸ニュースを提供した。クレイグは英国のロイター通信社と交渉し、独占ニュース交換契約を交わすことさえした。

　翌年1月、ウェスタンAPとニューヨークAPは和解し、領域区分、ニュース交換、海外ニュース料金、電信料金などについて合意した。ニューヨーク連合はまだ優位に立っていたが、もはや支配的な地位にはいなかった。

　ニューヨークAPが海外ニュースと多くの全国ニュースの配信を掌握していた間、同通信社は契約社に対する厳しい規則を定めた。APと契約した新聞社は他のどの通信社からも電信ニュースサービスを受けてはならないというものだった。サービスの配信は制限され、どの新聞社がサービスを受信できるかは本部によって決められた。さらにサービスを受信した新聞社は公にAPを批判することも禁じられた。69年に提出された上院報告書は、ニューヨークAPが「この国の新聞社に対する検閲制度を構築した」と断じ、ある新聞社はAPの報道を批判したために、APサービスの配信が断たれたことを指摘した。総代理人のジェームズ・W・シンプソンは、APは民間のビジネス組織で、「AP通信社を創設する際の労力とリスクを共有しなかった」契約新聞社に対しては、サービスを停止できる権利を持っていると答弁したという。

　しかしAPの排他性に対する圧力は増大していった。82年には、ライバ

ルとなる UP 通信社（United Press）が創設され、既存の AP 加盟社から AP ニュースサービスの受信を阻止されていた新聞社に対するサービスを始めた。ニューヨーク AP の競合社としてよりも、その顧客としての立場に置かれたウェスタン AP も規模を拡大していった。ニューヨーク AP のパートナー7社は自分たちの立場が弱くなってきていることを認識し、82年12月に新たな協定に同意し、領域区分と理事会室の支配について譲歩することとなった。

翌年、その合意により、ウェスタン AP の首脳でオハイオ州のベテラン記者だったウィリアム・H・スミスがニューヨーク AP の経営責任者となり、初代の総支配人に就任した。彼はオハイオ州の共和党指導者層と親密で論議を呼ぶ関係を保つなど、政治的な問題を抱えていたが、ジャーナリストとしての本能と才能を備えていたという。彼は新聞読者の全国ニュースに対する渇望を理解し、最も高いプロ意識を持った記者たちによって取材された全国ニュースをできるだけ多く提供することが彼の使命だと考えていた。彼に付けられたニックネーム「広大施設のスミス」（"Vast Facilities Smith"）は、彼がサービスを拡大したことや、ウェスタン・ユニオン社から独自に回線をリースして専用回線時代の幕開けを主導したことに由来するものだった。

そのころ、AP は現代ジャーナリズムの基礎となるニュース記事の書き方を考案した。それまでの AP は、新聞社と同様、時間の経過に沿った順序でコツコツと記事を書いていた。例えば、ワシントン・エージェント（特派員）だったローレンス・ゴルブライトがリンカーン大統領暗殺事件の記事を書いたとき、大統領が撃たれたという事実を伝える前に、その観劇会の描写に200語を費やした。その報道スタイルは味気ないだけでなく、電信費用を高額なものにした。

83年、ニューイングランドに配置された AP エージェントたちは、重要なニュース情報を先に書き、必要に応じて冗長な詳細を後に付け加えるようにと指示された。この方針は1903年に指導要項として成文化され、特派員たちに配布された。「ニュースが異常な性質、あるいは極めてセンセー

ショナルなものであった場合には、直ちに100語の至急報を送信し、詳細を送る前に指示を待つこと。(中略) ニュースの核心は第1パラグラフで伝えなければならない」と。長く語り継がれてきた通信社業界のうたい文句としては、「ニュース情報を取得し、適切なリードを付け、ニュース回線に送信し、町から送り出せ」("Get the news, put the right lead on it, file it for the wire; get it out of town")ということになる。

　この「リードが先で、詳細は後に」という書き方は、ニュースの核心となる重要な情報を先に書く「逆さピラミッド」型の記事構成として、現在もジャーナリズムの初級講座で教えられており、ニュース報道についての5つの「W」情報—who, what, when, where, why—を早めに伝えることの重要性を強調するものとなる。記事の第1パラグラフは業界用語で「リード」あるいは「リード・パラグラフ」と呼ばれ、記事の核心あるいは焦点を明解かつ簡潔に説明する最も重要な部分となる。

　しかし、スミスのAP指導者としての功績は、やがてニューヨークAPの解体を招くこととなるスキャンダルに関わったことなどで、影が薄くなってしまった。80年代半ば、ニューヨークAPの経営陣は競合相手だったUP通信社と極秘協定を結んでAPのニュースを提供し、その再販売の利益を分け合っていた。さらに、ニューヨークAPのパートナーたちは、大量のUP株を内密に所有していたのだった。記者たちがうわさの真偽性追求やスキャンダルの暴露を生きがいとしているニュース業界では、秘密協定を長く隠し通すことはできない。不当に高額な契約料金を支払っていると感じていたウェスタンAPの加盟新聞社は、さらにAPのニュースがUPを通じて彼らの競合新聞社に流されていることに気付き始めた。疑惑調査チームが組織され、シカゴ・デイリー・ニューズ紙編集長兼発行人のビクター・F・ローソンがその指揮を執った。

　92年8月、ローソンは1万語に上る報告書を提出し、協定そのもの、その受益者、彼らが得た利益、そして長く行われていた詐欺行為について詳しく説明した。彼らの談合は南北戦争後の好況時代の甘い基準に照らしても、あまりにも恥知らずだと判断され、ニューヨークAPを運営していた

男たちは信用を失った。その結果、ニューヨークAPはついに破綻してしまい、その年の暮れに倒産した。

その頃までに約200の加盟新聞社を抱えていたウェスタンAPは取材範囲を拡大し、職を失ったニューヨークAPスタッフのほとんど全員を雇うなどして、UPに挑戦する準備を進めていた。「破滅した報道機関が消え去るとともに、その高い評判を支え、各地に散在していたニュース報道部隊の兵卒たちが、新AP通信社の規範の下に集結したことは意義深いものであった」と、APの編集幹部だったオリバー・グラムリングは1940年の著書 "AP: The Story of News"（AP—ニュースの物語）に記している。

通信社戦争

1892年12月にイリノイ州で法人化された新AP通信社は西部で活動を展開し、東部の領域から撤退することとなり、海外ニュースはUP通信社から買うことに合意した。資金力に勝っていたUPが倒産したニューヨークAPの資産と顧客を引き継いだとき、その人材も当然受け継ぐと思われていたが、上記のように結果は異なった。そして翌年、シカゴに本拠を置く新APは、加盟新聞発行人たちから資金を募り、新聞社向けビジネスでUPに対する熾烈な通信社戦争を仕掛けた。

APは次々と加盟新聞社を獲得し、結局はUPを破綻に追い込むことになるが、決定的な一撃となったのは、APが欧州のニュースを得るために英国のロイター通信社と交わした合意だったという。当時、ロイターとフランスのアバス通信社、ドイツのウォルフ通信社はカルテルを形成し、世界のニュース市場を独占する分割協定を結んでいた。ロイターとの合意によると、英国のニュースはロイターから、そしてフランスとドイツのニュースはそれぞれアバスとウォルフから、ロイター経由で入手するというものだった。UPは自分たちがそれに対する独占権を持つという約束だと主張したが、米国の通信社が係争中であることから、ロイター通信社創設者ポール・J・ロイターの子息で2代目社長となったハーバート・ロイター男爵は、APを含めない合意に署名しようとはしなかった。ちなみに、ロ

イター通信社の起源となる「ロイター氏の事務所」(Mr. Reuter's Office) は、51年にロンドン証券取引所の建物内に設立されている。

93年、AP総支配人に就任してわずか2日目、メルビル・E・ストーンはロイター男爵と海外ニュースについて交渉するため、ロンドンへと旅立った。自分のミッションをUPに悟られないように偽名で旅をしたという。ストーンが到着する前に、ウェスタンAPの役員をしていた欧州マネジャーが既に交渉を終えていたため、合意書に署名するだけだったが、それはその後四半世紀以上にわたってAPを率いることとなるストーンの最初の大仕事となった。その協定を持ち帰り、加盟新聞発行人たちが調達した資金を手にし、「われわれは戦う準備ができた」とストーンは後に記している。

APはその後間もなく、ニュース報道と契約社獲得の戦いで優位に立った。ストーンの右腕だったチャールズ・サンフォード・ディールは、1931年に出版された自身の回想録に「UPが苦境に陥ったのは明らかだった。彼らはわれわれの第1報となる電信記事を拾い上げ、それらを書き直し、UP電信記事として配信した」と述べている。そうしたことが通信社伝説の一つとなっている悪ふざけを思い付かせることになった。先住アメリカ人の蜂起に関する記事の中に、APの電信室員が架空の反逆者の名前 "Siht El Otspueht" を挿入したのだった。逆さ読みにすると "The UP stole this"（UPはこの記事を盗んだ）となる語句を含んだ記事はUP契約社の新聞に掲載され、UPの記事盗用が暴露されることになった。結局、UPは1897年に破産申告をして倒産した。主要なライバル社が消え去り、APは業界で突出した存在となる。

ニューヨークで組織再編

1900年、AP通信社は本拠をシカゴからニューヨークに移し、ニューヨーク州法の下で非営利の会員制法人（a not-for-profit membership corporation）として再編成された。加盟新聞社に対しては、同じ使命を信奉し、同じ経営体制を維持するが、新たな住所となると伝えた。5月22日に交付

されたAPの法人設立認可証には、「この法人は利益を上げること、あるいは配当金を捻出することや支払うことを目的としない」と明言されていた。日本での社団法人に該当する組織形態で、新聞社の共同組合（newspaper cooperative）と呼ばれることもある。

しかし、排他的サービス、会員特権、会員資格に関する制限規則、そして経営の問題は継続していた。こうした慣行は、やがてAPと競合する通信社の出現を招くことになる。AP組織制度の下では、新たに加盟しようとする新聞社は既存加盟社による承認を得て初めてAPに加入することができ、加盟新聞社が共同してAPの管理運営に当たることになる。運営費用は加盟社が分担する。APのスタッフは地域、全国および国際ニュースを配信し、加盟新聞社は自社のローカルニュースを他の加盟社に提供して、それぞれのローカルニュースを共有することになる。この連携によって、APは比類ない取材報道範囲を手に入れることとなった。加盟新聞社の記者たちは、そして後には加盟放送局の記者たちも、実質的にはAPの特派員でもあった。24年のインタビューで、何人の記者たちが自分の下で働いているかという質問を受けたとき、ストーン総支配人はAPスタッフの他に、加盟新聞社の記者たちも数えなければならないので、全体の数は分からないと答えたという。

自らも多分に帝王然としていたストーンは、1902年から約2年間、欧州やロシアを歴訪し、帝国の権力者たちと直接会い、APの報道活動を拡大するための交渉をした。ストーンは権力者たちに、APの特派員たちは友好的に振る舞うだろうが、彼らが取材する政府の従順な代理人になることはないと伝えた。そして「われわれの記者は完全に自由でなければならず、彼らの報道に影響を与えるような企てがあってはならない」と念を押したという。それはAPの世界規模での報道活動にとって極めて重要な一歩となった。

当時は、ロイターが主導する形で、フランスのアバス通信社とドイツのウォルフ通信社とカルテルを結成し、国際ニュースのビジネスを支配していた。APは海外でニュース取材をすることはできたが、米国内でしか配

信できなかった。欧州通信社カルテルが米国外でのニュース配信と販売を独占していたのだったが、ストーンはそのことについて争おうとはしなかった。APが初代UPとの通信社戦争で苦戦していたとき、ロイターと結んだ協定がその戦いの命運を左右したことを彼は忘れていなかったからだという。

　しかし間もなく、米国内に競合通信社が現れる。07年、20紙を抱える新聞チェーンを所有し、2つの地域ニュースサービスを運営していたE・W・スクリップスがUP通信社（United Press Association）を立ち上げた。2代目UP通信社と呼ばれることもあるが、破綻した初代UP通信社とは、契約社であったこと以外、直接の関係はない。そして09年、「新聞王」と呼ばれたウィリアム・R・ハーストがINS通信社（International News Service）を創設した。両社とも、APの排他的方策により、APニュースサービスを受けることができなかった新聞社を中心にビジネスを拡大していった。UPは手ごわい競争相手となったが、INSは少し離れた3番手に位置し、APの記事を盗用したり、ニュースをセンセーショナルに報道したりしていた。事実、APは記事盗用の件でINSを提訴し、報道における知的財産権保護と不当競争防止に関する画期的な最高裁判決を引き出した。激しい競争が展開される中、通信社サービスを受ける新聞社の数は増大し、16年には約2460社に達していたという。

　ストーンは10年に、アジア歴訪の一環として日本を訪れた。APの東京支局で、後に同盟通信社社長となる古野伊之助を含む若い日本人ジャーナリストたちを前に、西洋の強大な通信社からの支配を受けない、立派な「ナショナル・ニューズ・エージェンシー」を設立することができるのはアジアの中で日本だけであり、日本はその目標に向かって努力すべきだと説いたという。日本の通信社史研究全般において、その言葉は「国家代表通信社」と訳され、ストーンがあたかも国家主義的な通信社の設立を提唱したかのように伝えられている。その中には「日本が列強に伍してその独立を全うするためにはまず、その目となり、耳となり、口となるべきナショナル・ニューズ・エージェンシーを日本人自身の手によって作り、かつ

運営しなければならない」とストーンが説いたという文献もある。
　しかし、その信ぴょう性は大いに疑わしい。冒頭に紹介したストーンの回想録からの一節にも示されているように、APには「国家の目となり、耳となり、口となる通信社」という観念は存在しない。AP側に保存されている資料には、APと同じく新聞社による共同組合の組織形態を取り、APや欧州の通信社に匹敵するナショナル・ニュース・エージェンシーを創設すべきだと説いたと記されている。その「ナショナル」は「国家主義的な」ということではなく、日本における「全国的規模の」組織を意味し、世界にその存在感を示すことのできる独立した通信社の設立を奨励したと考えるのが妥当であろう。話を聞いた側に誤解があったのかもしれないが、新たな通信社の設立に向けて政財界の支援を得るため、ストーンの言葉が歪曲されたという可能性もある。

近代化への改革

　1921年までAP通信を率いたストーンは20世紀のAPを創り上げた中心的人物だったが、APを新たな時代へと導いたのは、25年に総支配人に就任したケント・クーパーだった。23年に及ぶ在任期間中、クーパーはAPニュース報道の幅を広げ、人間的興味をそそる記事を加え、スポーツ報道、インタビュー記事、そしてエンターテインメント報道を拡大していった。
　クーパーが行った改革の1つに、APが長期にわたって守ってきた無記名記事方針の緩和があった。新聞記者や雑誌記者たちが華やかな存在であったとき、APの記事には記者名（バイライン）は付けられていなかった。APでは個人的要素が記事に入り込むのを嫌い、無記名記事の方針を誇りとしていたのだった。しかし、優れたAP記事が加盟社の新聞に掲載されて話題になると、読者がその記事を書いた記者の名前を知りたがるようになったことなどから、その方針は徐々に解除されていった。第一次世界大戦（1914－18年）後には、バイライン付の記事が標準となり、APは加盟新聞社に対し、APの記事に「AP通信社」のクレジットを付けるか、あるいは記事発信地名（データライン）の直ぐ後に「(AP)」の文字を添える

1．AP通信社

右から6人目がケント・クーパー総支配人。1933年8月ニューヨークの自宅で開いたレセプションで。クーパー総支配人の左隣が日本新聞聯合社の岩永裕吉専務理事、右隣が同社の岩本清ニューヨーク特派員（共同通信提供）。

ことを要請し始めた。

　そして、APとそのスタッフの名前を広く知らしめるとともに、クーパーは技術革新を推し進めた。33年、彼はAPの専用回線による全米ニュース配信ネットワーク全域に、1分間60語の速度で配信できるテレタイプ機を設置した。さらにAPを写真ビジネスに参入させ、35年には電信によるニュース写真配信を開始した。

　APの国際ビジネス展開についても、ロイターに恩義を感じていたストーンとは異なり、クーパーは欧州通信社カルテルが情報の自由な流通を阻害しているとして、その市場分割支配体制の打破に精力を注いだ。33年、

アジア市場を支配していたロイターとの契約の下、同様に従属的な立場を余儀なくされていた日本新聞聯合社とニュース交換契約を結び、ロイターの独占的市場支配にくさびを打ち込んだ。そして、通信社カルテルは翌年に崩壊する。その経緯については、42年に出版されたクーパー著の『障壁を破る―AP 組合主義でロイターのヘゲモニーを打破』（原題 "Barriers Down：The Story of the News Agency Epoch"）に詳しく記されている。ちなみに、日本新聞聯合社の英語名は "The Associated Press of Japan"（日本の AP 通信社）だった。

　一方、AP の排他的クラブ体質は継続し、既存の加盟新聞社は同じ地域で競合するライバル新聞社の AP 加盟を阻止することができた。その仕組みは既存加盟社にとっては結構なことだったが、独占禁止法に違反していた。それはまた、AP のサービス拡大を妨げる自己破壊的な障害となっていた。つまり、ライバルの UP はどの新聞社とも契約できたが、AP はそうすることができなかったのである。

　この問題はやがて司法省の知るところとなり、加盟社のシカゴ・トリビューン紙が新たに創刊されたシカゴ・サン紙への AP サービス提供を阻止し、42年に加盟新聞社の代表者たちによって構成されている AP 理事会がそれを支持した後、大問題へと発展していった。政府は AP を提訴し、特別控訴裁判所委員会は AP にその制限を廃止するように命じた。その判決は、45年に最高裁判所によって支持され、確定した。

　43年10月、ラーンド・ハンド判事は米国の新聞社の役割について、新聞社自体の利害が最終的な判断基準にはならないとする、歴史に残る画期的な意見を述べた。

「その業界は全ての公共の利益の中で最も肝要なものの１つに奉仕するものであるが故、それは可能な限り多くの異なった情報源から入手し、そして可能な限り多くの側面と色彩を備えたニュースを配布することにある。その利益とは、仮に全く同等のものではないとしても、憲法修正第１条で保障された利益に密接に通ずるものである。それは、権威主義

的な選択によってよりも、むしろ多くの語り手から集めた情報に基づく方が、正しい結論を導きやすいということを前提とする。多くの人々にとって、このことは愚かなこととして映り、今後も常にそうあり続けるだろう。しかし、われわれはこの原則にわれわれの全てを託するものである。」

　それは加盟新聞社の敗北を意味したが、AP経営陣にとっては切実に必要としていた判決だった。古い制約に拘束され、APはその規模を拡大できず、ビジネスにおいても競合できなかった。その判決は、古い制度の下で加盟を阻止されていた新聞社をAPが新たに受け入れ、サービスを夕刊紙や日曜版向けにも拡大できることを意味していた。その結果、新たなビジネスと新たな収入が生まれた。かくしてAPはUP通信社とINS通信社との顧客獲得競争に入っていった。その判決が下されてから13年後の58年に、UPとINSが合併し、UPI通信社（United Press International）となった。

　ハンド判事の判決が及ぼしたもう1つの効果は、それによって加盟新聞社がAPのラジオ向けニュース配信をしぶしぶ認めたことだった。第二次世界大戦後、電信回線で配信されるラジオ向けニュースは全ての米国内AP支局が関わるサービスとなり、特別回線がラジオ局につながれ、毎時ニュース放送のためのパッケージや大ニュースの至急報などが提供された。それは放送で読み上げられる記事ニュースサービスで、音声によるニュースサービスではなかった。74年にAPラジオ・ネットワークは音声ニュースをサービスに加え、生放送も開始した。

　72年にコンピューターがニュース編集や配信に導入され、タイプライターやテレタイプ受信機に取って代わった。テレタイプで1分間66語の速度で配信されていた記事は、間もなく1分間1200語の速度に上げられ、その後の20年間で10倍の速さになった。80年にはニュースの衛星配信を開始し、その4年後に衛星トランスポンダーを所有する最初の報道機関となる。ニュース写真の配信も高速化され、かつては1枚の白黒写真を送るのに約15

分かっていたが、デジタル時代に入ると1枚のカラー写真が数秒で配信されるようになった。

　96年、APはインターネットを通じてオンライン・ニュースサービスの提供を始め、記事、写真、音声、そして映像ニュースを組み合わせ、絶え間なく最新ニュースを掲載してサービスを更新するようになった。

　94年には、テレビ局向けのAPTV（Associated Press Television）サービスを開始し、映像ニュース通信社ビジネスに参入した。当時、映像ニュースの国際通信社としては、ロイターを筆頭株主とするビズニュース（Visnews）と米国テレビネットワークABCが所有するWTN（Worldwide Television News）が競合していた。APTVが立ち上げられる2年前の92年、ロイターはビズニュースの全株を取得し、翌年にロイターTV（Reuters Television）と改名した。APは98年にWTNを買収し、子会社となるAPテレビジョン・ニュース（APTN）を立ち上げた。以来、映像ニュースの国際配信ビジネスで競合している通信社はAPTNとロイターTVだけとなった。

　歴史的に、APは新聞業界に主導されてきた通信社だった。記者たちはニュース配信回線にスクープ記事を流して新聞の第1面を飾り、新聞や放送の締め切りに間に合わせることで、彼らの成功の度合いを測ってきた。世界の重大ニュースをいかに報道してきたかについては歴史書の『ブレーキングニュース』に詳しく描かれている。紙面の制限上、本稿では具体的な例を挙げてその詳細を記すことはできないが、ホームページに誇らしく記載されているように、APは米国の紙媒体ジャーナリズムで最も権威ある賞とされるピュリツァー賞をこれまでに52回受賞している。そのうちの31は写真報道に授与されたものである。

デジタル時代の到来

　インターネットが出現したことにより、人々のニュース消費傾向に大きな変化が生じた。それまでは新聞を読む、あるいは定時の放送を視聴するというように、受動的にニュースを消費していたが、インターネットは24

時間いつでもニュースを検索し、能動的に消費することを可能にした。特にミレニアル世代あるいはデジタル・ネイティブと呼ばれる若者たちは、紙媒体の新聞を読まなくなった。

　こうした紙離れの傾向が進む中、リーマンショックに象徴される金融危機に端を発した経済不況が新聞業界を襲い、広告収入が大幅に減少した。日本とは異なり、伝統的に広告収入が全収入の約80％を占めてきた米国の新聞にとっては大打撃となった。日本の民事再生法に該当する連邦破産法第11条の適用を受け、再生手続きを申請する新聞や新聞チェーンが続出し、買収統合も進んだ。また、紙の印刷を限定的あるいは全面的にやめ、ウェブ出版に切り替える新聞も現れた。

　こうした「新聞不況」は、米国新聞業界を母体とするAP通信社にも大きな影響を与えることとなった。他分野からの収入が増えていることも一因ではあるが、1990年代前半に全収入の約40％を占めていた米国内加盟新聞社からの収入は、今約20％までに下がっているという。伝統的なビジネスモデルが崩壊し、デジタル時代での新たなビジネスモデルを模索しながら苦戦する新聞業界のニーズに応えつつ、APも新たなビジネス戦略を練っている。

　経営戦略と事業開発を担当するジム・ケネディAP上席副社長は、インターネットの出現に加え、ブロードバンド回線の普及がさらに大きな変化をもたらしたと語る。回線の高速化が進むにつれ、記事や写真だけでなく、映像ニュースも瞬時に送受信できるようになり、いまやハイデフィニッション高解像度動画の送受信も問題ではなくなった。

　APの過去のビジネスモデルは、ニュース記事サービスに始まり、それに写真、そして映像ニュースが加わり、一つの標準的なニュースサービスを全てのマーケットに提供してきた。それはどの地域であっても、区分化されたどの市場でも同じことだった。新聞向けのニュースを放送向けに販売し、インターネットサイトにも同じサービスを販売してきた。それは、加盟契約社がそれぞれの市場でそれぞれ異なった読者や視聴者を対象としてニュースを報道しているという理解に基づいていたとケネディは説明す

る。新聞読者は新聞でニュースを読み、ネットサーフィンする人はインターネット上でニュースを読み、テレビ視聴者はテレビでニュースを見る。それで結構ではないかという考えだったという。

　しかし、情報技術の進化が大きな変化をもたらした。2005年から07年にかけ、グーグルに代表される「検索エンジン」サービスが広く活用され、さまざまな媒体から関心のあるニュースを探し出すことができるようになった。他にも、同様に媒体を横断する形でニュース情報を集め、インターネット・ユーザーに提供するアグリゲーション・サービスが多く出現し、伝統的メディアの優位性が失われていった。さらに、ソーシャルメディアの広がりとモバイル機器の発達と普及が、ニュースメディアの生態系を完全に乱してしまったという。今や、全てのプレーヤーが同じオンライン市場、特にモバイルニュース市場で競合するようになった。

　インターネット時代初期の段階でAPが考えたことは、伝統的メディアに属する加盟契約社もサイトを立ち上げ、インターネットに進出することとなる。補足的な料金を課し、そこでAPニュースを使用する権利を認めよう。そして、新たに参入してくるニュースサイトやサービスにもAPニュースを販売すればいい、という単純な戦略だったとケネディは語る。その戦略は情報技術の急速な発達に付いていけず、完全に取り残されてしまった。一つの標準的なサービスを多種メディアに提供するという従来のやり方でもある程度の収入は見込めるが、そこに成長戦略はない。特に、情報過多となっている市場では、需要と供給の観点からしても、その標準的サービスの価値は下がってしまうことになる。

新たな発想と戦略

　米国新聞業界からの収入が減少する中、新たな収入源を求め、さまざまな試みがなされてきた。毎年、現状を起点として翌年さらに翌々年と、将来に向けて積み重ねていく方法で事業計画が立てられてきた。しかし、2015年にAP通信社はその発想をガラリと変えた。ケネディの説明によると、まず20年に焦点を合わせ、5年後の世界で必要とされるニュース情報

は一体どのようなものだろうかと推定し、その時点でのニュース消費状況とAPの報道活動を概念化することから始めた。そして、そこから現在までさかのぼり、20年のAPの姿に到達するためには、段階的にどのような方策を講じるべきかという議論がなされたという。

　その発想は新たな視点をもたらした。通信社の価値連鎖はニュースの収集、編集処理、そして配信と、3つの要素で構成されているが、その全ての分野でイノベーションが必要だということが分かったという。かつて、自分たちは全ての報道機関にとっての主たるニュース情報源で、世界各地に取材拠点を展開し、そして専用回線を通じてニュースを各報道機関の編集局に届ける仕組みを持っていると自負していた。しかし今は、その全ての分野において、業界外部からの競合脅威があり、IT企業などが進める情報技術イノベーションも通信社ビジネスに大きな影響を及ぼしている。

　ニュースの収集に関しては、いかにして幅広いコンテンツを多く提供できるようにするかが課題となる。自社のニュースサービスを増強するため、外部のコンテンツ・プロバイダーとパートナーシップ協定を結ぶことや、UGC（user generated content）と呼ばれるユーザー生成コンテンツを有効に活用することなどが検討されている。UGCとは、事件、事故あるいは災害現場にいた人たちが撮った写真や動画などを指す。配信する前にその信ぴょう性を確認する必要はあるが、高性能カメラ付きスマートフォンが普及したことなどから、ソーシャルメディアなどを通じてUGCの提供を求めることが常識となった。

　また、APは「ロボット・ジャーナリズム」と呼ばれる記事作成自動化のプロジェクトにも率先して取り組んでいる。14年7月に本格的な運用が始まり、企業の四半期収益報告などに関する一定の商況記事が自動配信されるようになった。その後、マイナーリーグ野球などについての短いスポーツ記事にも適用されることとなる。当時のAPの発表によると、それまでに記者が書いた企業の収益報告記事は四半期に約300本だったが、オートメーション技術を活用すると約4400本を配信できるようになるということだった。

通信社の記者を経験したことのあるジャーナリストなら、誰もが同意することではあるが、決まりきったフォーマットの短い商況記事やマイナースポーツの試合結果記事を書くというのは、あまりやりたくない仕事の一つである。記事のオートメーション化は、新聞の経済面やスポーツ面の片隅に必要とされる「定番記事」の生産を強化する一方、記者たちを「雑用仕事」から解放し、その能力が試される解説記事や調査記事の取材報道に専念させることができるという説明もあった。

　ケネディの説明によると、この取り組みは大きな可能性を秘めており、APはさらに先を見据えている。オートメーション・プログラムをさらに進化させ、将来は新聞向けの記事を放送向けに書き直すことも自動化する予定だという。文語体で書かれている新聞向けの記事を放送向けの記事にするには簡潔な口語体にしなければならず、現在はエディターたちがその作業に当たり、多くの時間を費やしている。さらに、ビッグデータなども含め、特定のニュース情報を必要とする多様な契約社に対してのカスタマイズされたサービスの提供も自動化できるという。当初は補完的なサービスとして始まるかもしれないが、特定のニーズに応える個別サービスは将来、大きなビジネスに成長するだろうと推測する。

　APは歴史的にさまざまな環境の変化に順応してきた。最初にラジオ、次にテレビ、そしてインターネットが通信社の在り方に変化をもたらした。今の状況はより複雑で、何か一つの特効薬があるわけではない。通信社の基本的なビジネスモデルに影響を及ぼす幾つかの課題を総合的に検討しなければならない。170年の歴史を持つ組織の思考パターンを本質的に変えるのは容易なことではないが、縮小しつつある収益基盤に対処するという防御的な取り組み方ではなく、攻めの姿勢となる成長戦略を持って臨むべきだと強調する。

　「われわれが収集するニュースの有用性や価値と、新たに生まれつつあるニュース情報の活用方法を包括的に検討し始めると、これまで気付いていなかったビジネスチャンスが現れてきた」とケネディは笑みを浮かべながら語る。そして「新たなまとまった収入がすぐに生まれるとは思わない。

もしかすると、数年かかるかもしれない。しかし、この変革を進めていけば、数年後にわれわれがどのような通信社になり得るか、その姿が見え始めてきたようだ」と付け加えた。

放送向けサービス好調

　ゲーリー・プルイット社長も前向きな姿勢を示している。AP通信社の歴史を振り返って見れば、当初は新聞に支えられ、その後にラジオやテレビが加わり、APのニュースサービスを必要とするメディアと共に成長してきた。近年にはデジタル・プラットフォームが出現し、その進展と共にAPはさらに成長してきた。独立した非営利の組織形態であることが、APの長期的存続と発展を可能にしてきたと語る。

　しかしこの10年間に、大手IT企業がニュース業界から広告収入を奪い、その収益構造を大きく変えてしまった。伝統的メディア、特に新聞業界の収入は減少し、APもその影響を受けた。デジタルメディアからの収入は増加しているが、伝統的メディアからの収入減を補うまでには至っておらず、当然、その傾向に対応して調整する必要があったという。

　現在、APは財政的に安定した状態にあると説明する。2014年には収入増を計上した。16年も収入増となるはずだったが、米国の加盟新聞社に対して長期契約ディスカウントを提供したことなどから、少し難しい状況となった。それでも、大統領選挙や議会選挙がある年は、結果速報や分析などを含む選挙ニュースサービスを提供しており、まとまった収入が見込めるという。過去10年間を総じて見れば、下降傾向にあり、もうしばらくは緩やかな下降が続くだろうと予測している。

　最近のAPの収入源を業種別に分類すると、新聞社からの収入は減少し、顧客トップ10に入る新聞社は1社だけとなった。その代わり、放送局やデジタル企業へのサービスが好調で、最大手顧客リストには米国の主要テレビネットワークと英国のBBC、それにヤフー、マイクロソフトなどのIT企業が名前を連ねているという。グーグルもかつてはAPと包括的なニュース使用許諾契約を結んでいたが、今はAPの選挙ニュースサービスだけ

を契約しているとのことだ。

　2015年の年次報告書によると、テレビからの収入が47％、新聞25％、インターネット９％、通信社７％、ラジオ４％、その他８％の割合となっている。事業別の統計を見ると、APニュースコンテンツの使用許諾による収入が83％を占め、AP ENPSと呼ばれるマルチメディア編集ソフト貸与による収入が７％、APTN契約テレビ局取材陣への編集および映像送信施設提供サービスとなるグローバル・メディア・サービス（GMS）の収入が６％で、広告収入は雑収入と合わせて４％と分類されている。

　デジタル時代に入り、ほとんどの加盟契約社はマルチメディアのAPニュースコンテンツを受信している。テレビ放送局は映像ニュースだけでなく、記事や写真サービスも契約しており、新聞社も記事や写真サービスだけでなく、映像（動画）ニュースを受信し、自社のデジタルニュース展開に活用している。従って、厳密なニュースサービス種類別の収入統計はないが、総じて言えば、映像ニュースによる収入が伸びており、写真ニュースの収入はほぼ横ばいで、記事ニュースの収入が減少しているとのことだ。同様に、全体の９％として計上されているインターネットからの収入は、ヤフー、フェイスブック、マイクロソフト、バズフィード、バイス、ハフィントン・ポストなど、オンライン上でのみAPコンテンツを活用しているデジタル契約社からのもので、新聞社や放送局のオンラインサービスに活用されているAPコンテンツの収入は含まれていない。

B to Bモデルが基調

　近年、スマートフォンなどの携帯端末でニュース情報を取得する人々が増えたため、APでもモバイルニュース市場での配信事業に力を入れている。これまでのB to B (business to business) に加え、B to C (business to consumer) のビジネスモデルを導入していくつもりかとの質問に対し、APはあくまでもB to Bを基本方針とするとプルイット社長は断言した。モバイルニュース市場への参入は、加盟社を代表する理事会によって決定され、APの国際および全国ニュースと共に加盟新聞社のローカルニュー

1．AP 通信社

スが提供される形で事業が展開されている。パートナーシップという形で、広告収入を分け合う仕組みであり、多くの加盟社が参加している。また、モバイルニュース市場への参入は、APのブランドを広く浸透させ、そのジャーナリズムの評判

AP の編集局（AP 提供）

を築き上げるだけでなく、同市場でのニュース消費傾向を把握することに役立っているという。

　APの将来にとっては、消費者に直接ニュースを配信するB to C 事業に力を入れることよりも、B to B の顧客ベースを拡大することが大事だとプルイットは語る。それには、ソーシャル・ネットワーキング・サービス（SNS）に代表されるプラットフォーム企業、IT企業、モバイル通信企業、そしてウェブサイトを運営している他のあらゆるタイプの企業を取り込む必要がある。広告代理店、大学や他の教育機関、政府省庁なども潜在的に大きなマーケットになり得るという。

　ソーシャルメディアの活用も注意深く進めている。ソーシャルメディアやモバイル・サービスで、他の配信手段に先駆けてニュースを報じることはなく、加盟契約社に提供している基幹ニュースサービスで第１報を伝えることを原則とする。加盟契約社のデジタル・ビジネス拡大を助けることがAPの基本方針とされているように、多くの米国内加盟社はAPがニュースを更新する包括的なウェブサービスを自社サイトに組み込んでいる。ソーシャルメディアは重要なニュース情報収集の手段であると同時に、AP記事に対するユーザーの関心を喚起し、APコンテンツが掲載されて

いる加盟契約社サイトへのアクセスを増加させる目的で活用しているという。

　また、携帯端末でニュース情報を得ようとしている人々は性急で、長い記事を読みたがらないという調査結果もあるように、記事は短くなる傾向にある。APでも同様で、最近は400語以内の記事が増えているが、長い包括的な記事も必要に応じて配信しているという。プルイットによると、APは一日に約2000本の記事と3000枚から4000枚の写真、そして約150本の映像ニュースを配信している。時代のニーズに応え、スポーツやエンターテインメントも増えてきているが、大多数はニュースだと語る。

　キャスリーン・キャロルAP上席副社長兼編集主幹も「記事を書く記者たちを除き、今は誰もが短い記事を欲している」と語る。特に、状況が刻一刻と変化するブレーキングニュースでは、続々と更新される短い速報や、情報の種類に応じて箇条書きのように短くまとめられた記事が好まれているという。その傾向は、何が起きているかについて、ソーシャルメディアなどで共有しやすいことが原因と思われる。特に新しい手法ではないが、野球などのスポーツ記事では、試合の進行状況を断片的に伝える速報が多く配信されるようになったとのことだ。

　その一方、しっかりとした分析記事や解説記事への需要もあり、調査報道にも力を入れているという。実際、2016年のピュリツァー賞では、タイ国水産業で横行していた奴隷制のような強制労働についての調査報道で、最高の栄誉とされる公益報道部門賞を受賞した。また、同年の米大統領選挙報道では、候補者の発言が事実に基づいているかどうかを確認する「ファクト・チェック」にも多大な労力を注いだ。APの存在価値を高めるためにも、さらに積極果敢なジャーナリズムを展開していかなければならないとキャロルは語った。

　技術革新の取り組みについて、APは歴史的に新たな技術を早期に採用してきたとプルイット社長は述べる。電信の活用や高速船の購入に始まり、近年にはニュース写真の衛星配信やデジタル技術などを他に先んじて導入してきた。16年のリオ五輪陸上男子100メートル決勝でウサイン・ボルト

が五輪3連覇を果たしたとき、その瞬間を撮ったAP写真は競技終了後15秒以内に世界中に配信されたという。「2020年に開催される東京五輪でのわれわれの目標は、9.58秒以内に写真を世界中に配信し、ボルトの世界記録を破ることだ」と笑いながら語った。

［我孫子和夫］

参考文献

The Associated Press, "Breaking News: How The Associated Press Has Covered War, Peace, and Everything Else," Princeton Architectural Press, 2007
AP通信社編、『ブレーキングニュース―AP通信社報道の歴史』、我孫子和夫訳、新聞通信調査会、2011年
Kent Cooper, "Barriers Down: The Story of the News Agency Epoch," Farrar & Rinehart, Inc., 1942
ケント・クーパー、『障壁を破る―AP組合主義でロイターのヘゲモニーを打破』、福岡誠一・久我豊雄訳、新聞通信調査会、1967年
Oliver Gramling, "AP: The Story of News," Farrar & Rinehart, Inc., 1940
Melville E. Stone, "Fifty Years A Journalist," Doubleday & Page, Co., 1921

◎幻に終わった「通信社連合」
知られざる UPI 生き残り策

金子　敦郎
（元共同通信国際局長）

解放戦線ゲリラの攻撃で破壊された市場で筆者。フォクトイ省ダトドゥ郡、1972年。

UPI 通信の名前を聞くことはほとんどなくなったが、ベトナム、カンボジア戦争の現地取材に当たった世代にはすぐに思い浮かぶことがある。S・ハーシュ、N・シーハン両記者、ピュリツァー賞で知られる澤田教一、酒井淑夫両カメラマンらの名前だ。米政府・軍発表のウソを暴くスクープで、この誤った戦争の実相を明るみに引き出したジャーナリスト群像の中でもひときわ輝いている。

　四大国際通信社の一角を占め、速報、特ダネ、写真報道で鳴らしたのが UPI。しかしテレビ時代に取り残されて経営困難に陥る。売り物の写真サービスやラジオニュース部門などの売り食いに走ったものの、1984、91年と２回にわたって破産。経営陣の無能に怒ったベテラン記者たちが生き残りを賭けたのが共同通信をパートナーにした新「通信社連合」構想。筆者（当時国際局長）を通して協力を求めてきた。

　UPI は南北米大陸に勢力を集中、アジアは共同に任せ、欧州の幾つかの有力通信社を引き込む――ワシントンやロンドンで何回か関係者がひそかに集まったが、記者たちの思いはかなわなかった。

　ロイター、AFP の膝元、欧州の各通信社は乗らなかった。共同も加盟新聞社サービスの枠を超えると、模様見するだけでコミットはするなというのが社命だった。企業の合併・買収（M＆A）がはやりだった時期で、某邦銀が「お役に立てますよ」と言ってきたのには驚いた。外務省にも情報が漏れたようで、親しかったある高官から「日本にも国際通信社が必要だ」と後押しの申し出もあった。

　UPI は米福音派メガチャーチ、サウジ投資家、統一協会と、カネづるを求めてさ迷い歩いた末、国際通信社としての生命は尽きた。

2．トムソン・ロイター

　長年、英国ロンドンに本部を置く国際通信社として知られてきたロイター通信社は、2008年にカナダの大手情報サービス会社トムソンに買収され、ニューヨークに本社を構えるトムソン・ロイター（Thomson Reuters）の一部となった。1964年に始まり、70-80年代のロイターの急成長をけん引してきた金融情報サービスと、トムソンの主力となっていたプロフェッショナル情報サービスは、「トムソン・ロイター」のブランドに統一されたが、報道部門では引き続き「ロイター」ブランドを使用している。組織再編によって指揮系統も統一され、全ての報道部門の責任者はニューヨーク本社に在籍するようになった。

　金融情報サービスは、外国為替、国債、社債、株式市場などの即時情報やリスク管理情報を銀行、証券会社、投資会社などの金融関連企業に提供するサービスで、プロフェッショナル情報サービスとは、法務、医療・科学、税務・会計、知的財産などの分野を扱うプロフェッショナルたち（弁護士、医療・科学分野の研究者、税理士、会計士など）に高度な専門情報を提供するサービスのことである。

　2015年の年次報告書によると、トムソン・ロイターの年収総額は約122億ドル（約1兆3420億円）だった。明確に区分されてはいないが、ロイター通信部門の収入はその1割に満たない10億ドル（約1100億円）近くと推定されている。内訳はメディア向けサービスによる収入が約40％で、金融情報サービス端末を通じて提供されるニュースサービスの収入が約60％だという。デジタル時代のニーズに応じ、全ての報道部門は一つの編集局に統合されており、映像ニュース部門であるロイターTVの収入もその中に含まれる。

第1章　海外の通信社

しかし、16年8月末にタイムズ・スクエアにある本社で行われた筆者とのインタビューで、ロイター通信部門の最高責任者（president）であるスティーブン・アドラー編集主幹（editor in chief）は、上記の数字は必ずしもトムソン・ロイターにおけるロイター通信の重要性を反映するものではないと語った。というのは、トムソン・ロイター全体のビジネスは基本的にロイター通信が提供するニュースサービスの信頼性に支えられているからだと強調する。1941年に

ニューヨーク、タイムズスクエアのトムソン・ロイター本社（筆者撮影）

ロイターが信託組織化された際、同通信社ニュースサービスの「高潔性と独立性、および偏向からの解放」を確保するために採択された「トラスト原則」は、トムソン・ロイターとなった今も堅持されている。

　トムソン・ロイターは、金融・プロフェッショナル情報サービス分野でブルームバーグと熾烈に競い合っている大手情報サービス企業ではあるが、本稿では主にAP通信社やAFP通信社と競合する国際通信社としてのロイターの報道活動に焦点を当て、その歴史的経緯や現在の課題および将来への展望について述べることにする。

　ホームページや年次報告書などの最新情報によると、ロイターは世界各地に200近くの取材拠点を維持し、600人の写真記者を含む、2500人のジャーナリストが日々の報道活動に従事している。世界115カ国で750のテレビ局やネットワークと1000以上の新聞にニュースを提供し、年間250万本以上の単独記事（更新記事を除く"unique stories"）、70万枚以上の写真や画像、10万本以上の映像ニュースを配信しているという。また、150万本以

2．トムソン・ロイター

スティーブン・アドラー編集主幹(筆者撮影)

上の「ニュースアラート」と呼ばれる予告速報、5800本以上の専門家による経済・商況ニュースについてのコラムと、100本近くの調査報道記事も配信しており、Reuters.com ウェブサイトにアクセスするユニークユーザー数は月に3300万人に上るという。多様なフォーマットで提供されるロイターのニュース情報は、日々、世界中で10億の人々に届いていると推定する。

ロイター氏の事務所

　ロイター通信社の起源となる「ロイター氏の事務所」(Mr. Reuter's Office)は1851年10月、プロイセン(ドイツ)生まれのポール・ジュリアス・ロイターによって、ロンドン証券取引所の建物内に開設された。16年にイスラエル・ビアー・ヨサファトとしてユダヤ人家庭に生まれた彼は、45年にロンドンのセント・ジョージ・ドイツ・ルーテル教会で洗礼を受け、ユダヤ教からキリスト教に改宗した際に名前を変更している。

　ケント大学名誉教授ドナルド・リードが1992年に著した"The Power of News: The History of Reuters"(ニュースの力——ロイター通信社の歴史)によると、ジュリアス・ロイターは基本的に起業家であり、ジャーナリストではなかったという。もし彼が18世紀末の英国に生きていたら、産業革命時代の人気商品だった綿花を扱うビジネスに参入していただろうし、20世紀前半だったなら、石油業者になっていただろうと推察する。

　19世紀半ばからニュース情報に対する需要が急増した。電信技術の進歩と電信網の拡大がその需要に応えることを可能にし、同時にニュース市場も大きく成長していった。そうした時代を背景に、ロイターはニュースを市場性の高い商品として選び、通信社ビジネスに着手したと解説する。ま

さに、ロイターが「ニュースの商人」と呼ばれるゆえんである。そして、その商品価値を高め、広く受け入れてもらうためには、ニュースは迅速に配信され、正確で偏りがなく、信頼性の高いものでなければならないと考えていた。

　ロンドンに移住する前の約2年間、ロイターはベルギー、オランダとの国境沿いにある都市アーヘンで、電信、列車、伝書バト、早馬などを活用しての相場速報サービスを提供し、ある程度の成功を収めていた。ブリュッセル―アーヘン間では組織的に伝書バトを使い、ブリュッセル証券取引所の情報などを素早く入手した。万全を期すため、同じ内容の速報を3羽のハトに運ばせていたと伝えられている。しかし、電信網が整備・拡大されるにつれ、伝書バトや早馬を使う利点が失われてきた。

　倉田保雄著の『ニュースの商人ロイター』によると、ロイターはその頃、ベルリン―アーヘン間の電信線延長工事でアーヘンに来ていた電信技師ベルナー・ジーメンス（現在のジーメンス社の創業者）から、英仏海峡に海底電信ケーブルの敷設工事が進行中で、それが実現すれば、ロンドンとパリ、ブリュッセル、ベルリンは直通になるという耳よりな情報を得たという。英ドーバーと仏カレーを結ぶ海底電信ケーブルの敷設は47年と50年に2度失敗し、51年11月にようやく完成した。スコットランドとアイルランド、そして北海からオランダへとつながる2本の海底ケーブルもその2年後に敷設された。当時のロンドンは急速に発展する世界経済の中心地で、大英帝国だけでなく世界の貿易の交差点でもあった。51年の夏には、第1回万国博覧会がロンドンで開かれた。ロイターはジーメンスの勧めもあって、国際電信ビジネスでは未開拓だったロンドンに向かう決心をしたと描かれている。

　事務所開設の1カ月後に英仏海峡の海底電信ケーブルが開通したことを受け、ロイターは欧州大陸からの相場情報を入手し、「ロイター速報」として証券取引所、銀行、証券会社、投資会社、貿易会社などに売り込み、顧客層を拡大していった。そして、欧州大陸にもサービス網を拡大していくことになる。53年には、ロシアとトルコとの間に戦争が勃発し、それが

ロシアと英国、フランス、トルコの3国連合との間のクリミア戦争（54—56年）に発展した。東欧や黒海沿岸に持っていた独自の情報網を使い、集めた戦況ニュース速報を顧客に提供してロイターの評判を高めたという。

　ロンドンの金融街（シティー）での通信ビジネス成功を足掛かりにして、いよいよ新聞街（フリート・ストリート）に進出することとなる。「知識税」の1つとして新聞に課されていた印紙税が55年に廃止となり、新聞の価格は引き下げられ、廉価な新聞の時代が幕を開けた。新聞社の数も増え、部数拡大競争が展開されるようになると、情報への需要が急速に増大していった。自前の情報収集ネットワークを持ち、尊大に構えていたタイムズ紙の攻略にはてこずったが、59年2月にはナポレオン3世の議会演説草稿を事前入手し、演説が始まると同時に送信を開始するなど、多くの独占記事を提供して契約新聞社数を順調に伸ばしていった。

　当時の英国での新聞報道は政治的偏向が激しく、大げさな修辞や形容を散りばめた「文学的な」記事を多用していたのに対し、ロイターでは中立的な立場を守り、客観的な事実に即した簡潔な文章に徹していたという。フランス皇帝の演説から約2カ月後、フランス・サルディニア連合軍とオーストリア軍と間にイタリア統一戦争が始まった。戦争は約3カ月で終結したが、ロイターはそれぞれの陣営から迅速で正確な戦況報道を提供し、その評判をさらに高めることになる。

ロイター電信会社

　個人営業として始められた「ロイター氏の事務所」は1865年、公開会社のロイター電信会社（Reuter's Telegraphic Company Limited）となった。以来、記事の最後に付く「ロイター」のクレジットも広く使われるようになったという。ジュリアス・ロイターには世界最大の通信社を創る野望があり、この頃からその計画が実行に移される。"The Power of News" によると、19世紀最後の40年間に、ロイターは「大英帝国の機関（institution）」としての役割を果たすようになっていった。民間会社としても異例のことではあるが、34歳の時に英国に移住してきたドイツ系ユダヤ人が

興した会社であることを考えると、ことさら注目に値するという。その功労が認められたためか、ジュリアス・ロイターは71年に男爵の称号を授かり、英国上流社会に仲間入りしていったと伝えられている。

　ロイターは国際ニュースを中心とするサービスを展開し、国内通信社としての機能を備えようとはしなかった。当時、地方新聞は民間の電信会社が独自に収集したニュースの配信を受けており、ロイターの国際ニュースもその一部となっていた。しかし、68年に英国内の電信線がすべて国有化され、地方新聞の連合組織となるプレス・アソシエーション（Press Association―PA）が設立された後、ロイターは直ちにPAと包括的なニュース交換契約を結び、PAの国内ニュースを入手することになる。PAはロンドン圏外の地方新聞に対するロイター・ニュースの独占配信権を得て、その差額をロイターに支払うという取り決めだった。

　後に英国政府に売却することになるが、北ドイツ沖のノルダーナイ島までの専用電信回線を開設し、ドイツを拠点とする欧州大陸でのビジネス拡大を図った。また、若く有能な人材を世界各地に配置するなどし、遠くは極東や南米にまでサービス網を広げていった。ニューヨークからサンクトペテルブルクまで、世界の10大証券取引所の情報も確保した。

　66年に弱冠22歳でボンベイ（現ムンバイ）に特派員（agent）として派遣されたヘンリー・コリンズは、インドで商況ニュース販売などのビジネスで成功を収めた。68年の同社総会では、ボンベイ、カルカッタ（コルカタ）、マドラス（チェンナイ）、パキスタンのカラチ、セイロン（スリランカ）のコロンボなどでの広範囲に及ぶ活動が報告されたという。電信回線はさらに東方に延長され、コリンズは71年に中国に渡り、上海に極東本部を開設した。翌72年、上海から日本につながる海底電信ケーブルが敷設されると、長崎、神戸、横浜に支局が開設された。トムソン・ロイター日本法人のホームページでは「支局」と呼んでいるが、当初は電信を扱う連絡事務所のようなものだっただろう。コリンズは78年にメルボルンに渡り、ロイターの初代オーストラリア・ニュージーランド総支配人に就任した。

2．トムソン・ロイター

通信社カルテル

　ロイターは1859年以来、フランスの通信社アバス（35年創設）とドイツの通信社ウォルフ（49年創設）との間でニュース交換と分業に関する契約を交わしていたが、国際政治状況の変化や通信社間の利害関係による紆余曲折があり、協力関係は流動的な状態にあった。しかし、70年にロイター、アバス、ウォルフの3社間で、歴史的な市場分割協定が調印された。倉田保雄はそれを「通信社版ヤルタ協定」と評した。「カルテル」あるいは「リング・コンビネーション」とも呼ばれる同協定の下、各社が支配するニュース市場は大筋で次のように分割された。（1）ロイターは大英帝国および極東をその独占領域とする。ドイツおよびオーストリア国内ではハンブルクを除く全ての支局を閉鎖し、両国内での配信権を放棄する。（2）アバスの独占領域はフランス、イタリア、スペインおよびポルトガルとする。（3）ウォルフはドイツ、オーストリア、スカンジナビア、ロシアをその独占領域とする。ただし、ドイツ以外の地域での独占についてはその補償として、ロイターとアバスに毎年一定額を支払うこととする。（4）ベルギー、エジプト、ギリシャ、トルコ、南米はロイターとアバスの共同領域とする。

　93年、APはロイターとニュース交換契約を結び、APの米国ニュースを提供する代わりに、ロイター、アバス、ウォルフの欧州ニュースの米国内での独占配信権を得た。そのことでAPが「リング・コンビネーション」に加わったとする見方もあるが、APはニュース交換の差額をロイターに支払うという従属的な立場にあった。

　この3社協定は、既にある程度確立されていたそれぞれのニュース配信領域での独占権を確認するものだったが、ニュース交換による経費削減を図りつつ、世界のニュース市場を欧州3大通信社の分割支配下におく狙いがあった。欧州での競合の脅威がなくなり、ロイターは積極的に東方市場開拓に乗り出し、中国や日本はその支配下となった。第一次世界大戦（1914－18年）終結後の19年に同協定は見直され、ウォルフの独占領域は

ドイツ国内に限られ、実質的にはロイターとアバスの2社によるニュース市場分割支配は34年まで続くことになる。

　ロイターはニュース事業の他、独自の符号システムを使い、企業や個人の電信も取り扱うようにもなっていた。やがて電信送金業務も行うようになり、かなりの収益をもたらした。ジュリアス・ロイターの引退後、経営を引き継いだ子息ハーバート・ロイターは、電信送金業務の成功を背景に13年7月、ロイター通信社全額出資の子会社ロイター銀行を設立した。新たな収入源を確保しようとする試みだったが、銀行経営は間もなく行き詰まり、ロイター通信社の存立を危うくする状態となった。翌年には、結局は失敗に終わる広告部門事業で問題が発生した。ロイターに広告を申し込んだ契約新聞社にはニュースサービス面で優遇するという内容の回状を送ったことをタイムズ紙が暴露し、大騒ぎになったのだった。契約新聞社はロイター・ニュースサービスの質、量、料金について不満を訴え、契約料金の引き下げを要求し始めた。

ローデリック・ジョーンズの功罪

　第一次世界大戦が勃発すると、報道経費が増大した上、戦禍にさらされた欧州大陸からの収入が減り始め、さらなる痛手を被ることになる。15年4月、ハーバート・ロイターは妻が病死した3日後、自ら銃で命を絶った。「愛する妻の後を追う」といった内容の遺書は残されていたが、その後間もなく開かれた株主総会に出席した株主の間でその遺書を額面通りに受け取る人は少なかったという。

　ロイター家からの後継者はおらず、同年10月に南アフリカ総支配人を務めていたローデリック・ジョーンズが総支配人に抜擢された。ジョーンズは早速、英国政府の協力を取り付け、ロイター通信社の再建に着手する。同社の長期的存続を確かなものにするためには、ロンドンの中央紙と地方紙を含めた英国新聞界の管理下に置くことが望ましいとジョーンズは考えていた。しかし、戦時中の差し迫った問題として、大英帝国の機関としての立場を確立した通信社は、株主の気まぐれに左右されるような組織であ

ってはならず、ましてや好ましくない人物や組織の手に渡ることがないように手を打つ必要があった。

　英国政府もロイターの戦時中の機能に関する懸念を共有していた。ジョーンズの当初の提案は、ロイターの株を一度清算し、新たな会社を立ち上げることだった。マルコーニ無線電信会社による買収提案もあったが、結局は政府の支援もあり、16年末に新会社ロイター（Reuters Limited）が設立された。"The Power of News"によると、ジョーンズとマーク・ネピア会長が発行株総数の約50％を共有し、残りは外務省が指名した株主が暫定的に保有した。ジョーンズとネピアが新ロイター通信社の所有者となることは事前に公表されなかった。この取り決めにより、外務省は極秘裏に取締役を指名することができ、他の取締役の任命、株の譲渡、そして国政への疑問提起に対する拒否権を発動できることになった。19年にネピアが他界した後、ジョーンズはロイター株の60％を所有するに至り、会長兼最高経営責任者（chairman and managing director）に就任した。

　14年末、ロイターは外務省の委託を受け、通常のニュースサービスとは別に「ロイター通信」（Agence Reuter）サービスを開始した。英国と同盟国の広報目的ニュースで、大英帝国各地の他、欧州、中東および極東の同盟国や中立国に配信された。「ロイター通信」のクレジットの下、17年11月までにはひと月に100万語の記事が配布されていたという。2つのニュースサービスはオールドジューリー街にあるロイター本社で編集されていた。ジョーンズは非常勤で無給ながら、政府情報省の電信・無線プロパガンダ顧問にも就任している。野心家で愛国精神を備えていた彼は、自身やロイターが政府のプロパガンダ活動に協力することに疑問を感じていなかったようだ。しかし、英国情報省ではあからさまなプロパガンダ工作より、信頼性の高い通信社を通じて極秘裏にプロパガンダ情報を流す方が効果的であると考えていたという。

　その功労が高く評価され、18年1月に栄誉称号「サー」を授かったジョーンズは、同年9月発行の社内報"Reuter Service Bulletin"で、「われわれの自国および他国政府との関係は親密で友好的であったが、決して従属

的なものではなかった。これまでもそうであったし、今後も同様である」と語り、ロイターは独立した報道機関であると主張している。また25年にも、ロイターは政府と「共に（with）」報道活動をしただけで、従順に政府の「ために（for）」報道活動を展開したのではないという趣旨の発言をし、ロイターの独立性を損なうものではないと弁明した。しかし、報道の独立性や客観性を強調する一方、英国の「国益を決して見失ってはならない」とも主張している。政府と協調することにより、ロイターの財政的安定性を確保することができたという側面もあった。

　大英帝国の国益や利権と密接な関係を保ちながら勢力を拡大していったロイターは、やがて大英帝国の衰退が始まるとともに、国際報道におけるその支配的な地位を失っていくことになる。ジョーンズの権威主義的な経営手法も時代にそぐわなくなってきた。同時期には、米国のAP通信社（The Associated Press）とUP通信社（United Press Association）が国際ニュース市場に台頭してくる。ロイターは英国政府のプロパガンダ機関だという非難も声高になってきた。通信社カルテルとの契約によって従属的な立場を余儀なくされていたAPの挑戦も激しさを増してきた。

　25年、ジョーンズは英国地方紙の連合組織PAとロンドンの中央紙発行人の組織である新聞社主協会（The Newspaper Proprietors Association、NPA）にロイター株の売却を提案した。結局、PAが合意し、26年と30年の２回に分けてロイター株を取得するに至る。所有者は変わったが、好条件で10年契約を結んだジョーンズのワンマン経営は続いた。彼は株の売却でも大きな利益を得た。

　元ロイター記者ジョン・ローレンソンとフィナンシャル・タイムズ記者ライオネル・バーバー共著の"The Price of Truth : The story of the Reuters millions"（邦題『ロイターの奇跡』）によると、ジョーンズについて書かれたものや思い出話で、彼を称賛するものはほとんどないという。これは英国風の控えめ表現なのだろう。

　PAから送られてきた役員たちは、当初、ロイターの経営をジョーンズに任せていたが、やがて経営にも関心を持ち始め、詳しい報告を求めるよ

うになった。そして、第二次世界大戦を目前にし、英国政府のプロパガンダ活動への協力と引き替えに巨額の補助金を引き出すため、ジョーンズが政府と秘密協定を結んでいたことが発覚する。それは政府の介入を認め、ロイターの独立性を損ねるものだった。41年2月、秘密協定が役員会で暴露されたその日、ジョーンズは「引退」を余儀なくされた。

ロイター・トラスト

しかし、ロイター役員会には法的効力のある協定が残された。しかも第二次世界大戦中である。やむなく政府との協調を続ける一方、ロイターの所有基盤を拡大強化する必要性から、NPAに資本参加を呼び掛けた。地方紙の連合組織だけでなく、中央紙を含む英国新聞界全体でロイターを所有するという構想である。劣化を指摘されていたニュースサービスの質を向上させる必要もあった。それぞれの思惑が交錯し、交渉には数カ月を要したが、1941年の夏にはロイターを信託組織（Reuter Trust）とする案が議論された。英国政府を含む、外部からの影響力行使や介入を防ぐことがその主目的である。そして、PAとNPAはイコール・パートナーとしてロイター株を所有することに合意した。被信託人で構成される理事会の会長（the chairman of trustees）は首席裁判官（lord chief justice）によって任命されるものとする、という政府の主張も受け入れられた。

ロイターの歴史において最も重要な記録文書の一つとなるトラスト合意書は、同年10月に採択された。PAとNPAはそれぞれのロイター株保有を本質的に「投資」ではなく、「信託」として位置付けることに合意した。そして以下の事項を確保するために全力を尽くすことを宣言した。

(a) ロイターは、いかなる時においても、いかなる利益団体あるいは勢力の手に渡るようなことがあってはならない。
(b) ロイターの高潔性、独立性、偏向からの解放は、常に維持されるものとする。
(c) 現在および将来の契約相手となる英国、自治領、植民地、外国およ

び他の海外の新聞社や通信社に対し、不偏にして信頼できるニュースサービスを提供することができるように、ロイターのビジネスを運営するものとする。
(d) ロイターは、新聞の利害（interests）に加え、自らが奉仕する他の多くの利害に対し、適切な配慮を払うものとする。
(e) そして、一流国際通信社としてのロイターの地位を維持すべく、そのビジネスを拡大および開発し、変化する状況に適応させるための努力を惜しんではならない。

　ロイターの独立性を強調したトラスト合意書ではあったが、"The Power of News"によると、その前文にはロイターの独立性を確かなものにすることが国益に資するという表現が織り込まれていた。当時の報道と国益との関連性についての概念が示唆されているようで興味深い。合意書の戦後版から削除された前文は以下の通りである。

　　PAとNPAは、現在の国家非常事態と将来の不確実性により、国益を守るための特別予防措置として、ロイターがいかなる場合においても一流国際通信社としての地位を維持できるように確立・統合される必要性を認め、相互に本合意書の締結に同意した。

　ジョーンズ辞任後に共同総支配人に就任し、その3年後には単独の総支配人としてロイターを率いることになったクリストファー・チャンセラーは、ロイターは完全に独立し、英国政府から補助金や特別優遇措置を受ける取り決めは全てキャンセルされたと機会あるごとに公言していたが、実態は必ずしもそうではなかったらしい。"The Power of News"によると、経営陣の姿勢は完全に変わったが、実践上の変化は不完全だったという。信託組織化された後も資金不足は継続し、政府の支援を必要としていた。
　通信社と政府補助金についての議論には、「補助金」と見なすべきか、それとも「サービス提供の代価」と解釈すべきか、古典的な疑問が常に付

きまとう。45年にチャンセラーとサイリル・ラドクリフ情報省長官との間で交わされた契約書には、英国政府在外公館へのニュースサービス提供などが含まれ、寛大な「購読料金」がロイターに支払われたという。他にも複雑な仕組みによる間接的財政支援があったと文献に記されている。

ちなみに、『ロイターの奇跡』には「米国の通信社も、一皮むけば、英国の通信社と同じことをやっていたのだ」と記され、「たとえば、APの創設者ロイ・ハワードが、APサービス売り込みのために南米諸国を回ったとき、ポケットには当時のウィルソン大統領の紹介状が入っていた」という一文がある。しかしながら、そこには二重の誤りがあることを指摘しなければならない。ハワードはUP通信社の社長で、UPを創設したのはE.W.スクリップスである。原書には「UP通信社の創設者」と書かれていたが、当時のAPによるロイター批判に反論する文脈の中で記述されていたため、翻訳者が誤解したものと思われる。

総合情報サービス企業への変身

ロイターの独立が名実ともに確立されたのは、ジェラルド・ロング総支配人の下、新たな金融情報サービスが開始された1960年代半ば以降だという。63年に39歳の若さで総支配人に就任したロングは、経済・金融ニュースサービス部門の強化に取り組み、不安定だった財政基盤の強化を図った。64年にウルトロニック社が開発した「ストックマスター」相場速報検索システムを導入し、コンピューター時代に向けての技術刷新を進めていく。初期の同システムは相場情報だけで、ニュースを提供できなかったが、次世代機種の「ビデオマスター」ではビデオ・スクリーン上でニュースを読むこともできるようになった。"The Power of News"によると、62年の一般ニュースサービス部門の収入は、経済ニュースサービス部門の収入の約2倍を計上していたが、70年には逆転し、後者の収入が前者の約2倍にまで成長している。財政的にも独立を果たし、ロイター通信社の新たな方向性が定められた。

さらに、71年末、協定によって国際為替レートを実質的に固定していた

ブレトンウッズ体制が崩壊したことも追い風となる。その後、スミソニアン協定を経て、世界の主要通貨は市場の需要と供給に応じて変動するようになった。為替レートが他の商品価格と同様に上下し始めると、ロイターのサービスへの需要も増大していった。73年7月に、自社開発の「ロイター・モニター」金融即時情報サービス（the Reuter Monitor Money Rates service）が開始され、ロイターの収益は急上昇する。同年、ロングは社長（managing director）に就任した。80年代には、金融情報サービスによる収入が全収入の約90％を占めるようになり、ロイターは経営不振にあえぐ通信社から、収益率の高い総合情報サービス企業へと変身することとなる。想像するに難くはないが、その時期には金融情報サービス部門を管理運営する幹部が経営の主流となり、一般ニュース部門で働く記者職との間に摩擦が生じたと伝えられている。

　81年に退職したロングの後継者となったのは、北米での金融情報サービス拡大に貢献したグレン・レンフルーだった。82年には株式公開計画が浮上し、それまで配当金はほとんど支払われず、商品価値がないと思われていたロイター株に注目が集まった。「濡れ手で粟（ぬれてであわ）」の利益を得ようとする株主と、ロイター・トラスト合意書にうたわれた原則を守ろうとする他の株主との間で激しい議論が交わされた。ロイターの記者たちも株式公開への懸念を表明した。しかし、経営陣にとっては、株を公開して市場から資金を集めることができれば、さらなるビジネス拡大や技術開発のための投資が可能になる。レンフルーを含め、報奨株を持っている役員もいた。

　そこで問題となったのは、株式保有を「投資」としてではなく「信託」として位置付けたロイター・トラスト合意書に法的拘束力があるかどうかだった。結局、法律上の見解として、トラストは単なる株主の合意書でしかなく、株主全員の同意があれば解除できるものであるという意見が示された。その一方、株主や役員たちにはトラスト原則を堅持する道徳的義務があるという主張も述べられた。

　84年2月、被信託人たちがロンドンで会議を開いたとき、ロイターの独立性保全策を含めた株式公開案が提示され、承認された。その内容は、新

2. トムソン・ロイター

たにロイター・ホールディングス株式会社を設立し、次の4種類の株式を発行するというものだった。(1) 全普通株式の25％で、1株4票の議決権を持つ「A」株。既存株主の新聞社主たちに割り当てられる。新聞界による支配権を維持するための仕組みで、株式譲渡には制限がある。(2) 全普通株式の75％で、1株1票の議決権を持つ「B」株。一般に売り出されるのがこの株式となる。(3) 議決権のない「E」特別株。ロイター幹部への報奨制度として81年に導入された。(4)「創設者株」(Founders Share) と呼ばれる特別株。ロイター・トラスト原則を維持する目的での最優先投票権を備え、新設となるロイター創設者株会社 (Reuters Founders Share Company) が保有する。基本的には、ニュースサービスの質に影響を及ぼす変更や株式集中を阻止するための仕組みとなる。

同時に、ロイター・トラスト原則も新たな内的および外的状況に即するように修正され、さらに法的拘束力を持つものへと強化されることになった。「国際通信社」から「国際ニュース・情報サービス企業」へと変身したことも強調され、トラスト原則第3項は次のように改定された。

　現在および将来の契約相手となる新聞社、通信社、放送会社、その他のメディア会社、ならびに企業、政府、公共団体、個人およびその他に対し、不偏にして信頼できるニュースサービスを提供するものとする。

そして、ロイター株は84年6月に公開された。加重投票方式などの独立性保全策が施されたためか、公開直後の株価推移は少なからず期待外れに終わったという。この経緯については、『ロイターの奇跡』に詳しく記されている。

かくして、新たな総合情報サービス企業となったが、ロイターにはニュース写真サービスが欠けていた。そのころ、ロイター、AP、AFPと並び、4大国際通信社の一角に名を連ねていたUPI通信社が財政危機に直面していた。一時はロイターがUPIを買収するのではないかとの情報が飛び交ったが、結局、84年にUPIの米国内を除く国際写真サービス・ネッ

ワークを買収することに合意し、翌年から本格的なニュース写真サービスを開始した。

　かつて米国内でAPと激しく競い合っていたUPIは、70年代後半から経営不振に陥り、82年に始まる一連の不運な売却と所有者変遷がその下降に拍車を掛けることとなった。85年から86年にかけては、日本の民事再生法に相当する米国連邦破産法第11条の適用を受けていた。UPIの没落に関しては、同通信社のロナルド・コーエン元編集局長とグレゴリー・ゴードン元調査報道記者が89年に著した"Down the Wire：UPI's Fight for Survival"に詳しく記されている。そして2000年5月、文鮮明師によって創立された世界基督教統一神霊協会（統一教会）の支配下にあるニュース・ワールド・コミュニケーション社に買収され、現在は国際通信社としての機能を果たしていない。

　1992年、ロイターは映像ニュースサービスについても新たな戦略を打ち出した。それまでは、映像ニュース通信社ビズニュース（Visnews）の株51％を所有する筆頭株主だったが、残りの全株をパートナーの米国テレビネットワークNBC（37.75％）と英国BBC（11.25％）から買い取り、完全所有の子会社にした。AP通信社が映像ニュースサービス部門を立ち上げる2年前のことである。翌年にはロイター・テレビジョン（Reuters TV）と改名し、マルチメディアのニュースを提供する総合情報サービス企業としての体制が整った。

トムソン・ロイター

　株式公開後、ロイターのビジネスは順調に伸びていき、国際金融情報サービス市場で圧倒的な優位を保っていた。その一方、1981年に元ソロモン・ブラザーズ共同経営者（general partner）のマイケル・ブルームバーグによってイノベーティブ・マーケット・システム社が創設された。86年に同社はブルームバーグ社（Bloomberg L.P.）と改名され、顧客にとって使いやすいプログラムを武器に、業績を伸ばしていった。他にも競合社はあったが、ブルームバーグが急成長を遂げ、ロイターにとっての最大のラ

イバルとなる。

　90年代後半から2000年代初めにかけ、IT（情報技術）バブルが崩壊し、ロイターはその影響で業績不振に陥る。金融情報サービス業界首位の座もブルームバーグに奪われた。そして、カナダ・トロントに本拠を置く情報サービス会社トムソンがロイターの買収に乗り出すことになる。07年5月、両社は合併に合意し、トムソン家の支配下にある持ち株会社ウッドブリッジが新会社トムソン・ロイターの株53％を所有すると発表された。ロイター・トラスト原則維持のために設立されたロイター創設者株会社も、その合併を承認した。ガーディアン紙の報道によると、本来、1株主による15％以上のロイター株保有を阻止できる被信託人組織ではあるが、トムソン側が類似の保全策を施し、トラスト原則を堅持すると誓約したことにより、合併に同意したという。84年に改定されたロイター・トラスト原則は、トムソン・ロイター原則と名称を改め、同社ウェブサイトに掲載されている。

　業界下位のトムソンが不振にあえぐロイターを買収する形での合併となったが、新会社の最高経営責任者（CEO）にはロイター社長のトム・グローサーが就任することとなった。グローサーは数千人に上る人員整理を断行するなど、10億ポンド（16年12月現在の為替レートで約1450億円）近くの経費を削減し、ロイターの財政を立て直したことが高く評価されたという。また、合併の取り決めにより、グローサーは3000万ポンド（同じく約43.5億円）を手に入れることになる、とガーディアン紙は報じた。

　そして、08年4月、ニューヨークに本社を置く新会社トムソン・ロイターが設立され、ブルームバーグに奪われた金融情報サービス業界首位の座を奪回した。しかし、その後間もなくリーマンショックに象徴される世界金融危機が市場を襲い、新会社もしばらくは苦戦を強いられることになる。グローサーは11年12月に退任。後任には旧トムソン出身のジェームズ・スミス最高執行責任者（COO）が昇格し、トムソン・ロイター経営陣から旧ロイター出身者はいなくなった。

ロイター・ニュースが基盤

　2016年8月末、ニューヨークのトムソン・ロイター本社で行われたスティーブン・アドラー編集主幹とのインタビューで、ロイター通信部門は財政的にトムソン・ロイターの金融・プロフェッショナル情報サービス部門に支えられているのかと尋ねてみたところ、全てのビジネスは統合されており、厳密に収益を仕分けるのは難しいが、ロイター通信部門としても十分に採算が取れていると答えた。数年前、筆者がトムソン・ロイター日本法人の編集幹部をインタビューした際、トムソン・ロイターはロイター通信の歴史的価値とその重要性を認識しており、ニュースサービスを強化するための投資は継続するが、メディア・サービス部門で利益を上げようとは考えていないという回答を得ていた。確認のつもりだったが、アドラーはきっぱりと否定し、そのコメントは誤解に基づくものだという。

　ロイター通信のニュースがトムソン・ロイター全体の情報サービスにとってどれくらいの価値があるかという判断は、見方によって異なり、収益に関する表面的な数字では説明しきれない。「ロイター」ブランドについて、アドラーは「それは『インテル入ってる』("Intel inside")のようなものだ」と語った。つまり、インテル製CPUを装備していることで、パソコンの信頼性が高いと認識される状況に似ているというわけだ。言うまでもなく、CPUはパソコンの中枢部にある。ロイター通信が提供するニュースも同様に、その正確性や信頼性により、トムソン・ロイター金融情報サービスの重要な構成要素になっていると強調する。

　アドラーはロイター通信部門"President"の肩書を持っているが、「ロイター通信社長」と訳すと、独立した別会社のトップであるかのような印象を与えるため、ここでは同部門の「最高責任者」としておく。かつて、一般ニュースサービス部門、経済・金融情報サービス部門、映像ニュースサービス部門はそれぞれに分かれていたが、今は全ての編集部門がアドラー編集主幹の指揮の下に統合されているという。ニュースは専用回線やインターネット、モバイル回線などを通じ、新聞、テレビなどの伝統的メデ

ィアや新興デジタルメディア、一般ニュース消費者に配信されている。同時に金融情報サービス端末を通じ、それぞれの顧客にも届けられている。協力体制を強化し、一丸となって報道活動を推進することが理にかなっている。このデジタル時代においては、特にその必要が大きくなった。

「独自取材によってニュースを提供する報道機関の世界で、われわれのビジネスモデルは、たぶん最も持続可能なものだと言えるだろう」とアドラーは語る。「われわれが特別で、他とは異なるという理由は、金融情報サービス顧客を抱えるブルームバーグの特性とメディア顧客を抱えるAPやAFPの特性の両方を兼ね備えていることだ。そして、われわれは1つの統合されたニュースルーム（編集局）で多様な顧客グループにサービスを提供している。それは他の現存するビジネスモデルよりもはるかに効率的で生産的なビジネスモデルになる」

もし新聞やテレビなどの報道機関だけにニュースを販売提供していれば、ニュースメディアの財政的健全性に頼らざるを得ず、もし金融業界だけを相手にビジネスを展開していれば、金融業界の浮き沈みに大きく左右される。しかし、ロイターは弁護士や会計士、金融関連企業、新聞社、テレビ局、ウェブサイトなどの各顧客グループにニュース情報を提供している。しかも、ロイター編集局の規模はブルームバーグやAPのそれとほぼ同じである、とアドラーは説明する。

確かに合理的なビジネスモデルではあるが、収入の大半を金融業界から得ているトムソン・ロイターとしては、世界金融危機のような事態が再び発生した場合には大きな打撃を受ける可能性があることを指摘しておかなければならないだろう。また、このデジタル時代において、大手メディアで働くジャーナリスト個々の負担が増えていることは承知している。しかし、APやブルームバーグとほぼ同じ規模の編集局で、両社の顧客数合計に匹敵する規模の顧客を抱え、多様なニーズに応えるサービスを提供するということは、記者たちの負担がかなり大きなものなっているだろうと推察される。

進むオートメーション化

　ロイターでもさまざまな編集分野でのオートメーション化に力を入れている。エグゼクティブ・エディターの役職にあり、ロイター編集局と技術開発チームとの間の調整役としてデータ処理や技術革新に責任を持つレジナルド・チュアが詳しく説明してくれた。例えば、ソーシャルメディアの活用は、ニュース配信や自社ブランドを浸透させる目的だけではなく、ニュース情報を収集するためにも重要な手段となる。ロイターには、ソーシャルメディアに投稿された情報の信ぴょう性を素早く解析する「トレーサー」（"Tracer"）と呼ばれる自社開発プログラムがあると語る。

　突発的な事件、事故、あるいは災害などが発生した場合、現場にいた人や関係者が他に先駆けてツイッターなどのソーシャルメディアに投稿することが多くなった。誤った情報が飛び交うこともある。「トレーサー」はツイッター上に現れた情報を即座に統合・分析し、信ぴょう性が高いと判断した情報を編集スタッフに知らせるという。もちろん、投稿者に問い合わせたり、あるいは警察や消防に電話をしたりして、情報の信ぴょう性を確認することはできるが、それには少し時間がかかる。通信社などのスピードが勝負となるビジネスにとって、「トレーサー」のようなプログラムはとても役に立つ、とチュアは誇らしげに語った。

　また、短い商況ニュースなどは、ほとんどがアルゴリズムを備えた最新のプログラムで自動的に作成されており、その数は年に数十万本に上るという。あらかじめ設定された記事の型があり、プログラムがニュースフィードやPRワイヤーから適切な数値、統計、指標などを取り入れ、自動的に記事を作成する。編集スタッフの補助にも活用され、例えばIBMなどの企業名を打ち込むと、関連データを含む文章が画面に表示されるとのことだ。同様に、注目度の低いマイナー・スポーツなど、他の分野にも拡大運用され、ロイター報道の幅を広げていると付け加えた。

　将来の課題としては、さらに進化したプログラムの開発を進め、顧客の個別的ニーズを満たすパッケージ化されたニュースサービスの提供だとい

う。例えば、金融業界に身を置く全ての顧客が同じ情報を求めているとは限らない。ある顧客は毎日午後5時にある種の情報を必要とし、他の顧客は午後4時30分に他の種類の情報を得たいと思っているかもしれない。今後はそうしたニーズに応える必要があるとチュアは語る。人工知能（AI）とも呼ばれる高度な機械学習アルゴリズムを活用することにより、効率的で安定したサービス個別化が可能になり、エディターたちの負担を軽くすることができる。

同時に、オートメーション化は記者の役割にも大きな変化をもたらすことになるだろうという。基本的な数値や事実情報の整理はコンピューターに任せ、記者たちは深い解説記事を書くことに専念できる。この傾向が進むと、広い分野で中庸な知識を持つ「万能記者」より、特定の分野で深い知識を持つ「専門記者」が求められることになるだろう。この情報過多の時代においては、単に事実を伝えるだけではなく、その事実がどのような意味を持つかについての深い洞察がニュースを価値あるものにする、と自身の見解を述べた。

世界情勢が激変し、全てのビジネス状況も変化しており、今はとても興味深く、刺激的な時期だと、編集局の技術開発に関わるチュアは語る。ニュースメディアも例外ではなく、今は多くの変化と混乱を経験しているが、結局は人々が望む方法に応える形で、より良いニュースをより速く伝えるようになっていくだろう。そして自分たちのやるべきことは、現状からその方向に向かって進んでいくだけだという。

映像ニュース

ロイターTVの責任者（managing director）であるアイザック・ショーマンも、ロイター・ブランドについてはアドラーとほぼ同じ考えを示した。ロイターがその長い歴史において築き上げてきた信頼性が、トムソン・ロイター情報サービスの重要な構成要素になっているという。しかし、映像ニュース部門を担当するショーマンは、B to C（business to consumer）ビジネスに強い関心を持っているようだ。それは、金融・プロフェッショナ

ル情報サービスにおいて、映像ニュースはあまり必要とされていないことに関連するだろう。

　伝統的に、映像ニュースはネットワークテレビやケーブルテレビを通じて消費されてきた。しかし今、特に米国内では、ネットフリックス（Netflix）やフールー（Hulu）などのOTT（Over The Top）インターネット動画配信サービスを通じて映像ニュースを視聴する人口が増えている。そして、モバイル機器の普及がさらにその傾向を推し進めることになった。ショーマンによると、ロイターが参加するOTTプラットフォームの1つであるアップルTVのユーザーは、平均して1日に20分、週に3回は視聴しており、これまでのテレビ視聴傾向を考えると、驚くべき数字だという。

　ロイターでは、2015年2月から、iPhoneやiPad、そしてウェブサイト向けの動画サービス「ロイターTV」を展開している。当初はペイウォール制を採用してアクセスに制限をかけていたが、サービス開始から1年未満で制限を解除し、無料配信することにした。BBCやCNNなどの消費者ブランドとは異なり、基本的にB to B（business to business）ブランドである通信社名はまだ広く認知されていないため、まずは無料配信に切り替えてロイターの知名度を浸透させる必要があると判断したという。

　合意内容について詳しく話すことはできないが、「ロイターTV」は幾つかのセットトップボックス（テレビをインターネットに接続して双方向通信サービスの利用を可能にする家庭用通信端末）プロバイダーと契約し、パートナーを通じて映像ニュースの配信をしているとショーマンは語る。そこには多くの潜在的視聴者が存在し、大きな収入の可能性がある。そして、ロイターTVの収入の大部分は広告とスポンサーシップによるもので、フェデックス、バンク・オブ・アメリカ、サムスンなどの一流企業が広告主やスポンサーになっているという。

　これらの取り決めについてB to Cビジネスと表現したが、間にアップルなどのパートナーが介在する事業形態の場合は、B to B to Cと言った方が正確かもしれない。B to Cビジネスでの可能性は大きいが、そこではB to B顧客を含む全てのプレーヤーが競合しており、いかにバランス

を保つかが課題となるだろう。
　BtoBビジネスにおいてはAP通信社のAPTNが最大のライバルとなり、日々の報道活動で激しい競争を展開している。互いに切磋琢磨し、顧客のニーズに応えるより良い映像ニュースサービスを提供することになり、競合は大いに歓迎すべきことだとショーマンは語る。世界中に取材網を持たない顧客はロイターの国際映像ニュースを必要とし、ロイターはそのサービスを維持・発展させるために彼らを必要としている。頼りになるサービスを提供し、顧客がビジネスで成功するのを助けることがロイターの成功につながるとして、ロイターと顧客は共生関係にあると強調した。
　過去20年間にニュースメディアを取り巻く環境は大きく変わった。メディア自体も変わり、進化せざるを得なくなった。変化は不安をもたらすかもしれないが、同時に多くの新たなビジネス機会を生み出してもいる。今はとてもエキサイティングな時代だが、大きな努力が必要とされる厳しい時代でもある、とショーマンはインタビューの最後に語った。

将来への布石

　アドラー編集主幹によると、ロイターは新たな状況に向けてしっかりとした体制を整えているという。ニュース業界は激変したが、独自取材によるニュースへの需要は増えており、それが変わることはないと語る。周知のように、フェイスブックやツイッターなどのソーシャルメディアがニュース消費傾向に大きな影響を及ぼしている。しかし、ソーシャルメディアやヤフーなどのアグリゲーターが独自にニュースを取材し報道することはない。今は多様な方法でニュースが配信されており、それだけ多くのビジネス機会が存在していることになる。また、新たな機会も生まれているという。
　詳細は明らかにできないが、取引関係にあるソーシャルメディアのほとんどがロイターに収益をもたらしているとアドラーは語る。それはコンテンツ使用許諾契約であったり、あるいは広告収入分配契約だったりする。例えば、2016年のリオ五輪で、グーグルは出場選手全員の写真を必要とし

ていたが、同社にはその能力がなく、ロイターに委託して写真を手に入れることになった。また、「フェイスブック・ライブ」と呼ばれるライブ動画配信サービスでも、ロイターTVが作成するような質の高いライブ動画を必要としている。ソーシャルメディアを通じてのロイターの収益はまだそれほど大きくはないが、今後大きく伸びる可能性があると予測する。

　165年の歴史を持つロイターの伝統と使命に沿い、今後も信頼できる正確なニュースを提供することが肝要だとアドラーは語る。トラスト原則にうたわれた報道の「高潔性と独立性、および偏向からの解放」を堅持するための具体的なガイドラインとなる倫理綱領や記者行動規範、それに用字用語集を加えた「ロイター・ジャーナリズム手引書」（"Reuters Handbook of Journalism"）は09年にウェブサイトで公開され、随時更新されている。1990年代初頭に同手引書の初版が印刷され、06年にはロイター財団によってPDF縮約版がオンライン掲載されたが、完全版が公開されたのは初めてだった。当時の発表では、ロイター・ジャーナリストのためのガイドラインを公表した第1の理由として、透明性の向上が挙げられていた。金融界やメディア界で流通する情報の信頼性が危ぶまれている時代にあって、ロイターの記者たちがどのような規範や倫理を順守して報道活動に従事しているかを、一般ニュース消費者にも知ってもらうことが重要になったと説明している。

　ちなみに、AP通信社でもそのジャーナリズ規範と倫理を定めた「ニュース価値と原則」（"News Values and Principles"）をホームページに掲載している。米国では古くから新聞社編集局の常備品となっており、大学ジャーナリズム講座の参考書としても使用されてきた用語用字集「APスタイルブック」は、現在、印刷版とオンライン版の両方が販売され、ほぼ毎年更新されている。

　アドラーは、ニュースコンテンツ販売の他、報道分野での専門知識を活用したコンサルティング・ビジネスも手掛けていると説明した。それはIBMが企業のコンピューター化あるいはコンピューター・システム更新のためのコンサルティング・サービスを提供しているのと似たようなもの

だという。その一例として、15年にトルコのネットワークテレビ局TRTが英語のチャンネルを立ち上げようとした際、人材採用、スタジオ設計、映像データ処理、衛星通信などについて、ロイターがコンサルタントとして専門的な助言を与えたという。ロイター氏の事務所からロイター電信会社、そして信託組織化を経て公開株式会社となり、総合情報サービス会社へと変身した。その後、合併によりトムソン・ロイターと社名は変わったが、「ニュースの商人」ジュリアス・ロイターの精神は今も受け継がれているようだ。

　真実が重要視されない「ポスト真実」（"post-truth"）の時代といわれる今、客観的事実に基づく、正確で偏りのない報道を心掛けるロイターやAP通信社の存在がより重要となった。メディア環境の急激な変化により、国際通信社の双璧をなす両社も困難な状況に直面してはいるが、積極的な取り組みによって安定した財政基盤を確保し、世界のジャーナリズムをリードし続けていくことを願うものである。

［我孫子和夫］

参考文献

Donald Read, "The Power of News: The History of Reuters," Oxford University Press, 1992

John Lawrenson & Lionel Barber, "The Price of Truth: The story of the Reuters millions," Mainstream Publishing Company, Ltd., 1985 (Revised edition by Sphere Books Ltd., 1986)

ジョン・ローレンソン&ライオネル・バーバー、『ロイターの奇跡』、中川一郎・篠山一恕訳、倉田保雄監修、朝日新聞社、1987年

倉田保雄、『ニュースの商人ロイター』、新潮選書、1979年

◎猛威を振るう「日本脅威論」

金重　紘

（元時事通信ワシントン特派員）

1989年2月、米連邦議会で取材中の筆者

父ブッシュ政権が発足した直後の1989年初めのある日の早朝のことだった。

上院外交委員会のスタッフで、日本叩きで悪名高いウィリアム・トリプレット氏から、すぐに「出頭せよ」との電話があった。

あのことかとピンと来た。実は数日前、同委の米国人の友人から、日米関係の内部文書2本をもらい、2月の竹下首相の訪米前に記事にしたのだ。

当時、日本はバブルの真っ盛り。日本企業による米国の企業や不動産物件の買収が連日話題となっていた。これがいたく米国人を刺激、特に首都ワシントンでは、経済が不調なだけに、日本批判一色となった。やっとソ連に勝ったら、得をしたのは日本だ。自衛隊の次期戦闘機（FSX）の共同開発は日本に有利。しかも、米国務・国防両省は対日融和派の巣窟だ──と畳み掛ける。当然、日米関係は緊張した。

文書は手下のケビン・カーンズ氏が執筆。議会で対日批判を煽り、新政権の追い込みを狙った。

例の友人と議事堂横の喫茶店「モノクル」で協議、昼過ぎに外交委を訪ねた。トリプレット氏は「時事が文書を盗んだ」とかんかん。「もらったんだ」との反論に、入手先をと迫る。拒否すると、ボスの共和党保守派の重鎮ヘルムズ議員に話し、時事は出入り禁止、お前は国外追放だとブラフを掛けてきた。こちらも一発かましてやれと、「ポスト紙の友人に相談する」と一言。途端に、強面で鳴る相手がおとなしくなった。後は、犯人捜し妨害に、黒塗りのコピーを渡し、相手の面子を立て、一件落着。

後に、日本の某紙に「時事が文書盗む」との囲み記事。嫌がらせのリークだった。

3．フランス通信社（AFP）

重点分野はビデオ

　2016年9月初め、まだ夏の暑さが残るパリの中心部にあるフランス通信社（Agence France-Presse、AFP）本社でエマヌエル・オーグ（Emmanuel Hoog）社長兼最高経営責任者（CEO）が1時間余りにわたり新聞通信調査会（公益財団法人）のインタビューに応じた。この中で同社長兼CEOは、最も重要な成長分野として真っ先にビデオを挙げ、「テキスト、写真、ビ

パリのAFP本社（2015年1月8日、シャルリ・エブドのテロ事件直後、職員たちが犠牲者を悼んでいるところ、AFP提供）

第1章　海外の通信社

エマヌエル・オーグ社長兼CEO
（パリ市内AFP本社、筆者撮影）

デオの3分野で質量ともに大きくなければ、国際通信社とは言えない。もしそうならないなら今後20年を生き延びることはできない」と強調した。

オーグ社長は、ビデオ分野の成長が通信社、特にAFPにとって大きな挑戦だとし、その理由としてAFPがこの分野で同業のトムソン・ロイター、AP通信社の後塵を拝してきた点を指摘。「APなどは収入の40％強をビデオに依拠している」と述べた。事実、APの場合は、加盟契約社の4割超をテレビ局が占めている（15年のAP年次報告）。

世界のAFPの顧客は「テキストも良いし写真も良いが、供給はもう十分でこれ以上は必要ない。これ以上与えられても消化できないからだ」としているという。

そうした中で今日最も必要とされているのがビデオで、同社長は「世界の人々は今やビデオ、動画を通じて情報を得るようになっており、もし動画がなければ、情報も得られない。新聞はウェブサイト用にビデオを必要としており、（サイトの）加入者数に影響を与えているのもビデオだ」と語った。

AFPは過去5年、ビデオ分野に力を注ぎ、ようやくAPやトムソン・ロイターと同じレベルで競争できるところまで来たという。「大きな挑戦だった。今や問題は供給ではなく、営業、販売の問題となっている」とオーグ社長は指摘した。

実際のところ、AFPの全売り上げに占めるビデオの比率は過去5年間で急増しており、11年の4.2％から15年には9％へとほぼ倍増した。

一方、インターネットの利用が一般化し、インターネット交流サイト

（Social Networking Service, SNS）も急速に普及、メディア環境は激変している。こうした中にあって、ニュースの送り手として AFP が重視するものは何か、との質問に対し、オーグ社長は「何が起きているのか、なぜ起きているのか、を理解させる情報の信頼性（reliability）が最も重要だ」と述べた。

AFP 本社 1 階の受付ラウンジ（柱にかかっているのはシャルル・アバスの胸像）（筆者撮影）

AFP は伝統的に速報性に優れていた。無論、信頼性にも力を入れていたが、過去10年で世界は大きく変わり、今や速報性よりも信頼性が重視されるようになった。「通信社は情報の独占者ではなくなり、われわれの顧客は数多くのソースから情報を得ており、何が起きているのか、を知らせることはもはや問題ではなくなっている」という。

AFP 本社編集局の一角にあるゼネラルニュース部門（筆者撮影）

さらに社長は、「速報性は必要だ。他の情報ソースから 1 時間遅れで報じるなどあってはならない。しかし信頼性と速報性をはかりに掛ければ、多くの情報ソースがある中で、最も重要なのは信頼性だ」と強調した。

オーグ社長はさらに、AFP の歴史に触れ、AFP は 2 度生まれたとし、最初は1835年で、シャルル・アバス（Charles Havas）の優れたイニシアチブと先見の明のお陰で創業され（アバス通信社＝Agence Havas）、2 度目は1944年 8 月20日、対独レジスタンスのメンバーである一部のジャーナリストがパリ解放直前にナチス協力者のくびきから解かれて AFP を設立した

時だと述べた。

　第二次大戦後、フランス政府がAFPを設立する特別法を制定することを決めたが、オーグ社長は「世界中の支局網はアバスのそれであり、通信社の骨格はまさにアバスから引き継いだ。ビジネスモデルも同じ、顧客もほとんど同じ、人員もほぼ同じだった。ただし規約は全く異なり、また資金が（国から）提供される方式も違っていた」と指摘した。

　仏政府が戦後、新たにAFPの設立特別法を定めた理由は、戦中にアバス通信社の一部がドイツのコントロール下に置かれたことの反省もあり、経済界や政界から全く独立した情報組織とする必要があったためだ。またアバス通信社には、情報と広告の2分野があり、戦前からその分割が決まっていたが、それを実現する意味もあったという。

　終戦直後の情勢に関連してオーグ社長は、国家の補助を受けるが、中国や旧ソ連の通信社のような国営ではない通信社を設立できるのか、あらゆる政治勢力間の調整が必要で、多くの議論・検討があったと指摘。「われわれは完全な民間会社であるロイター／APと、共産圏の2大通信社である新華社とタスの中間を探さなければならなかった」と述べた。このため、AFPの規約制定法の成立は終戦から12年余り後の57年1月まで待たなければならなかったという。

　最後に自身の経歴を聞いたところ、オーグ社長兼CEOは、AFPではなく公務員の出身で、文化・通信省の役人や国立劇場担当などを歴任したことを明らかにした。役員の中には同様に公務員出身者がいる。後述するが、AFPの役員には、公務員枠があり、担当大臣の指名を受けて就任する決まりになっている。

　オーグ氏は2010年4月15日に社長兼CEOに就任し、13年4月4日に再選されており、任期は18年までとなっている。

組織と事業

　AFP通信は、世界150カ国に200の支局を持っている。
　本社所在地はフランスの首都パリにある。パリ本社は世界のAFPネッ

3. フランス通信社（AFP）

トワークの中核であり、例えば、編集面で各地域に指示を出すのは本社の編集主幹オフィスだ。

また、パリ本社には、フランス国内を対象とする各部がある。政治、経済・財政、外交・国防、社会・労働問題、文化、科学・技術、スポーツ、ゼネラル（警察、裁判、教育、宗教その他パリ大都市圏関連など）である。さらにフランス国内には、7つの地方支局がある。

一方、国外に目を転ずると、世界各国に支局を置いているが、中心となる地域統括センター（デスク）があり、カバーするテリトリーが分けられている。地域統括センターは、ニコシア（キプロス）、香港（中国）、ワシントンD.C.（米国）、モンテビデオ（南米ウルグアイ）に置かれている。

パリ本社が欧州全域とアフリカ（サハラ以南）をカバーしているのに対し、ニコシアは中東と北アフリカ、香港はアジアとオセアニア、ワシントンは北米、モンテビデオは中米と南米を統括している。それぞれに編集、セールス＆マーケティング、技術・後方支援のチームを擁する。

中東をカバーする統括センターがニコシアにあるのは奇異に思えるかもしれない。以前はカイロ（エジプト）にあったが、1987年12月にニコシアに移転した。ニコシアはアラブ域外にあるものの中東地域へのアクセスという点で至便であり、イスラエルにもアラブにも自由に行き来できるという利点から選ばれた[文献1]（元AFPジャーナリストでニコシア移転を進めたクサビエ・バロン氏）という。

AFPの前身であるアバス通信社は19世紀後半にエジプトに進出しており、従って中東情報の歴史は古い。

また、香港はアジアの中心に位置する都市であり、支局の歴史はアバス通信社の時代にさかのぼる。戦後、植民地時代の遺産を引き継いで情報、通信、販売各システムが急速に拡大、シンガポール・香港・マニラ・東京―パリのコミュニケーションネットワークの中核に次第に香港がなっていった。香港支局には72年当時、既に27人の人員がいたという[文献2]。

中国情報については、アバス通信社以来の特派員ジャック・マルキューズ（Jacques Marcuse）氏を特記しなくてはならないだろう。戦前から戦後

にかけて中国情報の有名なジャーナリストだった。また極東特派員として著名だったロベール・ギラン（Robert Guillain）氏については後述する（「日本との関係」の項 p. 95参照）。

ワシントンは米国の首都であり、世界のニュース発信基地の中核である。ワシントンから米国各支局を指揮する体制は70年代末より整えられていた。

一方、ウルグアイの首都モンテビデオにスペイン語の地域統括センターを開設したのは97年12月。歴史的に見ると、南米の主要都市には欧州からの移民が多く、モンテビデオでは19世紀末、住民の30％がフランス系だったといわれる[文献3]。親仏国であり、フランス語を日常語とする国であったことが大きい[文献4]。

またアバス通信社の南米進出も19世紀後半と古く、南米はアバスの地盤であった[文献5]。

こうした各地域の編集陣は、パリの編集主幹オフィスの指示を受けて、1年を通じて日夜切れ目のないニュースカバー体制を敷いている。

AFPのスタッフ数は全世界で2326人、国籍は80に上る。このうちジャーナリストは1575人を数える。この中には、記事もこなすフォト（ビデオ）ジャーナリストが約220人含まれる。AFPが出している2015年次報告から引いた。以上の数字などを見れば、世界の3大グローバル通信社の一角を占めていることが分かる。

ジャーナリストやフォト（ビデオ）ジャーナリストは1日にどれだけの仕事をするのだろうか。

記事は毎日5000本を出稿する。言語はフランス語、英語、ドイツ語、アラビア語、スペイン語、ポルトガル語の6言語。欧州のフランス周辺国言語を網羅しており、欧州を本拠とする通信社らしい。力を入れているのはアラビア語だ。14年次報告では、商品・コンテンツ拡充優先分野の一つとして挙げられている。アラビア語サービスは69年に開始されており、以来50年近い歳月が経過しているが、中東情勢が混迷の度を深めるのに伴い、その重要性はますます増している。

3．フランス通信社（AFP）

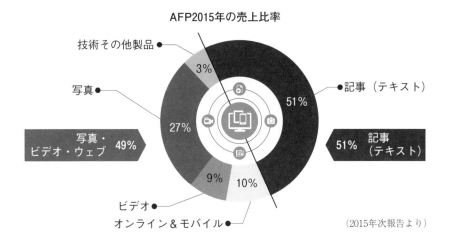

(2015年次報告より)

　写真は3000枚、ビデオは250本、グラフ・ビデオグラフは100を毎日提供している。

　売り上げを見てみよう。15年の総収入は２億9820万ユーロ（約364億円、17年１月のユーロ円換算レートで）と、同社史上最高を記録した。この中には国からの必要コスト補てん（１億ユーロ）が含まれている。国家補てんを除いた１億9820万ユーロが経常収入となる。

　品目別に見ると、記事（テキスト）が51％、写真が27％、ビデオ９％、オンライン＆モバイル10％、技術その他３％。つまりテキストが半分、写真・ビデオ・ウェブその他が半分という割合になっている（上のグラフ参照）。

　過去５年で見ると、テキストは漸減傾向だ。売上比率は11年が57.5％だったが、15年には51％まで減少した。これに対し写真は11年の25.1％から徐々に増え、15年は27％となった。またビデオは前述したように急増しており、11年の4.2％から15年には９％とほぼ倍増となった。

　地域別の売上比率を見ると、フランス国内が43％、海外部門が57％と、海外部門の方が多い。海外部門の内訳は、欧州23％、アジア13％、中東８％、北米７％、南米４％、アフリカ２％となっている。

　また営業収入を分野別に見ると、印刷メディアからの収入が４割、テレ

ビ・ラジオ・インターネットからの収入が4割、その他が2割。

世界全体の顧客数は4714で、うちメディアが74％、非メディアが26％の割合だ。顧客数は過去10年で4割近い増加である。

また商品・コンテンツ拡充の優先分野は、アラビア語に加えて、オーグ社長兼CEOが挙げたビデオの他、スポーツ、モバイル、ブラジルが挙げられた（14年）。

一方、SNSでは、15年に全体のフォロワーが12％増加した。ツイッターのフォロワーは16年2月段階で、フランス語アカウントが172万3032、英語アカウントが60万848。またフェイスブックは、フランス語ページの友だちが42万4203人、英語ページの友だちが26万9522人に上っている。

経営形態

AFP通信は、欧州の第二次世界大戦終結直後の1944年9月30日の政府命令によって設立された。ただしこれは戦争直後の暫定的なもので、現在の組織を規定する法律は57年1月10日に成立している。これによって44年9月30日付の政府命令は撤廃された。

またこの法律は2015年4月17日に時代の動向に合わせて改定されている。AFPは欧州各国で業務を行っており、欧州連合（EU）の法律との整合性を取る必要があったためだ。

この法律によると、AFPは、商業ルールに基づいて機能する自律的な組織（un organisme autonome）と定められている。

その目的は、①フランス内外で完全かつ客観的な情報サービスを追求する②その情報を支払いと交換でユーザーの手に入るようにする──ということだ。

また以下の基本的な義務に従わなければならないと規定されている。

　まず情報の正確性と客観性に妥協するようなことがあってはならず、またどんな方面からの影響も受けてはならない。

　またフランス内外のユーザーに正確で信頼に足る情報を途切れること

なく提供するために、その資源が許す限りにおいて組織を拡大、向上させなければならない。

さらに世界的な情報サービスという地位を与えるだけのネットワーク網を、その資源の許す限りにおいて確保する。

(1) **高等評議会** (Le conseil supérieur)

以上の基本的な責務履行を確保するために高等評議会を設置するとしている。そしてその評議員の構成は次のようになっている。フランス政府機関である国務院から選ばれた同院のメンバーがキャスティングボートを握る議長で、以下、民事・刑事の最終審である破棄院から選ばれた同院判事1人、業界団体によって指名されたフランスの日刊新聞社の役員代表2人、当該団体によって指名された職業ジャーナリスト1人、指名されたテレビ・ラジオの代表1人、国民議会（下院）と上院の文化担当委員会によってそれぞれ指名された議会のメンバー2人となっている。

評議員の任期は5年で、更新の可能性はある。

この高等評議会は、前述した基本的な義務に違反すると考えられるような問題が生じた場合にユーザーや他のメディアなどの申し立てを受け、それが違反に当たるかどうかを3カ月以内に裁定する。仮にこの申し立て通りだった場合には、AFP役員会ならびにCEOに対し、必要なあらゆる所見や勧告を送付する。

仮にその問題がAFP役員会による決定の結果である場合でも、高等評議会は、当該決定の履行を中止させ、役員会に再考するよう求めることができる。

もし当該問題がCEOの深刻な経営管理の誤りの結果であれば、高等評議会は、CEOを除いた役員会の意見を得た上で、CEOを解任することができる。

一方、CEOは毎年初めに高等評議会に対し、AFPの活動報告を提出することになっている。

以上から言えることは、高等評議会が大所高所から、役員会ならびに

CEO を監督し、チェック機能を果たしているということである。

(2) 役員会 (Le conseil d'administration)

経営主体は、CEO を議長とした役員会である。役員会は年間少なくとも 4 回は開催される。役員会は、CEO の下に次のような人員構成になっている。

①法律に則って業界団体に指名されたフランスの日刊新聞社の役員代表 5 人

②法律に則って指名されたフランスのテレビ・ラジオの代表 2 人

③ AFP のサービスを利用する公共サービス機関の代表で、外相、通信担当相、経済担当相によりそれぞれ指名された 3 人

④ AFP 職員代表 3 人（うち 2 人は AFP 編集陣に所属するジャーナリスト会議で選ばれたジャーナリスト、もう 1 人はその他の職種から同様に選ばれた職員）

⑤メディアやデジタル技術の知識、経済・経営管理の技量・能力から高等評議会が指名した 5 人（うち少なくとも 3 人は欧州や国際ステージで豊富な経験を有していること）。他の役員あるいは高等評議会メンバーの出身母体である行政機関や企業には属していないこと。

役員会は投票によって、新聞社の役員代表から副社長を選任するが、CEO はこの投票には参加できない。

役員の任期は 5 年で、更新可能。ただし公共サービス機関を代表する役員については、所属官庁大臣によっていつでも辞めさせることができる。また期待された能力を発揮していない役員は自動的に職務を停止される。

役員会には、経営・管理のための最大限の権限が付与されている。

CEO は、理事会の議事進行・決定執行、AFP の全サービスの運営、AFP を代表する業務などに当たる。副社長がこれを補佐し、CEO が責務を果たせない場合には代行する。

高等評議会、役員会ともに男女数の差が 1 人よりも大きくなってはなら

ないとされている。またその能力ゆえに指名された評議員、役員が期待された能力を発揮していない場合には解任されるとしている。

　CEOは、空席となったら3カ月以内に役員以外から役員会によって指名されることになっている。任期は5年で、更新は可能。

　15年の制定法の主な改正点は、CEOの任期が3年から5年に拡大されたことと、役員数が15人から18人に増えたことなどだった。

(3)　**財務委員会**（La commission financière）
　一方、法律ではまた、財務委員会の設置がうたわれている。この委員会は、指名された政府会計監査局のメンバー3人（うち1人が委員長となる）で構成される。

　収入・支出見積もりを盛り込んだ年間報告書がこの委員会に提出され、委員会はこうした見積もりで収支均衡をもたらすかどうかをチェックする。もし収支均衡をもたらさないと結論付ければ、CEOに差し戻し、CEOは収支均衡を達成するため新たに役員会を開く。

　財務委員会の役割は、AFPの財務管理を監視することにある。広範な調査権限を持ち、記録を請求したり、部署を訪れたりすることができる。CEOと役員会双方にAFPの財務管理についてあらゆる必要な所見を伝える。

　それだけではない。もしその監視にもかかわらず、役員会が収支均衡を確保するのに必要なあらゆる措置を講じなかったと判断すれば、高等評議会の承認を受けた上で、暫定管理者の指名を求めることができる。これは、財務委員長の要請を受けて裁判所が指名する。そのような場合、役員会は6カ月以内に刷新される。新役員会が成立すれば、暫定管理者は役目を終える。

　財務委員会は、監査を行うとともに、財務管理について年次報告書を役員会に提出する。

(4) 収入源

　AFP の収入は①顧客へのニュースサービス等の販売収入②国からの必要コスト補てん③自らの資産からの収入―から成る。このうち②は、任務遂行で生じた純コストへの国家からの埋め合わせである。15年の国家補てんは1億ユーロ（約122億円、17年1月のユーロ円換算レートで）、16年は1億500万ユーロ（約128億円）。通年、総収入の約3分の1を占めている。

　このほかに国からは、公共サービス機関が購読者となっているさまざまなサービスの代金（15年は2500万ユーロ）が入る。公共サービス機関への販売条件は、国と AFP 間の合意に基づいて決められる。フランスの報道機関に適用されるレートを基に契約価格や数が設定される。

　AFP 規約制定法では、支払い不能の場合にも触れられている。

　役員会あるいは財務委員会、債権者などからの申し立てにより商業裁判所が AFP の支払い不能を確認すれば、政府は1カ月以内に議会にあらゆる有用な情報を提供し、AFP が存続できる条件を盛り込むか、あるいは解散し資産を清算することを決める法案が議会を通過できるようにしなければならないとされている。

歴　史

前身のアバス通信社

　エマヌエル・オーグ社長兼 CEO はインタビューの中で、2014年に AFP 通信は70周年記念を祝ったが、この70周年は生誕というよりも再建後というべきで、実際のところ、AFP は2度生まれていると述べた。

　オーグ社長兼 CEO の言う2つの誕生を見てみよう。

　最初の生誕は1835年と言うが、この年、AFP の源流となるアバス通信社が設立された。シャルル・アバス（1783－1858）は、他の通信社に先駆けて初めて通信社という事業を起こした人物で、このため近代通信社の始祖、母などとされる。「通信社のビジネスモデルを創り出した」（オーグ社長兼 CEO）人物だという。

　シャルル・アバスはユダヤ系ハンガリー人を両親に持ち、若い頃、パリ

3．フランス通信社（AFP）

でナポレオンの大本営に出入りしてその発表を新聞社に配信したり、新聞経営に携わったりしていた[文献6]。

アバス通信社設立の10年前の25年に通信事務所を創り、主に欧州各国の通信員から郵便や特別の使者を通じて送られてくる株式、商品市場の相場ニュースなどを翻訳・編集して購読者に提供した。当初は、外交官、商人、金融業者など個人が購読者で、新聞社には相手にされなかったという。当時の新聞はストレートニュースよりも論説に力を入れており、ニュースにはあまり関心がなかったからである[文献7]。

シャルル・アバス（AFP提供）

ところがこのころから一般市民が日常の出来事、ニュースに関心を持つようになっていった。こうした潮流を敏感に捉えてシャルル・アバスはアバス通信社を創立。最初のオフィスはパリのジャン・ジャック・ルソー通りに置かれた。

ロイター通信にしてもそうだが、通信社の源流がいずれも株式や商品などの相場報道がきっかけだったことは大変興味深い。

アバスは、ニュース送受信のスピードアップを図るため、1840年に伝書バトを用いる新たな方法を考案した。これは伝書バトの帰巣本能を利用した手段で、その後、この手段は広く100年以上も利用されることになる[文献8]。

当時の情報伝達手段は、馬車便などが一般的だったが、伝書バト便の導入により伝達速度は格段に速くなり、半日ほどで2都市間を結ぶことが可能となった。

欧州の都市（ロンドン―ブリュッセル―パリ）間で伝書バトを利用すれば、相場情報をいち早く知らせることができる。

その後、電信の導入など通信手段は変わっていくが、スピード化がいつの時代でも共通の目標だった。その端緒がここにある。

ニュース送受信のスピードアップが図られたことから、新聞社もアバス通信社からニュースを購読するようになった。パリの夕刊紙は、ブリュッセルやロンドンの朝刊の記事をその日のうちに掲載することが可能となった。このためアバス通信社に記事提供の依頼が多く舞い込むようになり、これがアバス通信社の商業的な成功のきっかけとなった[文献9)]。

ロイター通信社を設立したユダヤ系ドイツ人ポール・ジュリアス・ロイター（1816～99）も、ドイツで発展したウォルフを設立したユダヤ系ドイツ人ベルンハルト・ウォルフ（1811～79）も当初はアバス通信社で働いており、その経験を生かして自らの通信社を立ち上げているのは興味深い。またアバス、ロイター、ウォルフいずれもユダヤ系であることも興味をそそられる一致である。

19世紀後半

アバス通信社が電信の利用を開始したのは1845年であり、それはやがて、事業の拡大につながっていく。54～56年のクリミア戦争に対応して、欧州のネットワーク網をロシアのサンクトペテルブルクやボスポラス海峡まで拡張した。通信技術の進展に伴って19世紀後半には、アバス、ウォルフ、ロイターの3大通信社の時代といわれるようになる。

53年、創業者シャルルの息子オーギュスト・アバスが経営を引き継いだ。2代目オーギュストの時代にアバス通信社は広告代理店と提携して広告部門を新設した。当時、新聞社は経営に苦しむところが多く、通信社からニュースを購入することもおぼつかなかった。そこでニュースを提供する見返りに新聞の広告スペースを申し受けることにした。その結果、新たな顧客を獲得するとともに、非協力的な新聞に広告の割り当てを見合わせるなどして新聞への支配力を強めていった[文献10)]。

アバス、ロイター（ロンドン）、ウォルフ（ベルリン）の3社は59年、ニュースを相互に交換し、ニュースの取材・配信に関して勢力圏を分割する

協定を結んだ。その後、曲折があったが、70年に結ばれた協定で、アバスはフランス、スペイン、イタリアなど南ヨーロッパ（その後南米が付加された）、ウォルフはドイツなど東ヨーロッパ、スカンジナビア、ロシアなど、ロイターは大英帝国、極東などが独占的に取材・配信できる地域となった[文献11]。協定はその後改定されていくが、3大通信社体制を盤石なものにするのに大きく寄与した。

19世紀後半には、欧州大陸とアメリカ大陸を結ぶ大西洋横断海底ケーブル（1866年）が敷設された。一方、太平洋横断海底ケーブルの方は1903年に米国西海岸とフィリピン間に敷設されている。また1880年、電話やテレタイプの利用ができるようになり、ジャーナリストの仕事の仕方が一変した。こうした技術革新の進展によりニュース量は飛躍的に増大していく。

1896年にアバス通信社は社屋をパリ市内プラス・ド・ラ・ブルス（Place de la Bourse）に移転している。プラス・ド・ラ・ブルスとは証券取引所広場の意味で、かつて証券取引所があった場所。アバス通信社がそこに社屋を移転した理由は恐らく証券情報の迅速な取材・送信のためだったのだろう。AFP本社所在地は社屋を建て替えてはいるが、現在もプラス・ド・ラ・ブルスである。

アバスの解体と AFP 創設

アバス、ロイター、ウォルフの勢力圏分割協定は長期にわたって3大通信社体制を維持する役割を果たした。しかし、米国の新興 AP が台頭、AP は、市場独占に不満を強め、情報の自由な流通を主張して協定に異を唱え、その破棄を要求。1934年に協定は破棄に追い込まれた。

協定破棄の背景に関して、第一次世界大戦後の各国の力関係の変化があったとする一方で、直接的に協定破棄にまで追い込んだのは「AP総支配人ケント・クーパーと、"タッグ"を組んだ聯合通信社（同盟通信社の前身）専務の岩永裕吉だった」[文献12]との指摘もある。

これは、米国のAPと日本の聯合の台頭に伴って、世界ニュースの地域独占体制が突き崩されたことを示している。

AFPの社史年表（ホームページ）によれば、30年には、「短波無線の情報伝達が国際ニュースの送信方法を根本から変え、それが通信社間の同盟を終結に導いた」と記されている。つまりこれは、情報伝達技術革命により地域分割協定が無意味なものになったことを示唆している。

　40年代に入ると、第二次世界大戦でフランスがドイツに降伏。フィリップ・ペタン将軍を首班とするヴィシー政権下で、40年11月アバス通信社のニュース報道部門は国有化され、フランス情報局（Office Français d'Information、OFI）という名称の国営機関となった。一方、広告部門はアバスの名前を維持した[文献13]。

　亡命政権「自由フランス」率いるシャルル・ドゴールの下で40年12月、アバスのロンドン支局長だったポール・ルイ・ブレ（Paul-Louis Bret）は、同支局を改組し、ヴィシー政権を批判する力を持ち、フランスの自由な世論を存続させられる独立フランス通信社（Agence Française Independante、AFI）を創設。AFIは、英国情報省ならびにロイターとの間で、自由欧州を対象地域に1日当たり約1万語のフランス語サービスを放送することで合意した[文献14]。

　他方、レジスタンスの情報機関とアバスの旧組織が合体して報道・記録通信社（Agence d'Information et Documentation、AID）をつくった。

　連合軍の北アフリカ上陸に伴い、同地方在住フランス人はヴィシー政権から離脱する。ヴィシー政権につながるOFI支局は間もなく独立し、フランス・アフリカ通信社（Agence France-Afrique、AFA）となった。ドゴール支配下のアルジェでは44年3月、ポール・ルイ・ブレがAFIとAFAを合併させてフランス通信社（Agence Française de Presse、AFP）を発足させた。

　44年8月19〜25日の戦いの結果、パリは解放された。アルジェのAFPやAIDなどが合流し、名実ともに現在のAFPが誕生した。AFP社史は「フランス情報局（OFI）がAFPに社名変更した」と述べている。つまり旧アバスの施設や人員が引き継がれたことを示唆している。この間、同年8月20日、自由を勝ち取ったフランスの最初の速報が発行された。

57年に成立したAFP規約制定法によると、AFPは44年9月30日付の政府命令により設立されたとされている。

現在の社長兼CEOであるエマヌエル・オーグ氏が、2度目の創業と述べたのはこのAFP誕生の時を指す。

戦後のAFP

以下は、AFPのホームページにある社史年表に従って記す。

AFPの写真サービスは1944年、パリの解放をカバーしたフリーランスのカメラマンたち、ゲオルグ・メラメド、アンドレ・ランボー、ロベール・パラによってつくられた。この時期、ベリノグラフが写真電送装置として使用された。ベリノグラフは07年にエドアール・ベランが発明した装置である。

30年代にドイツで発明されたテレックスが、フランスに導入されたのは46年。AFPのホームページでは、52年にテレックスが情報送受信に使用されたと記されている。

53年3月5日、ソ連のスターリン首相（当時）の死去を伝えるAFP報道は世界的なスクープとなり、AFPの歴史に足跡を残した。この時、モスクワの外交ジャーナリストらは、当局の検閲のため、ニュースをリアルタイムで速報することができなかった。しかしAFPは、パリからラジオ・モスクワの国内放送を常時モニターしていたためにスクープを放つことができた。

54年にCEOに就任したジャン・マラン氏は、57年1月にAFPの規約制定法が議会で成立した後、3年ごとに再選され、75年まで実に20年超も社長兼CEOの職にあった。議会で成立したAFP規約制定法は、編集の独立、財政の自律、世界的なプレゼンスを保証する内容だった。また社長兼CEOは役員会によって選ばれることとなった。

57年当時、AFPは、フランス国内に25支局、海外46支局、仏海外領土に13支局を持ち、116カ国に特派員を派遣、73カ国でニュースを提供していた。まさに国際通信社の名にふさわしい規模を有していたと言える。

69年にはアラビア語サービスを開始している。また71年には衛星経由のニュース送受信を開始した。

ITなど技術革新の推移

1975年に社長兼CEO職を引き継いだクロード・ルーセル氏の下でAFP各部局にIT（情報技術）が入り込み始める。81年には、通常の電話回線を使って写真をリアルタイムに伝送するシステムを導入した。

83年10月、AFPは、地方ラジオ局にニュースサマリーや音楽番組、ボイスリポートの提供を開始した。

84年には、初の白黒写真のレーザープリンターが導入された。86年からはデジタルプリンターになる。

85年、国際写真局を設置。コンピューター化や衛星利用などに伴い、送信ニュース量が飛躍的に増大、75年に1日当たり60万語だったニュース量が85年には同100万語に達した。

86年に初の写真編集システムを導入した。これは、アナログ信号を利用するもので、顧客はデジタル受信装置によってスクリーン上に写真を読み込む必要があった。

87年12月、カイロに置かれていた地域統括センター（アラビア語デスク）をニコシアに移転。

88年には、インマルサット衛星電話の利用により戦争地域など通信網のないところからでも記者が作成した記事の送信が可能となった。以後、記者にとって大変に有用な設備となる。

同年にはまた、デジタル通信による簡易型写真スキャナー「Dixel」が導入される。これは重い暗室が必要なベリノグラフに代わるもので、持ち運びが非常に容易という特徴があった。この年、AFPは写真販売で競合他社を圧倒する。

92年、デジタルファイルの利用により、写真の転送スピード、質が向上する。

95年、基幹サービスであるテキストサービスの記事送信を顧客用にカス

タマイズするのを可能にするAFPダイレクトを導入する。

　さらに同年12月、AFPは自社ウェブサイト（www.afp.com）を開設した。

　翌96年、新しい写真編集システムであるシンフォニアを導入した。これは、写真の編集、送信過程を全てデジタル化するもの。

　同年7月、AFP初のマルチメディア・インターネット・ジャーナルを開始した。

　97年、報道機関やインターネットサイト、企業顧客向けの新しい写真プラットフォームであるイメージフォーラムを導入する。これは、顧客に対し、AFPの取材した写真、写真アーカイブへのリアルタイムのアクセスを提供するもの。

　同年12月、ウルグアイの首都モンテビデオにスペイン語の地域統括センター（デスク）を開設した。

　2005年、スマートフォンの旧世代であるPDA（パーソナル・デジタル・アシスタント）経由で写真送信を開始。

　06年、マルチメディア編集システムに、顧客管理を最適化するXMLフォーマットを初めて採用する。

　07年、AFPTVインターナショナルを開始。

　08年、携帯電話会社に提供する一連のサービスを開発。

　10年、英仏語のフェイスブックページを開設。

　11年、ビデオグラフィックを開始。初の3Dビデオグラフィック。

　同年、高精細度ビデオを提供する。

　同年、海外市場での収入が初めてフランス国内市場のそれを上回る。

　同年7月、新たな生産・販売システムであるIRISを導入。デジタル時代の問題に直面する顧客の支援が狙い。

　同年11月、ビデオグラフィックの全てを3Dにする。

　同年12月、公式のツイッターアカウントを開始。

　14年4月、新たなマルチメディア・プラットフォーム、AFPフォーラムを導入。テキスト、写真、ビデオなど全てのニュースを一つのサイト、6言語で提供する。

同年5月、無料の画像共有アプリケーションソフト、インスタグラム（Instagram）のアカウントを開設した。

日本との関係

　AFP通信は年次報告2014の中で、2つの画期的な契約を成立させたとして、その1つに時事通信社との60年を超える契約の更新を挙げている。コマーシャル＆マーケティング担当ディレクターのオリビエ・ロンバルディ氏は「時事通信社はAFPの歴史的なパートナーであり、AFPの収入の観点から世界で2番目の大口顧客である。この契約の更新は、日本でのAFPのブランド強化につながり、われわれに新たな機会を与える」と述べた。

　また編集担当役員（グローバル・ニューズ・ディレクター）のミシェル・レリダン（Michèle Léridon）氏もインタビューの中で、「時事通信社とのパートナーシップは戦略的なものでAFPにとって大きな関係だ」と強調した。

　こうした発言にある通り、AFPと時事は歴史的なパートナーである。時事は長年にわたって日本におけるAFPのニュース、写真双方の独占配信権を有している。14年の契約更新では、AFPが日本のテレビ局に直接、写真サービスを販売することが初めて認められた。

　AFPと時事の関係は1949（昭和24）年にさかのぼる。この年の12月1日にAFPは時事との間で、一般ニュースおよび特電の配信契約を結んだ。49年というと、AFPの創業からわずか5年ほどである。それ以来、70年近い関係にある。

　その後、52年12月には、AFPが時事に一般ニュースの他、経済金融ニュースを配信する契約が成立した。時事はAFP経済ニュースの独占権を得た。

　58年6月には、両社は契約を改定、その結果、時事がAFPの一般ニュースならびに経済ニュースをマスメディアに提供することが可能となった。同時に時事の海外英文ニュースをAFPがパリで受信して、そのワールド

サービスに入れることとなった。

　さらに両社は68年4月から5年間の長期契約を結んだ。その内容は、AFPが時事に対し、一般ニュースと経済ニュースを網羅した広範なニュースサービスを提供するもので、時事は日本国内の独占配信権を獲得した。

　AFPと時事の契約はその後も自動延長され、84年には、時事はAFPの国際写真サービスを契約、ニュース、写真両方の独占配信体制を整えている。

　AFPはアジア太平洋地区で写真サービスを立ち上げているが、その際にも時事の協力を得ている。

　AFPの日本の支局は、東京の時事通信ビル（東京都中央区銀座5－15－8）内にある。

　一方、2006年2月より、AFPは日本語版ニュース配信サイト「AFPBB News」、ブログサイト「Actiblog」を開設している。

　日本との関わりで忘れてはならないのが「きら星」[文献15]のようなジャーナリストの1人だったロベール・ギラン（Robert Guillain）氏のことだ。第二次世界大戦前の38年にアバス通信社の極東特派員として着任し、戦中も日本にとどまり取材活動を続けた。日仏が敵対関係となり軟禁生活を余儀なくされたが、戦後解放されてAFP特派員として活動を再開し、46年に帰国した[文献16]。その後、再び仏ル・モンド紙の特派員として来日、長きにわたって日本を拠点に活動した。極東、特に日本通のジャーナリストとして著名な存在だった。

AFP憲章と編集倫理綱領

憲　章

　AFP通信は2016年4月12日の役員会で、AFP憲章と編集倫理綱領を採択し、これらを発表した。AFP憲章はAFPが重視する価値を明確化したものであり、編集倫理綱領は、デジタル革命の時代にこれらの価値を反映させた内容となっている。AFPには法律で規定されたこの種の規約があるが、改めて憲章と編集倫理綱領を定めたのはフランス国内ニュースの

誤報問題がきっかけだった。
　AFP憲章の内容は次の通り（筆者訳）。

　　AFPは多言語・多文化の通信社であり、その務めは、ニュースが継続的に世界のどこで、いつ起きようとも、そのニュースが正確で、バランスの取れ、公平にカバーをすることである。
　　テキスト、写真、ビデオ、グラフィックス、その他の形式であれ、AFPの義務は、ますます混乱する情報世界において真実を求め、それを公表することにある。
　　規約制定法で保障されたようにAFPは、政治的、商業的、イデオロギー的な影響を受けることなく独立した発信をすることができる。
　　AFPは、表現の自由と、威嚇や監禁、身体的危害の恐れなしに職務を遂行するジャーナリストの権利を支持する。
　　AFPは、AFPのために仕事をする全ての人々の安全を守ることを約束する。
　　AFPは、人種、性別、国籍、宗教、性的指向その他の要因に基づく差別を拒否する。

編集倫理綱領
　AFPの編集倫理綱領は、AFP憲章に盛り込まれた原則を詳細に体系化したものだ。またAFPのスタイルブックに盛り込まれた倫理ガイドラインについても詳述している。さらにメディア業界で起きている重大な変化に関する問題にも取り組んでいる。
　特にSNSや、ニュース源としてのユーザー由来コンテンツの役割増大などを取り扱っている。
　また異なる種類のニュース、紛争から株式市場、選挙、科学の発見などのニュースのカバーに伴って提示される倫理問題も検討している。
　一方、さまざまな形（テキスト、写真、ビデオ、グラフィックスなど）で活動するジャーナリストへの具体的な規則や勧告も盛り込んでいる。

3．フランス通信社（AFP）

　この綱領の作成に当たっては、世界の他のメディアの倫理コードや、1971年のジャーナリストの義務と責任に関するミュンヘン宣言などの歴史的文書、さらにニューヨークにあるコロンビア大学のジャーナリズム研究センターなどが公表している調査・ガイドラインなどをリサーチしたという。

編集トップのミシェル・レリダン執行役員
（AFP本社、筆者撮影）

　綱領の作成を主導した編集トップのミシェル・レリダン氏は「急速に変化するメディア環境の中で、われわれの基本的な価値は、明瞭な編集倫理原則に基づいて確かな、信頼に足るニュースを作り出すことにある。このような憲章・綱領はこうした原則を再確認させるものだ」と述べた。

　編集倫理綱領は、序文に続いて以下のような目次内容となっている。
①10の指針
②基本原則
③懸念分野
④振る舞い
⑤金融経済カバー
⑥安全、敵対環境、紛争
⑦ユーザー由来のコンテンツ/目撃者のメディア
⑧映像—グラフィックス、写真、ビデオ

　この綱領の最初にある「10の指針」を以下にご紹介するが、記者が従うべき原則を示している（筆者訳）。

1．AFPのジャーナリストは、正確でバランスの取れた公平なニュースカバーをし、間違いがあれば早急かつ透明性を持って是正する。

２．AFPのジャーナリストは、偏見や先入観、外部の影響を受けずに独立した意見を述べなければならない。良心に反する仕事を強いられることがあってはならない。

３．AFPのジャーナリストは、ソースの秘匿性を守り、決して故意にソースを傷つけるようなことがあってはならない。

４．AFPのジャーナリストは、無実の推定（筆者注：何人も有罪と宣告されるまでは無罪と推定される）を守らなければならない。

５．AFPのジャーナリストは、真実を追求し、情報を知ったなら積極的にこれを報道する義務を持つ。

６．AFPのカメラマンとTVジャーナリストは、映像やビデオに手を加えてはならず、内容をいじったり、変えたりしてはならない。記者は引用を操作したりしてはならない。

７．AFPのジャーナリストは、情報ソースの身元をはっきりと確認し、盗用してはならない。また記事を校正のために情報ソースに委ねてはならない。

８．AFPのジャーナリストは、犠牲者やその親族に近づく場合、神経を使い、当事者の悲しみに立ち入るのを避けなければならない。インタビューしたり、子どもの写真を撮ったりする場合は、特に気を付けなければならず、可能な時はいつでも親の同意を得なければならない。

９．AFPのジャーナリストは自らの身元を詳（つまび）らかにしなければならない。AFPのジャーナリストは、ニュースマネジメントの承認を受けた例外的な状況以外では、逃げ口上を使ってはならない。

10．AFPのジャーナリストは、集めた情報を自らの個人的な利益のために使ったり、自らの立場を金融利益のために使ったりしない。情報ソースに金を支払わない。

前述した通り、編集倫理綱領で目を引くのは、「⑦ユーザー由来のコンテンツ/目撃者のメディア」の項だ。これは、世界中でスマートフォンやSNSの利用が爆発的に増大し、ニュースとなる事件・事故の目撃者がス

マホなどで捉えた写真などがツイッターやフェイスブック、インスタグラム等のSNSにすぐにアップされる時代となったことが背景にある。

AFP綱領は、目撃者によるコンテンツを利用する場合、それが真実かどうか、そのソースに信頼性があるかどうかなどを全力で検証する必要があると指摘。さらにソースが主張する場所、時間が正しいか、ソースの確認と著作権などの確認を強く求めている。

[倉沢章夫]

参考・引用文献

1) Xavier Baron, "Le MONDE EN DIRECT" 248 La Decouverte, 08 2014
2) Xavier Baron, "Le MONDE EN DIRECT" 183 La Decouverte, 08 2014
3) Xavier Baron, "Le MONDE EN DIRECT" 37 La Decouverte, 08 2014
4) Xavier Baron, "Le MONDE EN DIRECT" 284 La Decouverte, 08 2014
5) 小糸忠吾、『世界の新聞・通信社Ⅰ──激動の第三世界と大国のマスメディア』、111ページ、理想出版社、1980年
6) 小糸忠吾、『世界の新聞・通信社Ⅰ──激動の第三世界と大国のマスメディア』、88ページ、理想出版社、1980年
7)～9) 片山正彦、「通信社の役割──知られざる報道メディアの中枢」、『メディアと文化』第2号、101ページ
10) 小糸忠吾、『世界の新聞・通信社Ⅰ──激動の第三世界と大国のマスメディア』、95～96ページ、理想出版社、1980年
    片山正彦、「通信社の役割──知られざる報道メディアの中枢」、『メディアと文化』第2号、104ページ
11) Xavier Baron, "Le MONDE EN DIRECT" 25 La Decouverte, 08 2014
12) 片山正彦、「通信社の役割──知られざる報道メディアの中枢」、『メディアと文化』第2号、106ページ
13)～14) 小糸忠吾、『世界の新聞・通信社Ⅰ──激動の第三世界と大国のマスメディア』、133～140ページ、理想出版社、1980年
15) Xavier Baron, "Le MONDE EN DIRECT" 58 La Decouverte, 08 2014
16) Xavier Baron, "Le MONDE EN DIRECT" 183 La Decouverte, 08 2014

Xavier Baron, "Le MONDE EN DIRECT" La Decouverte, 08 2014
AFP, "The Whole World. The Whole Story" 2013, 2014, 2015
AFP, "Le monde bouge. Nous aussi" 2013, 2014, 2015
AFP BYLAWS, Law No.57-32 of 10th January 1957
　　　　　　Decree No 57-281 of 9th March 1957
Le statut de 1957 version intégrale
Eléments statutaires le 29.10.2015
AFP, "AFP Editorial Standards and Best Practices", 12 04 2016
AFP, "AFP Charter" 12 04 2016
AFPのホームページに掲載された社史（http://www.afp.com/en/agency/afp-dates）
時事通信社社史編纂委員会、『建業十有五年』、時事通信社、1960年
同上、『建業弐十年』、時事通信社、1965年
時事通信社社史編さん委員会、『建業弐十五年』、時事通信社、1970年
同上、『70年史』、時事通信社、2015年

◎思い出のカナダ"一人支局"

藤原作弥（元時事通信オタワ特派員）

カナダの首都オタワの特派員は日本人でただ１人。時は1967年、ちょうど建国百年祭。お隣り米国のジョンソン大統領、英連邦の盟主・エリザベス女王、歴史的関係の深いフランスのドゴール大統領……など世界各国のビッグが続々と訪問。そうした外交イベントの取材は楽しく、かつ記者冥利に尽きた。

"一人支局"は極めて多忙だったが、自動車教習所のアルバイト教官がオタワ大学院生だったことがラッキー。イタリア系カナダ人の彼のグループに参加、英・仏・独系など国際色豊かな若者たちと毎晩のように議論した。これは語学だけではなく国際情勢の良い勉強の場になった。

1968年、ワシントンで開かれた国際通貨基金（IMF）・世銀総会での取材風景（前列左が筆者）

車で30分のお隣りの町・モントリオールで開かれた万国博は、４年後に大阪万博を控えた日本にとって格好の情報源。大学院生グループはそれらの取材の助手役として積極的にサポートしてくれた。

しかし、11月ともなると極寒の季節。いつものグループと毎晩のように芝居や音楽会に通い冬ごもりを楽しんでいたが、翌春、ワシントンへの転勤命令。ベトナム戦争が泥沼状態、国際収支も財政も大幅赤字の経済危機でニュース・ラッシュ。それなのにオタワ支局は……、という訳なのだろう。相次ぐ暗殺事件、ニクソン・ショック、米中関係、沖縄返還問題……。そしてワシントンでは殺人的超繁忙が待っていた。

オタワでは雨垂れ式のローマ字原稿を電話局から打電していたが、ワシントンでは馬に食わせるほどのニュース量、いつの間にかブラインド・タッチでテレックス原稿を機関銃のように乱射していた。

4．ドイツ通信社（DPA）

　北ドイツ、ハンブルク。海岸近くの林の中を散歩がてら歩いていると、木立を通して見え隠れしているのはドイツ通信社（Deutsche Presse-Agentur、DPA）の本社ビルである。黒い屋根、明るい白壁を基調にした邸宅風社屋は、かつて南ドイツ・バイエルン王国が駐在「大使館」を置いていた建物である。近代国家としてのドイツはまだ統一されておらず、北ドイツのハンザ都市ハンブルクと南ドイツのバイエルン王国とが「外交関係」を結んでいた。今に残るDPA本社の建物は、そんな時代の名残である。
　現代のハンブルクはドイツで最大の通信社が本社を置き、ニュース雑誌

DPAニューズルームの風景（DPA提供）

シュピーゲル、週刊紙ツァイトなどの有力メディアが本拠地としている。その影響力は政治・経済から思想界にまで及んでいる。ドイツの良質なメディアの中心地と言ってよい。

激しい競争

ドイツはドイツ語による通信社ビジネスの市場競争が激しく、世界でも有数の激戦区の一つである[文献1]。2016年現在、ドイツ語のニュース市場に参入している通信社には①地元のDPA②ロイター通信③フランス通信（AFP）④米AP通信―がある。これらドイツ語による一般向けニュースサービスの他に、カトリック通信（KNA）やプロテスタント系のドイツ福音教会通信（EPD）などの宗教関係ニュース通信社、スポーツではスポーツインフォメーション・サービス（SID）などの強力な専門ニュース通信社がある。

DPAは、第二次世界大戦後の1949年に発足した。職員数は679人（年間平均、16年版事業報告）。このうち編集担当は443人、事務・技術職115人、国内・国外営業職121人となっている。このほかボランテアと呼ばれる見習い記者（研修生）が28人、期間契約従業員46人がいる。加えて世界中で直接取材に当たっているフリーランスの記者、契約ジャーナリスト、写真家など約1000人がドイツ国内外に展開。AP通信、ロイター通信、AFP通信の3大グローバル通信社に依存しない独立した取材・編集体制づくりに力を注いできた。

DPAのドイツ語サービスの基幹商品は「基本ニュースサービス（Basisdienst）」と呼ばれるニュースパッケージだ。一般ジャンルの300から350語の記事パッケージを1日当たり700本程度契約先に配信している。配信を受けた各新聞社や放送局、それに加えて最近ではオンラインメディアがそのうちの一部、または全部を利用して、それぞれの新聞紙面・放送番組・ウェブサイトを制作するのが通例である。

DPAの特徴は①ドイツ語以外でもニュース配信を行っている（英語、スペイン語、アラビア語）②国際的な配信ネットワークを構築している③世

界的な自社特派員ネットワークを構成している④国際ニュースの取材・配信で３大グローバル通信社に依存していない[文献2]。

DPA の多言語配信は1960年に始まった。同年スペイン語サービスが、68年にアラビア語サービスが始まった。これより先の60年には北アフリカのフランス語圏向けのサービスを開始したが、75年にフランス語配信は停止された。2008年にはドイツ国内のトルコ系住民のためのトルコ語配信が始まったが、翌09年に廃止された。

DPA は記事、写真、グラフィックス、音声によるニュース・情報をリアルタイムで国内外に配信している。ドイツ国内に57支局、国外に50支局を配置。世界で70の通信社と提携している。

深夜の警戒電話

１日24時間・週７日・年365日。通信社の記者・編集者は休みなしだ。日本でもドイツでも同じだ。DPA にも深夜の徹夜勤務があり、突発事件・事故の発生をいち早く正確にキャッチするための警戒電話を怠らない[文献3]。

DPA の夜勤シフトは午後11時に始まり、翌朝７時に終了する。夜勤を担うのは２人の専任夜勤デスク。それにボロンテアと呼ばれる見習い記者、書類整理や電話の応対などの編集庶務業務担当者もシフトに入っている。夜勤デスクはこの勤務のために採用された専門家で、交代でシフトに入る。興味深いのは夜勤デスクの所属が外信部（国際ニュース担当）ということだ。時差の関係で深夜時間帯に発生するニュースは外信関係が多いから、というのがその理由だ。

デスクは午後11時に出勤してくると、１時間かけて、その日これまでに出稿されたニュースをチェック、引き継ぎ連絡を受け、準備を整えて午前零時にデスク勤務に入る。夜勤デスクは外国語、特に英語、スペイン語、フランス語に堪能であることが求められる。緊急ニュースが入った場合、外国語での処理が必要になることがあるからだ。この時間帯には地方の支社・支局に人がいなくなるため、夜勤デスクが全ての情報、ニュース、電

話に対応することになる。午前1時、夜勤デスクは最初の警戒電話ラウンドを開始する。主要大都市の警察や消防に電話をかけ、事件・事故、それに一般的な発生もののニュースの有無を問い合わせていく。午前2時には2回目の警戒電話ラウンドが始まる。2回目のラウンドは4時半までには終了することになっている。各支社は午前5時から6時の間には記者も出勤してくる。夜勤デスクはシフト時間中に起きた引き継ぎの連絡事項をまとめる。午前7時、新しい一日が始まる。

2010年9月、DPAは編集部門の拠点をハンブルクからベルリンに移転。13年2月、DPAはAPと新規協力契約を結んだ。APのドイツ語記事テキストと映像・画像コンテンツをDPAがドイツ語圏市場で独占的に再配信する権利を認める内容だ。

APはそれまでドイツ外国電報サービス通信（DAPD）と提携してドイツ語サービスを運営してきたが、DAPDが経営不振に陥り、13年4月11日に業務を停止。APは新しい提携先としてDPAを選んだ。

組　織

法人としてのDPAはハンブルクに登記上の本社を置く有限責任会社（GmbH）である。新聞発行人、出版社、それに放送事業者なら誰でも社員（出資者）になることができる。ただし出資額には上限が設けられており、新聞発行人や出版社はDPAの資産総額の1.5％を超えてはならず、放送事業者は25％を超えてはならないことになっている。この制限は有力な社員が権力を独占することがないようにするためである。基本資本の総額は800万ユーロを超えているが、発行人や出版社はそのうち18.5％を、放送事業者は81.5％を占めている。

また国家権力からの影響を排除するため、公的資金からの収入はゼロである。同じ組合主義通信社のAPと異なるのは、APの会員（メンバー）になる、ということは、必然的にニュースの配信を受け取ることを意味するのに対し、DPAの場合は、ニュース配信を受け取らないこともあることだ[文献4]。現在（2016年10月）の社員は183人[文献5]。

第1章　海外の通信社

　DPAの年次社員総会（一般企業の株主総会に相当）は毎年度最低1回開かれ、資産運用、決算承認、利益配分など社全体に関わる事項を決定する。社員の中から12人で構成する監査役会を選出する。監査役会は年に3ないし4回開催される会議で、経営と編集活動上の諸問題に取り組む。監査役会は課題別に専門委員会を置くことがある。技術、財務、その他の当面する諸問題などに対処するためである。監査役会は日常の経営実務を所管する理事（注：専務理事ないし社長に相当する）と編集主幹を任命する。理事と編集主幹とは同格とされていて共に監査役会に直属する。理事は最低2人が任命され、うち1人を上席とする。緊急事態や繁忙事態においては理事の人数を増やすことがある。

企業活動の基本方針
　DPAの基本活動は、あらゆる種類のニュース、記録、映像写真の収集、加工、配信である。この遂行のため、取材活動においては世界全体に編集者と記者のネットワークを構築し、特定の党派の見解に影響されず、特定の世界観を共有する団体、経済機関、金融グループ、政府当局からの干渉を許さない。この原則は従業員、役員を含めた全職員に適用される（2016年業務報告）。

　インターネットやスマートフォンの普及で、誰でも情報を発信し、写真を共有することが可能になった。今日、国外で起きた大型事件、事故のニュースや情報の第一報が特派員から届くよりもフリーランサー、あるいは現場に居合わせた一般の目撃者からの方が多い場合が少なくない。11年7月22日、ノルウェー・ウトヤ島の避暑地で約80人の犠牲者を出した乱射事件が起きた。閉鎖された島で起きた事件だったのでなかなか現場に近寄れず、情報は乱れ飛んだ。DPAは当局が確認した「10人死亡」だけを報じ続けた。そして展開がないまま、深夜をまたいで次のような編集情報を流し続けた。

　「ノルウェーで起きた乱射事件はノルウェー放送協会（NRK）によると、20人以上が殺害された可能性があります。NRKの情報源は目撃者1人だ

けから得た情報で、確認されていません。DPAは確認を急いでいます」

DPAは翌日未明になるまで10人説を維持、警察当局者が犠牲者は少なくとも80人は超えることを認めた午前4時ごろの段階で「犠牲者は80人を超える」という速報を流した。後日、最終的には77人だったことが確認され、警察は訂正した。この事件に関してゲスマン編集局長は次のように述べた。「われわれはツイッターやフェイスブックと競争するつもりはない。正確に確認された情報に最初に接触する記者でありたい」[文献6]。

DPAの配信はさまざまな形態で読者の元に届けられる。新聞、雑誌、放送局はもちろんオンラインメディアからモバイルまで。また国会、各種団体、民間企業もDPAの顧客であり、メディアと並んで大きな収入源になっている。従来、国内での営業が主だったが、最近は海外での収入も伸びている。顧客は100カ国以上に存在する。

16年の年次社員総会で公表された15年の業績は売り上げが9076万ユーロ（約104億円、16年11月のレート換算）で前年比2149ユーロの増収だった。税引き後利益は1807ユーロ。固定資産は1646万4750ユーロだった。

成り立ち

DPAは、1949年に発足した。第二次世界大戦で国土が壊滅状態になってから4年。ドイツのメディアは依然として立ち直りの兆しを見せていなかった。東西対立が深刻化してドイツの統一は遅々として進まず、この年の5月に西側占領地域にドイツ連邦共和国（BRD）が、また10月には東側のソ連占領地域にドイツ民主共和国（DDR）が成立。戦後のドイツは分断されて東西分裂国家が生まれることになった。分断国家の成立と相前後して設立された東西の通信社はドイツの分断をさらに印象付けるものであった。

それから50年後、21世紀の到来時にDPAの契約配信先は100カ国・地域を超え、配信契約先は2500を数えた。うち75の配信先は4カ国語で構成される国際配信先である。ハンブルクで編集されている「ドイツ語国際サービス」は1日当たり300から400本の記事、計10万語に達している。英語

版の編集はアイルランドのコーク、米ワシントン、タイ・バンコクで行われている。素材は60人の特派員が直接取材。スペイン語サービスは250本から300本の記事を配信。アラビア語は2万語、ないし100本から150本、カイロで編集している。

ウォルフ電報局の興亡

　近代化が進んだ19世紀初頭。通信社業界でもドイツを拠点として隆盛を誇り、やがて歴史の表舞台から消えていった通信社があった。創業者の名前をとってウォルフ電報局（WTB）と呼ばれたウォルフの興亡を概観する。時は1850年ごろ、ユダヤ系のドイツ人ベルンハルト・ウォルフはパリのアバス通信社で通信・翻訳の仕事をしていた。49年、ブリュッセル―ロンドン間で通信回線が民間に開放されるとの情報を入手したのをきっかけにドイツ・ベルリンに帰国。ベルリンの新聞ナツィオナール・ツァイトゥンク（National Zeitung）の経営権を買収した。そして地元の銀行などの支援を得てウォルフ電報局を設立した。ウォルフは当初、企業や銀行から提供される株式情報や企業ニュースの配信に集中し、一般読者が「読みたがる」事件記事などは報道の対象にしなかった。6年後になってサービスの枠組みを広げ、金融・経済だけでなく政治や一般ニュースも扱うように方針を変更した。59年ウォルフは初めての特派員をパリに派遣した。WTBはこれにより「ドイツの新聞界の最先端を走る情報源」とみなされるようになったのである。

　同じ頃、ユダヤ系ドイツ人のポール・ジュリアス・ロイターはアバスからの独立を目指しアーヘン―ブリュッセル間の通信インフラの整備を進めた。伝書バトを使っていた50年にはパリ―ブリュッセル間の通信回線が連結。ウォルフはブレーメンやフランクフルトなど周辺地域の通信回線を整備していった。56年、ウォルフ、アバス、ロイターの3社は相場情報など経済ニュースの分野も含めた相互交換協定を締結。58年には一般ニュースの交換も協定に盛り込まれた。

　ウォルフの2代目リヒャルト・ウェンツェルはプロイセン王国のビスマ

ルク宰相に接近して財政支援を要請。この頃ドイツはまだ近代国家としての統一が完成しておらず、ドイツ統一をめぐって激しい政治闘争が展開されていた。プロイセン王国は内閣でウォルフ支援を決めた。65年5月1日ウォルフは会社組織に改組され、「大陸電報会社」(Kontinental Telegraphen Companie、その後も通称はウォルフだった）と社名変更した。

　71年、ドイツの統一がオーストリアを排除し、プロイセンを中核とする形で実現した。その前年の70年1月17日、ウォルフ、アバス、ロイターの3社はカルテルを結んだ。

　第一次世界大戦前夜、ウォルフの事業はその最盛期を迎えた。世界中どこでも通信社や個人的な情報員が活動、ニュース受信ないし発信をしていた。20世紀初頭、ドイツ国内だけに限っても約300人が働いていた。しかし、1933年にヒトラーが内閣を組織し、ナチス・ドイツが成立。ウォルフはナチスの国策情報機関、ドイツ情報局（DNB）との合体を強いられた。第二次世界大戦の敗戦でDNBは解体された。

　戦後西ドイツ最大の保守系新聞コンツェルンの総帥となるアクセル・シュプリンガーはウォルフで駆け出し記者としてそのキャリアをスタートさせている。

［今井　克］

引用・参考文献

1 ）Jürgen Wilke, "Von der Agentur zur Redaktion-Wie Nachrichten gemacht, bewertet und verwendet werden"（通信社から編集局へ　ニュースはいかにして作られ、評価され、利用されるのか), Böhlau, 2007, p. 9〜
2 ）Michael Segbers, "Die Ware Nachricht"（ニュース商品), UVK Verlagsgesellschaft mbH, 2007, p. 39
3 ）Jürgen Wilke, "Von der Agentur zur Redaktion"（通信社から編集局へ), Böhlau, 2000, p. 33
4 ）Yasmin Schulte-Jaspers, "Zukunft der Nachrichtenagenturen"（通信社の未来

―現状、展開、予測), Nomos, 2013, p. 92
5) 2016年版事業報告
6) Laszlo Trankovits, "Die Nachrichtenprofis Warum Qualitätsjournalismus für unsere Demokratie unverzichtbar ist (dpa)"（ニュースのプロたち 高級ジャーナリズムがわれわれの民主主義に欠かせない理由), Frankfurter Allgemeine Buch, 2015, p. 18〜

5．ロシアの通信社

(1) タス通信社 (TASS News Agency)

概　要

　正式名称は Информационное Телеграфное Агентство России（Information Telegram Agency of Russia―ロシア情報通信社）。イタル・タス通信とも表記される。略称であるイタル・タスは正式名称の単語の頭文字を取ったものに、前身の略称を並べたもの。2014年にブランド名を最も長く知られていたタスに戻し、ロゴも一新した。

　ロシアの国営通信社であるタス通信は旧ソ連の国営タス通信の権利関係を継承して1992年に成立したロシア連邦を代表する通信社。112年の歴史を持つロシア最大の通信社であり、ニュース・出来事をテキスト記事、写真やインフォグラフィックス、インターネットなど多彩なメディアのプラットフォームを使ってリアルタイムで伝えている。

　ロシア国内外を合わせて、タスの情報は5000社を超える法人が契約、そのうち1000社以上がマスコミ報道機関だ。200以上の外交公館（大使館など）、239社の金融経済関係の会社や銀行などとも契約を持ち、一般事業法人や教育機関、図書館など2055社とも契約している。

　ロシア・東欧のニュースを世界中のメディアに配信しており、充実した海外特派員網が特徴で、ロシアを含め世界に130の支局（うちロシア・その他旧ソ連諸国以外の海外諸国に59支局）を持ち、200人の特派員がロシア語のほか、英語、フランス語、ドイツ語、スペイン語、アラビア語の6カ国

第1章　海外の通信社

モスクワのタス通信本社（タスウェブサイトより）

語で、ロシア・その他旧ソ連諸国、世界各国やビジネス、スポーツなどあらゆるニュース分野を網羅、メディアサービスを行っている。毎日の情報配信量は新聞の300ページ相当に上る。

　また世界の70以上の報道機関とのパートナーシップを維持、アジア太平洋通信社機構（OANA）の会長社を務めたほか、タス創立100周年を記念して2005年に通信社の国際機関としての「世界通信社会議（NAWC＝News Agency World Congress）」を設立、世界の通信社に参加を呼び掛けたほか、世界メディアサミット（WMS）にも参加している。

歴　史

　ロシアがまだロシア帝国だった時代、1904年にサンクトペテルブルク通信社が誕生。ロシア初の公式情報通信社となった。その10年後、14年の8月18日、サンクトペテルブルクがペトログラードという名前に変わったためその翌日にペトログラード通信社と名称を変更。その4年後の18年9月7日、ソビエト連邦最高会議の幹部会は、ペトログラード通信社とソビエト連邦最高会議のメディアビューロを合併させることを決定、最高会議は「新しい機関はロスタ（Российское Телеграфноеагентствопри Всероссийском Центральном Исполнительном Комитете を省略して РОСТА）と呼ぶことにする」と決めた。

　25年7月10日、タス通信と改名、中央行政委員会とロシア共和国の行政府が、それまでロスタが担っていた、国の情報組織としての役割をタス通信に担わせることにした。

　ソ連の中央情報機関タスを通してソ連邦全体、そして国外に政治経済の

情報が報じられた。タスのみがソ連国外で情報を集めたり発信したりすることを許され、ソ連の各共和国にある情報通信社の仕事を管理、当該共和国の中でどのような情報を流すかを決定していた。タスは唯一ソ連の情報機関として海外の情報通信社と契約を結び、情報の売買を行う権利があった。

　タスが報じたことは政府の公式見解であると見なされた。タスの基本的な課題は、ソ連全土の情報を集めること、海外で情報を集めること、ソ連全土に自社の情報と写真を広めること、そして新しい法律が可決されたり、党や政府の決定があったりすると、それも知らせた。大臣の発言なども報道した。海外のメディアは、タスの情報を通してのみ、ソ連についての報道をすることができた。

　タスは、ソ連国内の他の共和国の地域通信社と連携し、地域通信社がその共和国内に張り巡らした地域記者の情報、支局からの情報を手に入れることができた。ソ連内の共和国の地域通信社は、ソビエト政府の支配下に置かれ、地域内で起きた情報をタスに渡し、タスはソ連内の別の共和国にそれを渡した。地域通信社は、タスから外国の情報およびソ連内の他の共和国の情報を受け取り、それ自身の共和国内の雑誌社や新聞社に流した。

　このタスのネットワークの中に入っていたのは次のような通信社である。ウクライナ共和国の通信社ラタウ（РАТАУ）、ベラルーシ共和国の通信社ベルタ（БелТА）、ウズベキスタンの通信社ウスタグ（УзТАГ）、カザフスタンの通信社カズタグ（КазТАГ）、グルジアの通信社グルズインフォルム（Грузинформ）、アゼルバイジャンの通信社アゼルインフォルム（Азеринформ）、リトアニアの通信社エリタ（ЭльТА）、モルドバの通信社アテム（АТЕМ）、ラトビアの通信社ラトインフォルム（Латинформ）、キルギスの通信社キルタグ（КирТАГ）、タジキスタンの通信社タジクタ（Таджик-ТА）、アルメニアの通信社アルメンプレス（Арменпресс）、トルクメニスタンの通信社トルクメンインフォルム（Туркменинформ）、エストニアの通信社エーテーアー（ЭТА）。

　第二次世界大戦中はタスという組織の中に、全ての国内の通信社が入り、

第1章　海外の通信社

4000もの新聞やテレビ局、ラジオ局、1000カ所以上の海外の編集部がタスからニュースや写真を受け取った。国内に682カ所の支局を持ち、94カ所の海外支局を置いていた。41年から45年まで、タスの特派員たちは全ての前線からソビエト地上軍や海軍の戦況を報じ続けた。

　20世紀の後半にはタスは海外でも競争力のあるメディアとして活動するようになった。この時期にはタスは、まず最初のフレーズとリードを配信、その後に重要性の程度に応じて詳細情報を加えるという、米メディアのような方法で情報を発信するようになっていた。この手法を取ったことで世界の他の大手通信社と競合できるまでになった。しかし戦後は、タスは情報機関から、プロパガンダ機関へと姿を変えていった。「白いタス」と「赤いタス」という部署がつくられ、これらの部署は外国メディアの報道の抜粋や外国通信社の情報の翻訳を行っていた。これらの翻訳はタスの外国部門の編集部に送るためのもので、この情報の山の中から最も厳しい検閲を通り抜けた情報だけが、ソ連国内の新聞各社に送るための情報として発信された。このような状況の中ではソ連国内の情報を集めることは困難だった。どんなニュースを配信する場合でも最低2種の、時には数十もの検印を当局や責任者からもらわなければならなかったのである。

　このような環境では、即時にニュースを報じることなどできなかった。タスの上層部は共産党に対し、情報チェック体制を簡素にしてほしい、検閲機関は一つだけにしてほしいと働き掛けた。また、公式的な面会や会談についての報道でもタスはいつも外国の通信社に後れを取らなければならなかった。もし訪問や面会の後に十分詳しい情報が入ってきたとしても、タスはいつ、どこで会談が行われたかということしか、伝えるのを許されなかった。

　当時、タスは毎日、300から320の国内外のニュースを伝え、海外発信のための編集部は、6種類の言語（ロシア語、英語、フランス語、ドイツ語、ポルトガル語、アラビア語）で発信、世界の115の国、世界の73%の国に対して特別な記事を配信していた。71年12月、組織改革が行われ、ソ連共和国内の通信社は全てタスの支配下に置かれることになった。このようにし

てタスを頂点とした情報ネットワークが強化されることになった。タスは100カ国以上に支局を持ち、ソ連中に500人の記者を抱えることになった。

61年、タスと競争するメディアとして、ソ連ジャーナリスト連合、ソ連作家連合、諸外国との文化交流および友情のソビエト連合、政治と科学知識浸透の全連邦連合が共同で通信社ノーボスチを設立した。ノーボスチは支局を全世界の100カ所以上に持ち、海外で雑誌や新聞、プレスブックレットなどを45の言語で200万部近く発行した。130カ国で、新聞モスクワ・ニュースを英語、フランス語、ドイツ語、スペイン語、アラビア語で発刊し、100万部以上を発行した。また、7つの言語で毎月、イラストの入ったダイジェスト版スプートニクを発行し、それは50万部にもなった。

ノーボスチは新聞や雑誌のための解説記事を作ることが主な仕事とみなされ、事件など出来事を即座に伝える「ホットなニュース」はタスの役回りだった。

92年、ソ連邦の崩壊に伴い、「ロシアの情報通信社」[注1]という名称を得たが、タスという名称はすでに世界に通用するブランドになっていたため、そのまま残されることになった。

2013年7月15日、プーチン大統領は、14年にタスが創立されてから110周年を迎えることを祝う大統領令に署名。タスがこれまでロシアのマスメディアの発展と、国際的な情報の交換に大きく貢献してきたことを考慮し、14年の記念日を祝うイベントの運営を指揮した。

組織と現状

国営の通信社。ロシア政府の立場に立った報道を行っている。経営陣は2016年9月現在、次の通り。

代表取締役社長　セルゲイ・ミハイロフ（Sergey Mikhaylov, Director General）

第一副社長　ミハイル・グスマン、ミハイル・カルムイコフ

ロシア国内に44の地域センターを持ち、海外に86の支局がある。500人を超える記者を抱え、16年9月現在、経営陣のほか国内外に1500人以上の

第1章　海外の通信社

社員がいる。

また海外の70超の通信社と提携協力関係を組んでいる。主な提携社は次の通り。

トムソン・ロイター、AP通信、共同通信、聯合通信（韓国）、新華社通信（中国）、DPA（ドイツ）、APA（オーストリア）、AFP（フランス）、EFE（スペイン）、SPA（サウジアラビア）、プレンサ・ラチーナ（キューバ）、KUNA（クウェート）、ベルタ（ベラルーシ）、エルタ（リトアニア）、レタ（ラトビア）、ウザ（ウズベキスタン）、カバル（キルギス）——など。

編集綱領

タスの公式サイトは「タス」ブランドのイデオロギーについて、次のように説明している。

「タス」ブランドの理想は、報道される情報の信頼のおけるニュースソースとなり、起こっていることについて、完全な情報を基に読者が自分の知識・認識を形成することのできる可能性を与える。ブランドの綱領は、ビジョン、ミッション、価値の3つの基本的な認識から成り立っている。「タス」ブランドのビジョンは情報の収集、加工選別、報道においてユニークな経験と高い能力を持つことによって、ロシアおよびロシア国外において、多様なニュースの流れを最大限多くの人に深く理解してもらえるよう助けていくことだ。信頼できる論理的な情報を機動的に手に入れ、それを基に起こったことに対して、事実に即した知識を形成してもらえるようにする。

「タス」ブランドのミッションは、現代テクノロジーとプロフェッショナルなニュース活動の融合はグローバルな情報システムの重要な一部であり、タスは情報の収集者、統合者、保有者、伝え手としてロシアとロシアの周囲で今起きていることに対して統一性・信頼性のある「絵」を作り出すこと、ロシア語社会において、統一した情報の場を形成することだ。「タス」ブランドの価値は、信頼性のある情報と、知の原点に立脚したプロフェッショナリズムだ。私たちの肩には、信頼のおける情

報をタイムリーに届けるというとても大きな責任がかかっている。事実の解釈ではなくて事実だけを提供する。情報の蓄積・加工・システム化・伝達は、真の知識の形成のためだ。それは私たちの仕事の高品質の証明だ。ダイナミックに変化する世界に生きている私たちの戦略的な課題は、新しい時代の流れとテクノロジーのニュースへの応用の中で前衛的な存在であることだ。自己発展なしに私たちの成功はない。絶えず新しい知識、可能性、経験を追い求める[注2]。

財政・収入

タス通信はロシア連邦国家企業の中に含まれているが、公式の財政・収入規模などについての発表は行われていない。100％の国営ではなく、一部独自収益を上げる必要に迫られている。政府予算の配分も近年変化している。

ロシア国内のメディア関係の報道[注3]によると、ロシア政府はマスコミの支援に充てる2016年の予算を11億ルーブル（１ルーブル＝1.64円、16年11月時点の換算レート）削り、802億ルーブルまでとすることにした。幾つかのメディア、例えばテレビ局RT（以前のロシア・トゥデイ）、第１チャンネル、そしてタス通信は、15年に比べるとかなり少ない額を受け取ることになるという。全ロシア国営テレビ・ラジオ放送ホールディングスとロシア政府の情報宣伝組織「今日のロシア」は反対に、国のお金が多く入るため、予算が増加した。

同報道は「16年、タスは国の予算から18億ルーブルを受け取ることになる。これは15年よりも８億ルーブル少ない。もともと15年にタスが受け取る国からの援助金は10億ルーブルの予定であったが、後に国からの援助金は26億ルーブルまで膨れ上がったのだ。RTの場合と同様、国家はルーブル安を理由に、タスを助けることを決めた。多くの海外支局があり、それらの支局の支出や支局維持のための費用は外国通貨によるものだからだ」としている。

タス自身も支出を減らすよう努力している。15年２月には全社員の25％

を解雇。残った社員の給与は20％カットした。「経済危機までは、収入の８割を社員の給料に使い、残りは会社の発展のために使っていた」と、タス通信代表取締役社長のセルゲイ・ミハイロフは社員との面談の中で述べた。ミハイロフは「今では国外のネットワークを維持するのに、ルーブル安の結果として２倍の費用がかかる」としている。

ニュースサービス

　ロシア国内のニュース、政治、国際、経済、ビジネス、軍と軍事産業、社会、事件事故、スポーツ、文化、科学、宇宙などの全てのニュースジャンルをカバーしている。また2016年秋の国政選挙の特集ページなども設け、百科事典の発刊や、地域ごとのインタビュー記事、プレスセンター、パートナー企業のニュース、プレスリリースなどもある。ロシア国内に44の地域センター（支局）を有し海外に86の支局がある。500人を超える記者を抱えている。

　近年、デジタル化を推進、インターネットによるオンライン配信を強化しており、TASS-ONLILNE.com や24時間のニュースサービスの ITAR-TASS real-time、データベースの INFO-TASS、ITAR-TASS Photo Agency の写真映像サービスも充実している。毎日60枚から100枚のロシアの主要なニュースやイベントの写真を配信している。

　タスは100万枚以上の写真とネガを保有している。これはロシアの中で歴史的にも貴重なもので、最近の数年間で、80万枚ものデジタルフォトが追加された。また電子情報バンクには1000万種の書類が収録されている。

　タスが配信する情報は、ファクティバ（米）、レクシスネクシス（米）、インテグルムテフノ（ロシア）などの大手情報データバンクサービスからも得ることができる。また15の独立した情報照会リソース、インターネット・ポータルサイトも運営、毎日20万人のユーザーが利用している。

　モスクワ大学ジャーナリズム学部長のヤセン・ザスルスキーが編集した『ロシアのマスコミのシステム』（アスペクト・プレス社、01年）は、イタル・タス通信の新たな情報テクノロジーへの対応について、「情報アクセ

スの手法が変わり、新しいコンピューターテクノロジーおよび映像コミュニケーション技術が発展を遂げた今日において、それらの新しい特徴を応用しながら、中央国営通信社としてのステータスを今日も維持している。以前、特権階級だけしか手に入れることのなかった情報は、現在さまざまなマスメディアの読者が、組織としても個人としても、ロシアでも海外でも手に入れることができるようになった」と指摘している。

イタル・タスが情報契約者に提供しているさまざまな情報サービス部門には次のようなものがある。①テーマ別のニュース作成部門（全ての業界・ジャンルの最新の情報のみを集める特別な部署）②国際ニュース、経済ニュース、スポーツニュースを専門とする、独立した情報エージェントとして動いている部門③情報をプールし検索・照会できるようにする部門（写真部、広告およびセールスセンター、情報伝達やニュースを購読者に配信するための技術部門など）。

重要なタスの情報プロダクトとしてはまず、統一ニュースフィード（バージョン１）がある。24時間リアルタイムでロシア国内外のニュースを届ける。基本ページには、全てのジャンルの記事がある。統一ニュースバージョン１は、全国紙や地方の有力紙、テレビ局、通信社、ロシア国内の外国大使館などによって購読されている。統一ニュースフィードに流れている情報のうち、ある特定のテーマのニュースを必要とする定期購読者に向けて重要ニュースをリアルタイムで発信する異なる情報プロダクトもある。これらのプロダクトはニュースの構成やレイアウト、全体量、更新頻度、あるテーマを求める消費者グループに向けて編集されているという点で、配信方法、購読料金が統一ニュースページとは異なっている。

統一ニュースフィード・バージョン２は、ロシアにおける大事な出来事と、それに対する海外のリアクションによって構成されている。このプロダクトは、州や共和国、地方新聞や町の新聞、地方テレビ局、旧ソ連の国々のマスメディアなどを想定して作られている。

タス・シグナルは、インターネットメディアに向けて配信することを想定しており、新しいニュースの配信に当たって、ネットメディアに情報ブ

ロックを迅速に構成させることを可能にする。大手新聞社にも採用され、見出しを付ける権利を持つ編集者がそれを見れば、どのようなニュースが（発展した形で）自社から出てくるのか早めに分かる。

　タス・エクスプレスは、最も「ホットな」ロシア国内外のニュースを伝えている。ここに流れるのは、統一ニュースページフィード・バージョン1から「搾り取られた」ニュースである。ニュースは、テーマに少しでも変化があったり、追加の情報が出たりすると瞬時に更新される。このプロダクトは、最もホットなニュースのみを求めている購読者をピンポイントの対象として作られたものだ。

　「ロシア当局からの発表・ニュース」「旧ソ連とバルトの国々」「ビジネスニュース」「精神世界」「事件の時系列」といったサービスは、それぞれのジャンルに適した最も新しいニュースを提供しており、一定の読者層に向けて、やはり24時間リアルタイムサービスを行っている。

　タスの、もう一つの大きな活動の方向は、パッケージ情報を作り、広めることだ。パッケージ情報は1日のうちで、1回ないしは数回、または1週間のうちの決まった時間に幾つかの選別された特別な性質のニュースパッケージがさまざまな読者グループに送られる。「タス・予告」は、短いニュースのユニットで、今日1日の出来事について予告する。そこには、「今日は歴史の中でどんな日？」というコーナーも含まれている。このコーナーでは重要な意味を持つ日が紹介される。「テレビ・ラジオ日記」は、海外およびロシア国内からの短いニュースが、すでに放送向けに用意された形になっている。「モスクワの新聞が書いている」は、モスクワの主要紙イズベスチヤ、ロシア新聞、ロシアのニュースから、特によりすぐったニュースの内容をまとめたパッケージだ。これはタスと、これらの新聞社の編集部が共同で作成しているもので、当該の新聞が発行される前日にパッケージが読者の元へ送られる。

　その他のパッケージはある特定の読者層に向けたさまざまなニュースの組み合わせだ。例えば、外国大使館に向けたもの、公的機関向け、政党向け、行政機関向けなどがある。最も重要なニュースの他には、その読者層

のみが興味を持つようなニュースが組み合わされている。

　統一ニュースフィードには流れてこない、当該地域の詳細な情報、その地域内で起こった出来事に関する地域別のパッケージもある。「ボストーク」(東)、「ウラル」「ユーグ」(南)「ツェントル」(中央) などがそれだ。タス・エクスプレスのテーマ別パッケージと合わせれば、地方マスコミが必要な情報を完全にカバーすることができる。それ以外にも、ロシアの地方都市にあるタスの地域センターや支局でご当地パッケージが作られたりもしている。

　タス・配達人は、知識を提供する情報のパッケージだ。この情報のテーマ別パッケージ(「万華鏡」「医療」「星占い」「ソビエト生活の年代記」「軍とスパイ活動」「ナショナル・ヒット・パレード」など)は、統一ニュースフィードと「五大陸の報道」データベースから情報が選び出されるとともに、読者の好奇心を完全に満たすために海外の特派員からの情報がプラスされ、1週間に1回配信される。

　タスの中には、国際・経済・スポーツにそれぞれ特化した通信部門があり、自主・独立的に、リアルタイムで情報を流すか、特定の曜日や時間帯にパッケージかユニットという2種類の方法で情報が伝達されている。

　タイムリーな情報の他に、タスはブックレットや会報、参考文献などを電子媒体あるいは印刷媒体で提供。広告・PRサービスも行っている。ロイター通信とは共同で、電子ニュースグラフィックスを作る他、映像コミュニケーションサービスも行っている。また、タスは膨大な写真のストックを有するとともに、ニュースとともにタイムリーな写真を届けてもいる。もちろん、事件・事故をリアルタイムで放送することはタスの活動の重要な部分であり続けていることは間違いない。

インターネットとソーシャルメディア

　ビデオコンテンツだけでなくフェイスブックの新機能「Facebook Live (生放送)」を多用している。プレスセンターでの記者会見などを生放送し、コメント欄で質問を受け付けるなど、ユーザーとのコミュニケーションを

図ろうとしている。しかし選挙速報においては延々と開票グラフ画像のみを生放送で映し続けるなど、面白みがなく工夫がないコンテンツが多いように見受けられる。つまり、生放送用にコンテンツを作って人を集めるというのではなく、あるものを流すというスタンスのようだ。記者会見などの同時アクセス数はおおむね数百単位（400－500）で、同時間帯のフェイスブックテレビ中継（例えば「ドーシチ」など）は数万単位で閲覧されている。

2016年9月の下院議員選挙においては「2016年総選挙」と題した特別ページ（http://tass.ru/elections2016/）を作り、マニフェストや政党の支持率、インフォグラフィックス、選挙の歴史、各国の選挙事情、ニュースなどさまざまなコンテンツを集約させた。ロボットなどキャラクターを使ったり、目で見て楽しめる仕掛けが随所に施され、硬派なイメージのタス通信らしくないサイトになった。

モバイル向けに出している「タス・今」というアプリでは無料でニュースを読むことができるが、12時間ディレイ・ニュース、カテゴリが一切選べず「主要ニュースのみ」で、文字の大きさが1種類しかないため、ユーザーの口コミには「文字が小さ過ぎる、ニュースの本数が少ない」という声が多数寄せられている。写真はあるがアプリ上に動画ビデオはまだない。

タス公式サイト14年11月25日の情報によると、14年の、タスのニュースサイト（オープンサイト）の月間閲覧者数は、13年と比べて4.5倍の4880万アクセスになった。ユニークユーザー（決まった集計期間内にサイトを訪問したユーザー）数は13年と比べて2倍になり、1130万ユーザーとなった。（Google Analyticsの13年1月から9月までのデータと、14年1月から9月までのデータによる）。タス東京支局によると、16年10月現在のタスのウェブサイトの月間ユニークユーザー数は約500万人。

APやトムソン・ロイターなどが取り組んでいる「B to C（business to consumer）戦略」については、タスは法人顧客だけを対象としており、個人との契約はしていない。

ロシアを代表するソーシャル・ネットワーキング・サービスであるフコ

ンタクチェやアドナクラスニキをはじめ、ツイッター、インスタグラム、グーグル・プラスでも情報を発信している。フコンタクチェのフォロワーは16年9月現在で51万人を超えている。短い時には20分間隔、長くて2時間間隔でニュースを伝えている。

近年の変化と将来への展望

　タス通信は2015年1月、社員の4分の1に当たる25％の人員の解雇を発表した。これは、ロシア政府からの財務支援が3分の1に減額されたことと、インターネットとデジタル化の中で急激にニュースメディアの環境が変化していることに対応するため、スタッフの若返りと世代交代を果たすためのものだった。

　タスのセルゲイ・ミハイロフ社長は15年1月27日国営テレビ「ヴェスチ」とのインタビューで「タスはロシア最大のニュース通信社だったが、1990年代から新しい取り組みというものが全く発展せず、70歳以上の人が何百人も働いていた。20年以上もの間、そういう一時停止状態がずっと続いていた結果として、タスは、ロシアのメディア市場で最低でも20年は遅れをとり、世界のメディアビジネスのライバルと比べたら、40年か50年は遅れていた。弱い財務構造は、タス通信の持病と言ってもよかった」と告白。ミハイロフ社長はこのインタビューの中で、「2012年から、タスの発展のために欠かせない国家支出金が値上げになったが、根底にある、発展モデルの構築の問題は、解決されないままだった。資金的に難しい立場に置かれたタスは、内部の生産性を必ず高める必要性に迫られ、経済的に効果のある手段を即座に取らなければならなかった。この結果として、私たちは、25％の社員を解雇するという決定を下した。リストラは管理部門、記者、技術者、その他全ての部署に関係している」と改革について説明している。

　さらに同社長は「プロジェクトごとの管理体制を導入し、近代化と発展のプログラムを採用、2年間で本来あるべき管理運営プロセスを構築。インターネット・ポータルも完全に一新、読者数を増やした。経済ニュース

部を創設。基本的な情報ニュース部門を強化しモニタリングシステムを積極的に発展させ、その結果として、タスのニュースの引用数は、何倍かに増えた。保管している大量の写真のデジタル化に着手し写真マーケットの中でタスのコンテンツ総量を増やした」ことなどを明らかにした。

　ロシア国内の特派員網も増強、エカテリンブルクとノボシビルスクに完全な機能を備えたタスの支局を置き、プレスセンターもオープン。タスのモスクワのプレスセンターでは1日のうちに最低でも3つの会見あるいはイベントを実施し、情報収集に不可欠の場になってきているという[注4]。

　14年にタスのプロダクトとサービスは安定した需要に支えられ、ブルームバーグ、BBC、フィガロなどの海外メディアを含む新規契約が交わされ、コメルサントやベドモスチ、その他の新聞との協力関係も強化された。タスの技術設備更新プログラムも同年スタートし、モスクワと地域センターにあるニュースデータの社内送受信ネットワークも抜本的に更新され、編集システムの近代化が進められタスの情報プロダクトの配信、販売のシステムも技術的に改良された。

　ミハイロフ社長によると、同通信創立から110年を迎えた14年にタスは名称を歴史的な、世界的に知られたタスに戻し、新しいロゴも作った。他のロシアの大手通信社との競争に勝っていくための新しい取り組みについての質問にミハイロフ社長は「2014年からロシアと世界中で起きている経済的・社会的に意味のある現象、プロセスについて深い分析と研究をする新しい研究センターを誕生させた。またこれまでロシアのメディア市場に存在しなかったイノベーションとしてタス・オーディオ・フィードを開始した」などと語った。

　同社長は「競争力を持つタスの優越性は、影響力の大きいニュースメーカーにアクセスできる力を持っていること、ロシア政府やビジネス界を代表する人物に取材できること、海外と国内に張り巡らされた特派員網を持っていることだ。こういうタスの優越性を生かし、ロシアという国について世界に客観的にオープンに伝えていく。そして、世界で起きたことについて、ロシアがタスを通して知るというふうにしたい」と述べている。

日本との関係

　タスの東京支局は日本とソ連の国交回復前の1955年に開設、それ以来、日本とソ連の関係、日本とロシアの関係について日本から積極的にニュースをロシア国内外に発信している。

　ゴロブニン東京支局長はインタビューに応じ、最近の日本からのロシア向けの報道について、「現在のタス支局には支局長も含め記者が4人おり、午前8時から深夜の12時までニュースを発信している。速報に重点を置き、記事は最低でも1日15本程度、多いときは1日100本を超えることもしばしばある。政治、経済、社会、文化のニュースのほか、地震や台風などの災害情報、株式情報、事件事故、ソフトな話題まであらゆるジャンルのニュースを積極的に日本から記事にしている」と答えている。

　またタスが配信するロシアのニュースについて、「日本国内のほとんどの新聞、テレビなどの主要ニュースメディアがタスと契約、ニュースの配信を受けている。近年の日本とロシアの政治経済関係の活発化に伴い、東京からの取材報道の機会が増加している」と指摘。ゴロブニン支局長は「特に安倍政権の下で、ロシアのプーチン大統領との関係が深まり、北方領土問題についてのニュースが増加したため、タスの東京支局は多忙な取材に追われており、以前は外務省をカバーすればよかったが、日露関係の経済関係の深まりから、経済産業省などへの取材も増加。インターネットの広がりで、ソーシャルネットワーク向けの軟らかい、若者に関心が深い話題なども増えている」と語っている。

(2) その他のロシアの通信社

　タス以外では、国営国際通信社「ロシアの今日」（ロシア・セヴォードニャ）と独立系のメディア向け民間通信社インターファクス（Intafax）が有力な通信社。「ロシアの今日」は、ロシア政府のニュース情報PR組織として強化されてきたロシア情報通信社RIAノーボスチ（RIA Novosti）が

2013年末にプーチン大統領によって解体された後、RIA ノーボスチと国際放送ラジオ局「ロシアの声」(旧ラジオ・モスクワ) との合併によって結成された新たなクレムリンの情報宣伝ニュース組織。インターファクス通信は、ロシア、東欧・中欧諸国、中国などの政治、経済、金融情報などの分野で独自のニュースを配信している。

[山口　光]

注

1）この部分がイタル Информационное телеграфное агентство России に相当する。
2）公式サイト http://tass.ru/tass-style より抜粋。
3）ロシアの経済日刊紙ベドモスチなど。ベドモスチ紙エカテリーナ・ブルイズガロワ記者の2015年10月11日の記事「政府は RT とタスの予算を削る」http://joursev.ru/2015/10/11/правительство-сократит-финансирован/ から。
4）http://www.vesti.ru/doc.html?id=2307600 より抜粋

◎緊張で胃がキリキリの39分

塚越敏彦

（元共同通信アジア地区総代表）

1981年10月、人民大会堂で習仲勲全人代副委員長と握手する筆者（左）。習近平現国家主席の父親で、党中央書記局書記も兼務し党の日常業務を仕切っていた。当時は特派員も中国要人と直接会う機会が結構あった（筆者提供）。

旧ソ連に20年近く君臨したブレジネフ共産党書記長死去の第一報を、モスクワからはるか離れた北京で打電したあの日のことは、長かった特派員生活の中でも、特に鮮明に記憶している。

1982年11月11日、まっ青に晴れ上がった日だった。私はクレムリンの異変など知る由もなく、北京郊外の首都鉄鋼コンビナートに取材に出掛けていた。昼過ぎに支局に戻ると本社外信部から「ソ連で要人死亡説。関係先に当たれ」との指示が届いていた。数日前の新聞に閲兵する姿が載っていたのに、またガセネタかと半信半疑のまま、これはと思うソースに当たった。返って来る答えは「聞いてない」という否定的なものばかり。

ところが昼食後、さっきは素っ気なく電話を切ったある東側ソースが「暇はあるか」と連絡をとってきた。北京では重要なことは電話で話さないのが常識。これは何かあると約束の場所へ駆けつけ、機先を制して「ブレジネフか」と聞いた。「そうだ。昨夜死んだ。心臓発作らしい。タスが午後4時（北京時間）に発表する」。わずか十数分の会話、あっけないほどの取材だった。

このソースとは長い付き合いだった。情報の信頼性を裏付ける別の発言もあった。ホットラインで外信部に連絡すると、死亡確認情報はまだどこからも入っていなかった。本社は大騒ぎとなった。至急報が日本時間午後4時21分に流れ、直ちにAP・DJ、AFP、APがキャリーした。タスが公式発表するまでの39分間。自分の眼で直接確認した事実ではないから、どんな落とし穴があるか分からない。緊張で胃がキリキリした39分だった。「死んだ」と本社から連絡を受けた時のなんとうれしかったことか。

6．スペイン通信社（EFE）と
　　イタリア通信社（ANSA）

(1) EFE

　スペイン通信社（Agencia EFE）は、スペイン・マドリードに本社を置く国営通信社である。EFE は日本ではほとんど知られていないが、スペイン語圏では非常に強い影響力を持つ。スペイン語を第一言語とする人々は、世界に約 4 億2700万人いて、中国語の約13億200万人に次いで 2 番目に多い[注1]。スペイン語を公用語とする国も、中南米を中心に20カ国ある。また米国は、主要言語は英語であるが、家庭内でスペイン語を用いている人の数が多く、スペイン語メディアは、 2 世以降の移民も含めたヒスパニックの間で広く利用されている[注2]。スペイン本国の人口は約4600万人にすぎないが、スペイン語圏は、スペイン国外に大きく広がり、企業にとってもメディアにとっても巨大で魅力的な市場となっている。EFE は、こうしたスペイン語圏のメディアを対象に、ニュースや情報を配信している。その規模は、決して小さくはなく、EFE のホームページには、自社はAP 通信、トムソン・ロイター通信、AFP 通信に次いで 4 番目に規模が大きい、とある。

　EFE は、1939年 1 月に設立されていて80年近くの歴史を持つ。EFE の歴史に関しては、約260ページからなる英語文献（Kim, S. J., EFE: Spain's World News Agency）が89年に刊行されている[注3]。一通信社を対象とした詳細な研究は珍しく、この文献の存在は、EFE が社内文書を保管、比較的積極的に研究者に公開していることを示している[注4]。また、自社のホ

ームページでも、歴史や現況について情報を公開している。

　ここでは、キムの研究、EFE がホームページ上で公開している情報、そして今回マドリードおよび東京で実施したインタビューを基に、EFE の成り立ち、現況、将来展望、日本における活動について述べる[注5]。

歴　史

　EFE は、現在でも国が株式を100％所有している通信社であり、その歴史は、常に国や政府とともにあった。EFE が正式に設立されたのは、1939年 1 月 3 日とスペイン内戦の末期であった。EFE は、フランコ将軍側の立場からニュースを国内外に発信するために設立され、そこにはロイター（英）、アバス（仏）、AP（米）、UP（米）に対抗するという目標もあった。スペイン最初の通信社（Centro de Correspondencia）は、1865年にカタルーニャのジャーナリストであったファブラ（Nilo María Fabra）によって設立されたが、フランスのアバスの強い影響下に置かれ、フランスのニュースを一方的に受け取りスペイン国内で配信するだけであった。1923年から30年にかけて独裁政権を築いたプリモ・デ・リベラは、国家的な通信社を持つことの重要性を認識し、ファブラの設立した通信社の国営化を行ったが、リベラ失脚後、その位置付けは不安定なものになった。30年代後半にスペインに EFE という国家的通信社が姿を現した背景には、国家を代表して対外的に情報の発信を行うという、日本において同盟通信社が必要とされた背景とも共通する部分がある。

　しかし、スペインの通信社の体制は、第二次世界大戦後も、大きく変化することはなかった。スペインではフランコ将軍による独裁政権が75年まで続き、メディアは検閲下に置かれ、EFE も政権の代弁者であり続けた。EFE は、UPI やロイターのニュースをスペイン国内に流通させる際に「ゲートキーパー」としての役割を果たし、スペイン国外に対しては、スペインのイメージのコントロールを行った。75年にフランコが死去した後、スペインは民主化され、メディアは、次第に報道の自由を獲得していった。翌年以降、後にスペインを代表する新聞へと成長するエル・パイス（El

País）が創刊され、78年には、新憲法によって新聞やジャーナリズム活動に対する検閲や規制が完全に撤廃された。テレビやラジオは、その後も政治権力に利用される傾向にあったが、80年代後半の欧州共同体（EC）加盟以降は、民間放送の充実と外資の流入が顕著になった[注6]。しかし、EFEが国家の所有する通信社であることは今日に至るまで変わっていない。

　EFEが海外展開に乗り出したのは、60年代半ばである。65年12月には、最初のオフィスがブエノスアイレス（アルゼンチン）に開設され、翌年1月に中南米での業務を始めた。69年には、英語やフランス語でのサービスを小規模ではあるが開始した。65年から69年にかけて経営を担ったカルロス・メンド（Carlos Mendo）の下で、国内の支局は2から4に増え、国外には新しく32支局が開局した[注7]。72年11月には、中央アメリカの主要メディアと提携して、中央アメリカ通信社（ACAN）をパナマに立ち上げている。さらに83年には、UPIと協力して、米国のスペイン語ラジオ放送向けにニュース配信を始めた。95年にはアラビア語のサービスを、2001年には、ポルトガル語でブラジルへのサービスを、それぞれ開始している。

現在の所在地・海外ネットワーク

　EFEの現在の本社所在地は、Avd. de Burgos, 8-B. 28036, Madridである。マドリードの主要駅の一つであるチャマルティン駅から歩いて8分ほどで、マドリード中心部からはやや離れた郊外に位置しているが、隣接してスペイン外務省の建物があり、近くには金融機関のビルもある。18階建てのビルの15階までがEFEで、2階には今年開館したEFEのミュージアムがある。

　EFEの職員数は、フルタイム職員が1167人、パートタイム職員も含めると合計約3000人（ジャーナリストと非ジャーナリストの割合は約3対1）で、国籍は60に及ぶ[注8]。スペイン国内の32支局のほか、120カ国181都市に拠点があり、2500以上のクライアントを抱える[注9]。中南米では全ての国に支局を開設していて、中南米で通信社が提供している国際ニュースの

うち、40％以上が EFE の提供しているものである、としている。

契約関係にある通信社は約50社、特にドイツの DPA や米国の AP との関係が強い。また、EFE の欧州内での役割を考えたときに重要なのが、欧州報道写真通信社（EPA、本社フランクフルト）との関係である。

欧州の通信社といえば、日本ではフランスの AFP と英国のロイターが有名であるが、欧州には、日本ではほとんど名の知られていないような中小の通信社が多数存在する。欧州通信社連盟（EANA）には、現在31社が加盟している。やや古いデータだが、1990年代末ごろの EANA 加盟社の平均従業員数は200人、うちジャーナリスト数は132人であった[注10]。AFP（仏）が1998人、PA（英）が1206人、EFE が1134人、ANSA（伊）が941人、DPA（独）が919人の従業員を抱えているのに対し、100人から150人程度の従業員しかいない通信社も少なくない[注11]。自社でカバーできる範囲が限られる中小の通信社にとっては他の通信社との連携、ネットワークへの参加が必須である。

EFE の本社（筆者撮影）

EPA は、85年にアングロ・サクソン系の映像サービスに対抗するため、オランダの ANP、ポルトガルの ANOP（現在の LUSA）、イタリアの ANSA、フランスの AFP、ベルギーの BELGA、ドイツの DPA、それにスペインの EFE が共同で設立した報道写真通信社である。今日に至るまで加盟社の変更が若干あり、現在は、ANP、LUSA、ANSA、DPA、EFE、ギリシャの ANA-MPA、オーストリアの APA、スイスの KEY-STONE、ハンガリーの MTI、ポーランドの PAP の計10社が株式を保有している。EPA は、400人のカメラマンを抱えてフランクフルト、バンコ

ク、カイロ、ワシントンに編集デスクを置き、1日に平均して1300ものニュース画像を配信している。EFEはEPAの設立当初から20％の株式を取得していたが、2015年には、49.9％に増資し、03年にAFPが脱退した後のEPAを、ドイツのDPAとともに主導している（DPAは24％出資）[注12]。現在、EFEの最高責任者であるホセ・アントニオ・ベラ（Jose Antonio Vera）は、EPAの経営委員会委員長を兼任している。

なお、EFEはスペインの通信社として、幾つかの連合組織に加盟している。07年には世界通信社会議、14年にはMINDS（20以上の通信社のグローバル・ネットワーク）、欧州通信社連盟（EANA）、地中海通信社連盟（AMAN）の連合会議を主催している。

クライアントと発信言語

クライアントは、地理的にみると半数がスペインで、次いで中南米（29％）、米国（11％）、ブラジル（4％）、その他（7％）となっている。米国のクライアントは、ほとんどがスペイン語メディアである。クライアントを種別に見るとメディアが41％、デジタルウェブが22％、ビジネス（メディア、デジタルウェブ以外の企業）が20％、機関（政府、欧州連合・国連など）が17％となっている。

年間に発信されるニュースは、120万本で、あらゆるジャンルが含まれている。他に写真が90万、動画・オーディオが各4万、特集記事が4000本となっている。

発信言語は、スペイン語、英語、ポルトガル語、アラビア語、カタルーニャ語、ガリシア語の6言語である。スペインの国営通信社として、カタルーニャ語、ガリシア語といったスペインの地域言語での発信も行っている。

デジタルコンテンツ部長のエミリオ・クレスポ（Emilio Crespo）氏は、「翻訳に掛かる費用はかなり大きいが、どの言語も重要だ」という。ポルトガル語は、ブラジルをターゲットにしたサービスである。もちろんポルトガルにも、ポルトガルの国営通信社LUSAを介してEFEのニュースが

配信されているが、ブラジルの市場が巨大である。アラビア語は、歴史的経緯と地中海を挟んで北アフリカに接するという地理的環境から重要でありサービスを行っている。

英語も、スペイン語圏外でEFEの存在感をアピールするには大切な言語である。現在のEFEは、アジアでの存在感に欠けるので、そこに力を入れようとしている。ますますグローバルな展開をしていこうと考える中では、EPAとの連携と英語でのニュースの発信とが、EFEがスペイン語圏外にも影響を及ぼす上で重要であるとの位置付けである。また、米国にも、スペイン語圏の情報を英語で得たいという需要があるという。

現時点で、現在行っている以外の言語によるサービスを新たに始める予定はない。むしろ、最近は、スペイン語によるニュース配信をAFP、DPA、ANSA、AP、ロイターなど他の通信社が行うようになっていて競争が激しくなっている、という認識があるという。

なお、スペイン語はマドリードとボゴタ（コロンビア）、英語はマイアミ、ポルトガル語はリオデジャネイロ、アラビア語はカイロ、カタルーニャ語はカタルーニャ、ガリシア語はガリシアにそれぞれ編集室が置かれ、そこからニュースが配信されている。

明文化された編集綱領はある。ただし、スペイン語のみである。

近年の変動と将来への展望

さて、EFEは、1960年代半ばごろから海外に進出し、近年は、特にスペイン語圏を代表する国際通信社として存在感を高めているが、将来に対して、どのような展望を抱いているのだろうか。

エミリオ・クレスポ氏は、「インターネットの時代になったからといって、ビジネスモデルに大きな変化はない。われわれの主要なクライアントはメディアであり、われわれの役割は、新聞、テレビ、ラジオといったメディアのために情報を提供していくことである」と述べる。通信社の果たす役割が急激なメディア環境の変化で揺らいできているといわれるが、EFEは、ビジネスモデルを大きく変えることはせず、古典的なビジネス

エミリオ・クレスポ氏（筆者撮影）　　　ロサリオ・ポンス氏（筆者撮影）

モデルを貫く方針である。

　海外広報のロサリオ・ポンス（Rosario Pons）氏も、B to B（business to business）がメインであることは変わらない、ということに同意する。しかし、EFE は、インターネットを活用して、B to C（business to consumer）にも乗り出している、ともいう。エミリオ・クレスポ氏によると、B to C のサービスとして EFE は、ツイッターや YouTube で主要なニュースを配信している。しかし、ツイッターで流すのは1日に70アイテム、YouTube で流すのは1日に40～50本であり、クライアントに対して4000～5000ものアイテムを提供しているのとは全く規模もコンテンツも違う[注13]。

　また、直接的なエンドユーザーへのウェブサービスとして、表1にあるように、EFE は20近くものウェブサイトを運営している。ここ数年、健康、旅行、ライフスタイル、スポーツなどのウェブページを開設して、種類を増やしている。スペインでも、新聞社の場合は、ウェブサイトをフリーアクセスにするか有料にするかが大きな問題になっているが、EFE のサイトは、無料でアクセスできる。こうしたウェブサービスは、今は収益を得られるものではない。もっぱらブランド・イメージを確立し、EFE

表1　EFEのウェブサービス

サイト名	内容	ページビュー(2016年6月)
EFE.com	一般ニュース（スペイン版、米国版、ブラジル版、ポルトガル版、英語版）	1,822,244
FUNDEU.es	スペイン語使用	1,320,399
EFESALUD.com	健康	1,140,873
PRACTICAESPAÑOL.com	スペイン語学習	461,733
EFEVERDE.com	環境	190,938
EFEFUTURO.com	科学技術	62,496
EFEESTILO.com	ファッション、美容、ライフスタイル	58,357
EFEEMPRESAS.com	企業情報	57,322
EFEAGRO.com	農業、食	48,634
EFETUR.com	旅行	34,410
EFEEMPRENDE.com	経済、金融、不動産、貿易、技術	32,662
PRACTICODEPORTE.com	スポーツ	30,315
EUROEFE.com	EU圏の情報	23,409
EFEMOTOR.com	車	16,052
EFEDOCANALISIS.com	政治・経済・社会問題の分析	7,933
EFEESCUELA.com	教育	6,268
EFERADIO.es	ラジオ	867
計	—	5,314,912

　の存在感を高めるため、と位置付けている。しかし「通信社はこれまで広告収入はなかったが、ウェブサービスで将来的には少しずつ収益を増やしていくことができるかもしれない」という期待はあるという（表1）。

　動画サービスに重点を置くようになってきたことも、近年の特徴である。ロサリオ・ポンス氏は、「伝統的に通信社は、文字ニュースと写真の2つの柱で活動をしてきたが、ここ数年は、動画サービスを充実させている。クライアントが欲しているのは動画だからだ」という。

　スペインの新聞は、現在までに、紙ベースからデジタルバージョンへと完全に移行した[注14]。そのような中で、人々は、スマートフォンで、動画のニュースを見るようになってきている。スペインでは、新聞社であって

も、今は動画を欲しがっている、という。もっとも、EFEが多くのクライアントを抱える中南米（特にメキシコやアルゼンチン）では、まだ紙ベースの新聞の力がウェブサイトよりも強い。だが、EFE全体としては、動画によるニュース配信に移行しているという。

国家との関係

　冒頭に述べたように、EFEは、現在でも国が100％出資している通信社である。また、収入面でも、国が主要なクライアントであり、収入の40％が政府関連のサービス、60％が非政府関連のサービスという構成となっている。キムの研究によると、1985年のEFEの収入構成は、政府関連のサービスが約60％を占めていた。政府からの収入が減っているのは、ロサリオ・ポンス氏によると、金融危機後に政府が予算を凍結し、EFEへの支出が大幅に減少したからであるという。

　国営通信社という形態を取ることについて、どのように感じているのだろうか。EFEは、単に政府に対して情報を提供しているだけではない。EFEは、国に関するあらゆる出来事を、責任をもって取材・報道するという契約を政府と結んでいる。EFEは、一般の私企業であれば興味を持たないようなものであっても、報道することになる。政権与党の活動だけではなく、例えば野党党首の中米訪問を同行取材して報道するといった内容も含まれている。

　一般的に日本では、国家との密接な関係は、民主主義国家の報道機関にはふさわしくないと考えられていると言えるだろう。しかし、エミリオ・クレスポ氏は、「報道機関への国家による介入を嫌うのは米国的な価値観で、私は欧州のジャーナリストとして、政府よりもむしろ企業や銀行のパワーの方が心配だ。民主主義体制の下で政権は交代していくのだから」と述べる。前述のように、私企業ではカバーできない領域を、国家の責任でカバーできることに「国営通信社」のメリットを感じているということである。

　ジャーナリズムの自律性に関して、エミリオ・クレスポ氏は次のように

説明した。「オーナーシップは、どんな場合であっても、ジャーナリストに何らかの影響を及ぼしている。それは、国がオーナーである場合だけではなく、企業がオーナーの場合にも言えることだ。でも、通信社は新聞社やテレビ局と違うと思う。通信社の発信する情報は、1日に5000件と膨大で、そこには、実にさまざまな立場の声が反映される。30分とか1時間のテレビ番組であれば多様な見方は伝えられなくて偏りが生じる。でも、通信社は日々、何千ものニュースを流しているわけで、これらは、意見というよりは、情報だ。バイアスがかかることは少ないと思う」。

　国家との関係は、非常に難しい問題だろう。国家財政の悪化に伴い、EFEは、自らの活動を維持し続けるためにも、独自に収入源となる活路を見いだしていく必要性を感じている。EFEには、その活動が政権の道具とされ国家に翻弄されてきたという歴史があるが、EFEが政府からの独立を声高に唱えることはない。それは、膨大な活動費を必要とする通信社にとって、国家による後ろ盾は必要不可欠であるからだろう。通信社の役割を果たすためには、私企業のように利益追求を第一義とすることからは距離を取る必要があるという主張には、一定の説得力がある。しかし、通信社の奉仕の対象が、国家なのか政府なのか、それとも公共なのか。こうした区別を意識的にしていくことができなければ、国家権力や政権の代弁者となって、国内的・国際的な信頼を失うこととなりかねない。

教育面での貢献

　EFEの活動を考える上で、最後に触れておきたいのが、教育への関与・貢献である。EFEは2016年3月、EFEやジャーナリズムの歴史を展示するEFE ミュージアムを本社に開館した。かつてEFEで使われていたタイプライターや、スペイン国内の各年代を象徴する写真が展示され、カメラがデジタル化する以前のEFEの写真現像室が再現されている。EFEミュージアム館長のパコ・パルド（Paco Pardo）氏は、「このミュージアムは、来場者が手をかざすと画面が切り替わったり音声が流れたりするといった双方向型の展示を行っている」と現代的なミュージアムである

第1章　海外の通信社

EFE ミュージアム（EFE 提供）

ことを強調する。EFE ミュージアムには、学校単位で見学に訪れた児童・生徒が、ニュースのキャスターを体験できるような設備もある。日本でいう NHK の放送博物館や日本新聞協会の新聞博物館のような施設である。

　高等教育機関との連携も行われている。EFE は、学生のインターンシップ受け入れや奨学金に積極的で、ジャーナリスト育成の修士コースの運営もフアン・カルロス国王大学やスペイン国立通信教育大学と提携して行っている。EFE でインターンシップを行う学生の多くはジャーナリズム専攻で、カリキュラムの一環として3カ月から半年ほどの研修を実施している。国内にとどまらず、ウルグアイなど中南米の大学ともジャーナリズム教育で提携している。

　もう一つ、言語面でも、EFE は、メディアやインターネット上のスペイン語の正確な使用を啓蒙する活動をしている。EFE と BBVA 銀行が半分ずつ出資している Fundéu BBVA では、スペイン語メディアの記者か

らスペイン語の正確な使用法について照会を受け付け、また正しい言語利用についての情報をメールマガジンのようにして日々配信している。スペイン語学習のためのウェブサイトにも、EFE の運営するものがある。

日本との関係

　最後に、日本における EFE の活動について述べる。EFE が東京に支局を設置したのは、1984年である。それ以前にも通信員がいたことは確かであるが、詳しいことは分からない。67年には、共同通信社と提携をしていて、共同との提携は他の通信社と比べてもかなり早い。なお共同との提携は、EFE がマニラ支局を拠点としてアジア展開を始めた時期と一致する[注15]。

　現在、EFE の東京支局は、共同通信社本社ビル（汐留メディア・タワー）の 7 階、AP や DPA などと同じフロアの一室にある。支局長はラモン・アバルカ（Ramon Abarca）氏である。東京の支局長として、ロンドンから2013年に赴任した。特に縁もゆかりもない中での赴任であったという。

　東京支局では 5 人が働いていて、うち 1 人は、アドミニストレーションとトランスレーションを担当する日本人スタッフである。業務上の言語は、スペイン語と英語であるが、スペイン人スタッフのうち 2 人は日本語も話す。

　東京支局のスタッフは2015年 1 人増えており、東京からのニュースへの需要は、変わらずあるという。北京支局と比べても、スタッフ数は 1 人少ないだけである。なおソウルにもスタッフが 1 人いて、そのスタッフは、東京支局に記事を送り、東京で編集されたものが、マドリードに送られている。東京支局では、日本、韓国、北朝鮮をカバーしている。

　東京支局では、さまざまなジャンルのニュースを取材している。70％は、金融・経済のニュースである。ほかに、技術、政治、アート、文化、グルメなど、さまざまなニュースを発信している。情報収集は、共同通信が中心で、その他、NHK、日経、朝日などの日本のメディア、トヨタ、ニン

テンドー、ソニー、東京電力などの主要企業、外務省のプレスリリース、などによって行われている。さらにはツイッターなども活用している。主に英語のソースであるが、日本語のものも収集対象である。日本からのニュース発信に用いている言語は、専らスペイン語だ。スペイン語で送られたものが、各国言語に翻訳されている——例えばポルトガル語へは、リオデジャネイロで翻訳をする——ということである。トムソン・ロイター、AP、AFP、BBCなどのニュースもフォローはしているが、必ずしも、それがEFEのニュースに直接的に影響を与えることはない、と支局長は言う。

　EPAとの関係は、日本の取材活動においても重要である。日本にはEPAのカメラマンが2〜3人いて、EFEはEPAの素材を全て使うことが可能となっている。ほかにも、取材が必要な出来事のあるときには、EPAのカメラマンとともにチームを組んで取材活動をし写真、ビデオを撮っている。

　EFEの日本での拠点は、東京にしかない。どこか別の都市に通信員を置くということも行っていない。東京支局にいる記者が、必要に応じて、東京外に出張し、取材活動を行っているという。最近では、オバマ大統領の訪問があった広島、サミットが行われた伊勢志摩、あるいは、福島原発事故や沖縄の基地問題、東北の震災から5年、広島・長崎の原爆70年、豊田市などの出張取材を行った。また大臣などの政治家、シェフ、経営者、技術者、アーティストへのインタビューも適宜、行っている。ただ、支局長は「特に政治家は外国メディアに対して驚くほど閉鎖的だ。前任地のロンドンは、情報の流れがダイナミックだったが、日本はやりにくい」と述べる。

　EFEが日本において提携関係にあるのは、共同通信だけである。日本で発行されているスペイン語の新聞・雑誌の中には、EFEのクライアントとなっているところもある[注16]。

(2) ANSA

ANSAは、イタリアのローマに本社を置く通信社である。現在は、東京には特派員を置いていない。しかしイタリア内外のメディアをクライアントとして抱える欧州の主要通信社の一つである。

ここでは、ANSAのホームページに掲載された情報、ANSAの元東京支局長に対して行ったメールでのインタビュー、ANSAについての記述のある文献を基にANSAの歴史、現況、日本との関係について述べる[注17]。

歴 史

ANSA（Agenzia Nazionale Stampa Associata）は、1945年1月13日に設立されたイタリアの通信社であるが、その前身となるステファーニ（Stefani）は、1853年に設立されている。ステファーニは、同年にカミッロ・カブールの求めに応じて、設立された。イタリア統一の立役者となるカブールは、ステファーニを仏アバス、英ロイター、独ウォルフと対抗させようとした。ステファーニは、アバスによる支配から逃れようと試み、その後、ある程度の独立を達成する。だが、ファシズム下では政権の方針に屈服させられ、第二次世界大戦後に、ANSAとして生まれ変わることになった。ANSAは、連合国軍の指導の下、APの組合主義をモデルとして設立された。新しい民主主義の時代の象徴として期待され、自由な選挙、民主的に選出される議会、そして自由な新聞を支える通信社であるとされた。ANSAは、基本理念として、今日に至るまで、独立、信頼、タイムリーな報道を掲げている。

現 況

ANSAは、34の新聞社によって構成された連合通信社である。設立以来、イタリア内外のニュースを報道することを使命とし、イタリア国内に22のオフィス、イタリア国外には74カ国に77のオフィスを構えている。

ANSAは、加盟新聞社のほか、テレビ局、その他メディア企業に情報を配信している。本社の所在地は、ローマ（Via della Dataria, 94, C.A.P. 00187 Roma）である。

　ANSAでフィールドワークを行った研究によると、ANSAの社員数は、2008年の時点で、ジャーナリストが400人、ジャーナリスト以外が250人となっている。イタリアでは、ジャーナリストとして働くためには国家試験に合格することが必要である。最近ではジャーナリズム・スクールを修了後、受験が可能になっているが、試験に合格したからといって仕事が見つかる保証はない。重要なのは見習いのポストを見つけることであるという。18カ月の見習い期間中にジャーナリストとしての基本を身に付けて国家試験に合格し、ジュニアエディター、普通のエディター、記者、副ニュースエディター、ニュースエディターとキャリアを築き上げていくのである[注18]。

　ANSAには、一般ニュース、地域ニュース、特別ニュース、電子情報、海外向けニュース、写真・ビデオニュース、アウトドアTV、地中海サービスなどの部門がある。特別ニュース（特定の分野に特化したニュース）には、農業・食、環境、エネルギー、金融、健康、通信、求人、自動車、中小企業、経営などがある。電子情報サービスは、1981年以来のニュースをアーカイブ化して提供していて、その収録数は1億点を超えている。ターゲットとしているのは、メディア、国・地方の行政機関、大学・学校などの教育・研究機関である。

　海外向けニュースのうち、英語によるニュースは、企業向けのものとメディア向けのものとに分かれる。企業向けのサービスは、イタリア国内の上位500企業について、投資計画、予算・決算、法律関係、経営動向、マーケティング、プレスリリースなどの各種情報を1日に70〜100程度、配信している。メディア向けのサービスは、イタリアの視点から、国内外のニュースを提供している。主なテーマとしては、イタリア国内外の政治、ファッション、デザイン、娯楽、科学技術、バチカン、芸術、食、ライフスタイル、スポーツ、ツーリズム等が挙げられる。これには、全ての記事

に、写真が添付されている。

　英語によるニュースのほか、ANSAでは、スペイン語とポルトガル語によるニュースサービスも行っている。ANSAでは中南米に21のオフィスがあり、スペイン語では、中南米で起きた主な出来事を中心に、1日に100～150本ほどのニュースを配信している。ポルトガル語によるニュースは、ブラジルのメディアを対象にしたもので、サンパウロで編集されている。

　写真は、欧州報道写真通信社（EPA）のイタリアの加盟社として、EPAの写真をイタリア国内で配信する独占的権利を持っている。また、1940年以降の写真は、アーカイブスとして提供している（写真がデジタル化される95年より前の物に関しては、歴史アーカイブスとなっている）。地中海地域のサービスは、04年に始まった。1日に200以上のアイテムを、英語、イタリア語、アラビア語で提供している。

　全体として、ANSAには、1400のクライアントがいて、3500以上のアイテム、1300以上の写真を日々提供している。

近年の変動と将来への展望

　近年通信社の活動が、インターネットの登場・普及によってどのように変化しているのか。この10～20年間における大きな変化は、何であるのか。元東京支局長のアントニオ・ファティグーソ（Antonio Fatiguso）氏は、次のように述べている。「インターネットは、新聞社にとって、良い影響と悪い影響の両面がある。現在、通信社の仕事（例えば、情報やその他の記録を入手すること）は、以前と比べるとずっとやりやすくなっている。一方で、通信社の主たる競争相手は、ソーシャルメディアになってきていると考えられる。かつては、通信社は、ニュースを一番に報じる機関であった。しかし今は、フェイスブックやツイッターの小さなメッセージが、特ダネやニュースになり得る。これらの存在によって、通信社は、ビジネスモデルの再考を迫られ、マルチメディアなど異なるコンテンツへの進出をしていく必要が生じている」。インターネットの登場によって、ビジネ

スモデルの再考を迫られているのは、他の通信社と同じである。ANSA も、EFE と同様、ツイッターや YouTube、ウェブサイトでニュース配信を行っている[注19]。

　また ANSA は新聞社の組合の形を取る通信社であるため、新聞社の経営が厳しくなっていることが、ANSA に何らかの形で影響している可能性がある。『日本新聞年鑑』のイタリアの新聞概況によると、新聞発行部数は減少していて、2014年の主要59紙の実売部数は推計381万部、多くの新聞社は新規採用を控え、早期退職を募っている。メディアの広告収入の落ち込みも顕著である[注20]。国内外にネットワークを持っている ANSA は、人員削減を進める新聞社にとっては、ますます重要になってきていると推測できる。一方、ANSA によるオンラインでのニュース配信が新聞社を脅かす危険性、ANSA を支える新聞社の経営状態が不安定であるといった問題が生まれているのではないだろうか。今回は経営陣にインタビューをすることができなかったため、あくまで推測ではあるが、上記のような状況になっている可能性が高い。

日本との関係

　ANSA の東京支局は、2015年11月に閉鎖された。この決定は、ローマで下されたもので、海外の支局の整理を図ったものであるという。東京支局を構成していたのは、現在北京支局長を務めるアントニオ・ファティグーソ氏と1人のアシスタントであった。東京支局では、日本のほか、北朝鮮、韓国の報道を行っていたという。

　東京支局の開局は、1960年代であると考えられる。69年7月から1年間、日本外国特派員協会の会長を ANSA のウーゴ・プンティエリ（Ugo Puntieri）氏が務めている[注21]。なお、ANSA が共同通信社と通信契約（ニュース交換・特派員の相互援助）を結んだのは、59年5月である。さらに共同通信社は、65年5月には、ANSA のニューヨーク支局へ英文ニュースの提供を開始した[注22]。

　アントニオ・ファティグーソ氏によると、現在、東アジアから発信され

るニュースとして、ANSAが重視しているのは、「政治、外交、テクノロジー、スポーツ、文化などである」という。文化の分野には、イタリアのデザイン、音楽、食なども含まれているようである[注23]。

［浜田幸絵］

注・文献

1）言語単位や第一言語・母語を定義することは難しく、各言語の話者数には統計によって若干違いがある。ここでは、エスノローグ（https://www.ethnologue.com/statistics/size）のデータを用いた（2016年10月21日アクセス）。なおエスノローグによると、英語を第一言語とする人口は、第3位の3億9900万人である。

2）米国国勢調査局（https://www.census.gov/）によると、15年時点の米国のヒスパニック・ラテン系人口は推計約5650万人である。5歳以上のヒスパニック・ラテン系人口のうち、7割が家庭内でスペイン語を話していて、さらにその1割弱は英語を全く話せない（16年10月21日アクセス）。米国のスペイン語メディアの持つ影響力については、Wilkinson, K. T., "Spanish Language Media in the United States", Albarran, A. B. (ed.) The Handbook of Spanish Language Media. (New York: Routledge), 2009を参照。

3）Kim, S. J., EFE: Spain's World News Agency. (New York: Greenwood Press), 1989. 今から30年近く前に書かれた文献であるが、この文献でも、EFEはスペイン語圏外ではほとんど知られていないが、AP、UPI（85年に倒産後、経営者がたびたび代わり衰退）、ロイター、AFPに次ぐ規模であるとされている。

4）EFEが社内文書の保管に努めていることは、今回の筆者によるインタビューでも確認できた。スペイン語で刊行されたEFEの歴史に関する文献としては、Olmos, V. Historia de la Agencia EFE: El mundo en español (Madrid: Espasa), 1997がある。

5）EFE本社（マドリード）でのインタビューは、16年9月5日に浜田が行った。まず、ロサリオ・ポンス氏（海外広報）、エミリオ・クレスポ氏（デジタルコンテンツ部長）から話を聞いた。その後、ロサリオ・ポンス氏の案内でEFEミュージアムに移動し、ミュージアム館長のパコ・パルド氏から説明を受けた。インタビューに用いた言語は、英語である。EFE東京支局長ラモン・アバルカ氏とのインタビューは、16年8月2日、東京の共同通信社本社ビルにて浜田が英語で行った。またEFE東京支局の金子葉子氏にも、本社とのインタビューのアポイントをと

る際にお手数をかけ、人名・肩書の日本語訳等に関してもご教示をいただいた。
6) Arrese, Á. et al., "The Media in Spain: Three Decades of Transformation" Albarran, A. B. (ed.) The Handbook of Spanish Language Media. (New York: Routledge), 2009
7) カルロス・メンドは、EFEの株式の3分の1を新聞社に売却して8紙の代表をEFEの取締役に迎え入れ、EFEを連合通信社のシステムに移行させようとした経営者でもある。しかし、この試みは、フランコの介入というよりは、政府負担で通信社を運営した方が経済的に効率がよいと考える新聞社が乗り気ではなかったために失敗したという (Kim, p.110)。
8) 社員の男女比は半々であろうとのことである。
9) ホームページ (http://www.efe.com/efe/english/queesefe/international-bureaus/50000332) に International Bureau として所在地等の詳細が掲載されているのは、45カ所である（16年10月25日アクセス）。EFE で受け取った資料を見る限り、181都市とは拠点数で、通信員だけを置いている都市等を含んだものであると考えられる。例えば、EFE はソウルにも通信員を置いているがソウルには支局はない。
10) "Final Report of the Workshop on News Agencies in the Era of the Internet" (Paris: UNESCO), 2001
11) Boyd-Barrett, O. and Rantanen, T., "European national news agencies: The end of an era or a new beginning?" *Journalism.* Vol.1, No.1, April 2000, pp. 86-105.
12) EPA は、時事通信社と契約関係にある。時事通信社は、欧州からの写真はスポーツ報道などで需要が大きいと判断し、AFP が EPA を脱退した際に、EPA と契約を別途締結、AFP、EPA の双方の写真を日本国内に独占的に配信できるようにした（『時事通信社60年史』2006年、278ページ）。
13) なお、16年10月31日時点で、ツイッター（EFE Noticias）のフォロワー数は約112万、YouTube の Agencia EFE チャンネル登録者数は約8万6000となっている。
14) もともと、スペインでは新聞はテレビやラジオと比べて人気のないメディアだったようである。75年時点で、テレビを視聴する者が9割、ラジオ聴取する者が4割に対し、新聞を読む者は3分の1にすぎず、国民も放送メディアをより信頼していた。政治体制が変わった後も、メディア接触傾向はほぼ引き継がれ、09年に刊行された論文のデータでも、テレビを視聴する者が90％、ラジオを聴く者が55％、日刊紙を読む者が41％、雑誌を読む者が51％、インターネットを使う者が27％となっている（Arrese, Á. et al., *op. cit.*）。現在では携帯端末の普及により人々はインターネットをかなり用いるようになり、新聞社もデジタル化を進めて動画配信に力を入れるようになったということで、スペイン人のメディア接触傾向は、ここ数年でかなり急速に変化したと推測できる。動画が好まれるのは、スペインでは日刊紙よりもテレビの方が長年人気を集めてきたことと関係している

15) さかのぼれば戦前にも『朝日新聞』にはEFEが発信したニュースが掲載されている（『朝日新聞』1943年1月28日夕1、10月1日朝1）。
16) 『日本新聞年鑑2016』（日本新聞協会、2015年）によると、日本の新聞社・通信社は、欧州（ロンドン、パリ、ベルリン、フランクフルト、ワルシャワ、ウィーン、ブリュッセル、ローマ、ジュネーブ、ベオグラード、モスクワ、ウラジオストク、ユジノサハリンスク）に計132人の特派員を置いているが、スペインには1人も特派員はいない。朝日新聞社は、大手新聞社エル・パイス（*El País*）と特約を結んでいる。
17) ANSA社内でフィールドワークを行った研究として、Czarniawska, B., Cyberfactories: How News Agencies Produce News. (Cheltenham: Edward Elgar), 2011がある。ANSAの歴史、社員数については、主にこの文献を参考にした。
18) Czarniawska, B., *i. bid.*
19) 特に力を入れていると思われるのがツイッターで、16年10月31日時点でのフォロワー数は、約74万5000。
20) 前掲『日本新聞年鑑2016』
21) 『在日外国特派員』日本新聞通信調査会、2007年、198-207ページ。
22) 『共同通信社三十五年』共同通信社、1981年、518、538ページ。
23) なお、ローマには、現在、朝日新聞社、毎日新聞社、読売新聞社、共同通信社の4社が支局を置いている（前掲『日本新聞年鑑2016』）。

[付記] 脱稿後の2017年1月、欧州報道写真通信社（EPA）からドイツのDPAが脱退した。このことはEPAとその大株主であるEFEの今後に、少なからず影響を与えると考えられる。

7．新華社（中国）

　中国の国営通信社で、内外の動きを人々に伝えるニュースメディアであるとともに、中国共産党・政府の重要な教育・宣伝機関としての役割を担っている。国務院（政府）の「正部級直属単位」、すなわち、日本でいう中央省庁レベルの機関とされている。トップである社長は部長（大臣）クラスで、共産党の中央委員を兼ねている。正式名称は「新華通訊社」で、「新華社」は通称。英文名は「Xinhua News Agency」。社員数は不明。国内の支局数は国内全省市自治区等に30以上。海外支局は100以上（詳しくは本節「支局展開」を参照）。中国語、英語、フランス語、スペイン語、ロシア語、アラビア語、ポルトガル語、日本語でニュースを発信している。新華社はまた、ニュースや写真の配信だけではなく、ニュース専門のテレビ局「CNC（China Xinhua News Network Corporation）」を運営し、直属の事業部門・企業を有して新聞や雑誌を発行。インターネット時代に対応し、ニュースポータルサイト「新華網」を立ち上げ、映像、音楽、インターネット交流サイト（SNS）関連サービスにも力を入れている。本社所在地は北京市宣武門西大街57号。

特　色

　新華社はニュースメディアであるとともに、中国共産党・政府の教育・宣伝機関としての役割を担っている。トップは歴代、中国共産党の幹部が務め、楊尚昆氏は軍出身で、後に国家主席に就任。また、廖承志氏は清朝を倒して国民党政権を樹立した孫文の盟友だった廖仲愷と国民党幹部だった何香凝夫妻の子息で、東京で生まれた。早稲田大学に学び、その後、帰国して中国共産党に入党し、中央政治局員を務めた。もちろんジャーナリ

スト出身の社長がいないわけではない。穆青氏は八路軍に参加した後、延安の魯迅芸術学院で学び、その後、記者活動を続けてきた人物で、後任の郭超人氏も北京大学卒の記者出身。しかし、その後を継いだ田聡明氏は内蒙古自治区の新華社分社で記者として出発したものの、同自治区やチベット自治区の党委員会副書記を務め、国家ラジオ・映画・テレビ総局総局長を経て新華社社長に就任。次の李従軍氏は党中央宣伝部出身。また、現社長の蔡名照氏は軍出身で、その後、記者となったが、党中央宣伝部副部長、党中央対外宣伝弁公室主任、国務院新聞弁公室主任、国家ラジオ・映画・テレビ総局総局長などを歴任している。

このように中国共産党は、党機関紙「人民日報」、中国中央テレビ（CCTV）とともに、新華社を「党の重要な教育・宣伝工作機関」と位置付け、メディアを人事面からもしっかりとコントロールしている。中国でもメディアの影響力は絶大で、その報道によって民意が左右され、政権が危うくなる可能性もあるからだ。このため、中国ではメディアが党中央宣伝部の指導下に置かれ、反党・反政府的なニュースが出ない仕組みになっている。また、党の立場に立った記者教育が繰り返し行われており、新中国成立前の1948年10月2日、党の最高指導部の一員だった劉少奇氏（後に国家主席に就任）は当時党本部が置かれていた河北省平山県西柏坡村で「人民日報」や新華社の記者らを集めて演説。「あなたたちのペンは人民のペンであり、あなたたちは党と人民の耳目、喉と舌である」と強調し、「マルクス主義を学び、マルクス主義の記者」になることを強く求めた。

この考え方は現在も受け継がれており、1992年12月から2000年6月まで新華社社長を務めた郭超人氏は自著『喉舌論』の中で、メディアも「党性の原則」に立って中国の発展に努めるべきだと書いている。「党性の原則」とは、中国共産党員として、マルクス・レーニン主義、毛沢東思想、中国の特色ある社会主義理論体系を学び、党と一致協力して人民のために行動することだとされており、中国の国有大手メディアの記者らは、政権批判や真実の追求に力を注ぐ欧米や日本のジャーナリストと立ち位置が根本的に違っていると言わざるを得ない。

〈新華社歴代責任者〉

王観瀾	1931年11月～32年8月	紅中社責任者
周以栗	31年12月～32年1月	《紅色中華》報主筆
梁柏台	32年4月	《紅色中華》報主筆代理
楊尚昆	32年8月～32年末	紅中社責任者
李一氓	32年末～33年春	紅中社責任者
沙可夫	33年春～33年夏	紅中社責任者
任質斌	33年夏～34年夏	紅中社責任者
瞿秋白	34年2月～35年2月	紅中社社長
任質斌	35年11月～36年春	紅中社責任者
向仲華	36年春～37年1月	紅中社責任者
廖承志	37年3月～37年10月	新華社責任者
李初梨	37年10月～37年11月	新華社責任者
沙可夫	37年11月～38年4月	新華社責任者
向仲華	39年初～41年11月	新華社責任者
博古	41年12月～46年4月	新華社社長
余光生	46年5月～46年7月	新華社社長代理
廖承志	46年7月～49年6月	新華社社長
胡喬木	49年6月～49年10月	新華社社長
陳克寒	49年11月～52年8月	新華社社長
呉冷西	52年12月～66年6月	新華社社長
熊復	66年7月～67年1月	新華社社長
胡痴	67年1月～67年9月	新華社社長代理
王唯真	67年9月～67年12月	新華社社長代理
張紀之	67年12月～72年9月	新華社軍事管理小組組長
朱穆之	72年9月～77年12月	新華社社長

(76年4月～10月まで停職、76年10月8日、党中央が鄭屏年らを派遣し、新華社を運営)

曾濤	77年12月～82年4月	新華社社長
穆青	82年4月～92年12月	新華社社長
郭超人	92年12月～2000年6月	新華社社長
田総明	2000年6月～08年4月	新華社社長
李従軍	08年4月～14年12月	新華社社長
蔡名照	14年12月～	新華社社長

(注：新華社ホームページから、簡易文字などを書き換え)

ただ、それでも中国経済が市場メカニズムの導入によって大きく発展し、これと並行して国際化が急速に進む中で、中国のメディアも変わりつつある。

例えば、一部の新聞メディアが党と政府に対して以前のように従順ではなくなり、当局が隠したがる社会問題や指導者・幹部の腐敗問題などを積極的に取り上げたり、読者や視聴者の声を代弁して党や政府を批判・揶揄したり、民主化運動を支援するかのような紙面構成をしたりするようになってきたことだ。こうした記事の掲載が読者の拡大に直結し、それが視聴者を増やし、メディアの収入拡大につながるためであり、中国の記者たちが欧米や日本などの「報道の自由」の大切さに気付き始めたからにほかならない。

しかも、中国でもインターネット利用者が爆発的に増え、中国インターネット情報センター（CNNIC）によると、15年末時点のネットユーザーは6億8800万人にも上っている。また、SNSも普及し、海外の情報が大量に中国に流れ込み、個人間の情報のやり取りが容易になって、党や政府にとって都合の悪い情報も当局の規制をかいくぐって比較的容易に入ってくるようにもなってきた。この結果、習近平国家主席（党総書記）の退陣を迫る文章がネット上で出回ったりしており、習近平政権はネットを含めたメディアのコントロールを一段と強化している。

この中で、習主席は16年2月19日、人民日報、新華社、中国中央テレビ局の本社を視察。その後で開かれた党の新聞輿論工作座談会で、「党性の原則」の重要性について改めて言及し、「党の意志を体現し、党の主張を反映し、党中央の権威を擁護し、党の団結を擁護していく」ことを記者たちに求めたという。このことからみて、習近平政権は今後も党の威信回復や中国の国威発揚、対外宣伝に新華社などの中国メディアを一段と活用していくことになろう。

また、その一方で、習近平政権は、ニュースの発信源を統一し、党や政府にとってマイナスの情報が流れることを防ごうとしているとされ、新華社がその役割を担っている。政治や外交案件、重大な事件では、党中央宣

伝部が国内の各メディアに対して新華社電を使用するように指示しているとされ、中国の多くのメディアが同じ新華社のニュースを一斉に報じるケースがよく見られる。新華社は04年、中国政府から外国通信社の配信業務の許認可権を与えられたといわれている。

歴　史

　新華社は1931年11月7日、中国・江西省にあった革命根拠地の瑞金で、中華ソビエト共和国と共に、中国共産党のニュース配信部門として誕生した。当時の名称は紅色中華通訊社（通称・紅中社）で、戦闘中に国民党軍から没収した無線機を利用。国民党傘下の中央通訊社（通称・中央社）のニュースや外国の通信社の英文ニュースなどを入手し、翻訳や編集を行い、「参考消息」として党指導者や幹部に提供したのが始まりとされている。同年12月11日、中華ソビエト共和国臨時中央政府機関紙「紅色中華」が創刊され、紅中社は同紙編集部と合併した。しかし、共産党軍（当時の名称は紅軍）は国民党軍の包囲殲滅戦に遭って瑞金を放棄し、「長征」に出ると、紅中社も34年10月、これに従い、陝西省の山岳地帯にある延安にたどり着き、37年1月に新華社と改名した。

　新華社は40年12月30日、延安で新華社広播電台（新華放送局）を設立したが、これが後に中国人民広播電台（中国人民放送局）となった。44年9月1日、英語による対外放送を開始。抗日戦争、その後の国共内戦時代、各地の根拠地や軍組織内に多数の支局を設立した。47年3月、党中央機関が延安を離れると、新華社はその組織の大部分を河北省渉県に移した。

　49年10月1日、中華人民共和国の建国とともに、新華社は北京に移って国営通信社となり、国内の取材網等を強化するとともに、国際通信社としての道を歩み始めた。しかし、毛沢東主席が発動した文化大革命（66～76年）下の67年から73年まで軍事管制下に置かれ、海外に派遣されている多くの記者らが呼び戻され、対外宣伝報道や研究が停滞したといわれている。76年に毛主席が死去し、江青女史ら「4人組」が逮捕されて文化大革命が終結すると、新華社は再び国際通信社への道を歩み始める。また、新華社

は鄧小平氏が主導した改革開放政策と、それに伴う計画経済から社会主義市場経済への移行の中で、事業を多角化し、経済専門紙「中国証券報」や週刊誌「瞭望」など多くの新聞や雑誌を発行。99年にはニュースサイト「新華網」を開設し、インターネット時代への対応にも力を入れている。また、ニュース専門テレビ局「CNC」を設立し、2010年から衛星やネットを使って中国語と英語による24時間の海外向け放送を行っている。

現　状

　新華社は、国営通信社として、首都北京に本社を構え、広大な国土に数多くの支局を展開するとともに、約100カ国・地域に海外支局を設立し、ニュースをカバーしており、その規模は米国のAP、英国のロイター、フランスのAFPなど欧米の大手通信社と比較しても遜色なく、中国語を含む8つの言語でニュースを発信している。

　社員や記者数について、ホームページでは、明らかにされていない。が、新華社のニュースサイト「新華網」が2011年に掲載した「新華社事業発展情況」によると、「2010年末現在、新華社には1万5160人（の職員）がおり、このうち在職職員1万1373人、離職・退職職員3787人。在職職員の男女比率は1.36：1。（中国共産）党員は8863人」となっている。この約1万人の在職職員が新華社本体だけなのか、あるいは、新華社の系列企業の職員を含んでいるのかは不明。また、「新華網」によると、「新華社の海外総局や支局の駐在員数は520人。このうち300人が記者・編集者」だという。現地スタッフも含まれているとみられる。このことからみても、新華社の社員・記者数は国際通信社の中でもトップクラスにあるのは間違いない。

　契約社数も不明。ただ、国内のメディアのほとんどは新華社のニュース提供を受けており、前出の「新華社事業発展情況」によると、「新聞情報機構のクライアント数は2万2000社に達している」そうだ。もちろん、この数も10年末現在で、中国の政治的影響力や経済規模の拡大によって、中国関連ニュースの需要はその後も確実に高まっており、新華社のクライアントの数はさらに増加しているとみられ、中国新聞年鑑（15年）によると、

14年末現在で2万8000社以上になっているという。

　明文化された編集綱領というわけではないが、新華社のホームページの「簡易自社紹介」欄の中には、「新華社は中心をしっかりと取り巻き、大局に服務し、正確な政治の方向と輿論の動向をしっかりと把握し、忠実に（党の）"喉と舌""耳目"としての仕事を忠実に履行し、"情報が集まる場所"としての役割を十分に発揮し、伝統的なメディアと新興メディアの領域において、いずれも主導的地位を占める国際的にも一流の世界的通信社の建設に努める」「中国の物語を語り、中国の声を伝え、中国の特色について詳しく説明し、対外宣伝の主力軍、主要陣地としての役割を十分に発揮し、国家の利益を護り、外交の大局に服務する」などと書かれている。新華社が、中国の対外戦略の一翼を担う国営通信社であることがよく分かる。

　新華社の財政・収入規模等についても不明な点が多い。新華社など中国の大手メディアの経費はかつて政府が全面的に負担をしていた。が、1978年末からスタートした改革開放政策によって商品広告の掲載などが認められるようになり、メディアが利益を上げ始め、政府はメディアへの補助金を減らしていった。しかし、CCTVや人民日報など大手ニュースメディアと比べ、新華社はこの中で大きな広告収入の道をなかなか開けなかった。素早い情報の伝達に重きを置く通信社の商品やシステムにはカネになる広告の入り込む余地が少なかったからだ。新華社はかつて人民日報など国内メディアに対し、「無償」でニュースを配信していたそうで、同社関係者は「（制度の変更で）ニュースの配信料を徴収できるようになったが、なかなか払ってもらえない」と嘆いていた。このため、新華社は不動産の活用、写真の販売、経済専門紙の発行、ネットやテレビ事業への進出など、事業の多角化に努め、収入の拡大を図っている。しかし、国内外に展開する大規模な取材網を事業収入だけで賄っていくには無理があり、政府がかなりの財政的な支援をしているとみていい。ただし、新華社の収支状況や政府からの補助金の額については分からないところが少なくない。ただ、中国政府がネットで公表している「新華通訊2012年部門予算安排情況説明」に

よると、同年の「公共予算収入」が50億0889万3200元（約751億円）で、このうち事業収入が63.82％、政府からの給付金が33.69％となっている。

支局展開

新華社は中国国営通信社として首都北京に本社を置き、31の省・直轄市・自治区と中国人民解放軍内に支社を持ち、大連、寧波、温州、厦門、青島、深圳、宜昌、黄山、延安、桂林、珠海、ウルムチなどの主要な地方都市に支局を開設。台湾にも記者を派遣している。

また、新華社は海外の取材網の拡充に努めており、香港にアジア・太平洋総局、エジプトのカイロに中東総局、

新華社本社社屋（筆者提供）

メキシコ市にラテンアメリカ総局、ケニアのナイロビにアフリカ総局、ベルギーのブリュッセルに欧州総局、ニューヨークに北米総局、ロシアのモスクワに亜欧総局を構え、約100カ国・地域に支局を持っている。この中で注目すべきは新華社が中東やアフリカ地域に特に力を入れ、中東の18カ国、アフリカの19カ国に総局や支局を展開していることだ。中国共産党・政府が、第三世界のリーダーとして、資源豊かで発展途上の中東・アフリカ地域との関係強化を狙っていることと関係しているとみてよかろう。新華社のホームページによると、総局や支局を置いている都市や国・地域は次ページの表の通り。

ニュース・サービス

新華社のニュース・サービスは多岐に及んでおり、メディア、政府機関、企業などに対する文字による記事の配信、写真や図表、音声や映像などの

新華社が支局を置いている国や地域

【アジア・太平洋地域】　香港、マカオ、バングラデシュ、日本、韓国、ベトナム、ニュージーランド、マレーシア、ネパール、カンボジア、アフガニスタン、オーストラリア、スリランカ、フィリピン、タイ、北朝鮮、モンゴル、インド、シンガポール、インドネシア、パキスタン、ミャンマー
【欧亜地域】　ベルギー、ロシア、カザフスタン、フランス、ドイツ、セルビア、ハンガリー、チェコ、フィンランド、アルバニア、ルーマニア、ポーランド、ウクライナ、ラトビア、ポルトガル、英国、イタリア、スペイン、スウェーデン、スイス、ブルガリア、オーストリア、ギリシャ
【中東地域】　エジプト、イスラエル、チュニジア、イエメン、キプロス、サウジアラビア、モロッコ、クウェート、スーダン、パレスチナ、イラン、シリア、レバノン、イラク、ヨルダン、トルコ、アルジェリア、アラブ首長国連邦
【米州地域】　米国、国連本部、メキシコ、コスタリカ、カナダ、キューバ、コロンビア、ブラジル、チリ、ニカラグア、エクアドル、ペルー、ベネズエラ、ウルグアイ、パナマ、アルゼンチン
【アフリカ地域】　ケニア、コートジボワール、コンゴ共和国、セネガル、タンザニア、ジンバブエ、ザンビア、ウガンダ、ナイジェリア、ガボン、アンゴラ、トーゴ、コンゴ民主共和国、モザンビーク、カメルーン、ケニア、マダガスカル、南アフリカ、エチオピア

提供、政府や企業のためのウェブサイトの構築や維持、ニュースサイト「新華網」の運営、携帯電話など情報端末への短文ニュースの提供、衛星やネットを使ったテレビ放送などを行っている。

　従来からの文字による記事の配信は24時間体制で行われており、党や政府の方針・政策、国内外の政治、経済、軍事、外交、文化などの記事を次々に送り出している。1日当たりの配信数は、新華社ホームページによると、600本近い。一般ニュースサービスだけでなく、スポーツ、生活情報、財政経済、社会文化などに特化したニュースサービスもある。また、新華社は、国内最大の写真提供サービス企業として、1日当たり約700枚、年間で約20万枚の写真（原版）を提供しているという。

　新華社が運営するニュース専門テレビ局「CNC」は、衛星やネットを使って海外の視聴者に対して中国の視点に立った国際ニュース、国際的視点に立った中国国内のニュースを提供している。チャンネルは2つで、

CNC中文台が中国語、CNCワールドが英語。スタートしたのは2010年1月1日で、同年7月1日からは英語による放送も始まった。

　新華社はさらに、従来から一般読者向けの新聞や雑誌の発行にも力を入れており、中国で最大の発行部数（1日当たり約300万部）を誇る日刊紙「参考消息」を持っている。欧米や日本の通信社と決定的に違うところだ。「参考消息」は1931年に創刊された幹部向けのタブロイド版の新聞で、海外メディアの報道などを中国語に翻訳して掲載してきた。しかし、70年代末から始まった改革開放後、一般の人たちも読めるようになり、新聞スタンドで買うことができるようになった。新華社が発行している新聞や雑誌は、「参考消息」以外に、経済専門紙「経済参考報」「中国証券報」「上海証券報」や時事問題週刊誌「瞭望」、経済専門週刊誌「財経国家周刊」などがあり、その数は20種類以上という。

　新華社はこのほか、党や政府の指導者・幹部に対して情報を提供している。その一つが「参考資料」で、一般的に「大参考」と呼ばれているＡ４判の冊子だ。この中には一般の新聞や雑誌では許されない政治や経済などの記事、海外のニュースや論評、党や政府内部での指導者・幹部の発言、資料などが掲載されており、専ら党や政府、軍の指導者や高級幹部に配布され、「秘密」扱い。冊子にはその旨が印刷されており、読後は回収されて廃棄されることになっている。「内参副頁」は国内で緊急の重大な政治事件が起きたときなどに刊行され、「絶密」扱い。閲覧は党総書記、政治局常務員、国家主席、全国人民代表大会常務委員長、首相、全国政治協商会議主席、中央軍事委員会主席、中国規律検査委員会書記などに限られているといわれる。また、日刊の「内参清様」には、国内の重大事件や党や政府指導者の指示などが掲載されているといわれる。こちらも「絶密」扱いだそうだが、「内参副頁」に比べ、より多くの指導者・幹部に配布されているという。新華社はこれ以外にも、こうした内部向け刊行物の内容の一部を選別・掲載した「内参選編」を週1回刊行しているそうで、地方の基層レベルの幹部に送っているという。

将来展望

　新華社外事局は2016年9月、ネット時代のビジネスモデルの変化と展望などについての質問に対して文書で回答を寄せた。それによると、新華社はインターネット時代のニュースが文字や写真、映像、オーディオ、アニメ・漫画などさまざまな形式を取る融合的なものになると考えており、こうしたメディア情報の多様化の中で、新しい情報伝達の方法や技術を発展させ、市場競争力を高めていく方針だという。

　また、同社は15年から16年にかけて、専用回線のアップグレードを行うとともに、編集プロセスをネット上で完結させるデジタル化と合理化の取り組みを行ったという。記者は、オンライン上でリアルタイムにニュースを取材・編集・発信し、モバイル・ネットワーク上のニュースに対するニーズに対応していくことになるという。新華社のインターネット時代のデジタル対応の一つは、こうした原稿送出システムの改革であるようだ。

　「新華網」についても、「ニュースを身近に」のスローガンの下、コンテンツの改革が進んでいるという。先端技術を取り込んだ映像配信の例としてVR/AR映像の提供が挙げられており、内モンゴル自治区の広大な草原などをディスプレーから360度を見渡せるVR映像はなかなかの迫力である。ドローンによる映像配信などでも成果を上げているという。

　新華網はまた、「データニュース部」を設立し、毎年1000件以上のデータニュースも発信しているという。ビッグデータの活用も進めており、人口知能（AI）分野のメディアへの応用も模索しているそうだ。

　新華社はさらに、モバイルSNS業務の展開にも力を入れており、「新華視点」の「微博」公式ファン数は2300万人を上回っているという。新華社が目指すものは「全ネットを網羅する"インターネット通信社"の建設」ということであるようだ。

　海外メディア戦略では、中国国内では用いられていないとされるプラットフォームでも、ニュース発信を行っている。「New China」という統一アカウントによる多言語・マルチプラットフォームの情報発信で、ツイッ

ターやフェイスブック、YouTube を経由して、記事や写真などが配信されている。これらのニュース配信では19言語が用いられているとされ、世界のユーザーに直接ニュース送信している。こうしたニュースは１日平均900本に上り、2040万人以上の購読者がいるという。

日本との関係

　新華社は日本では東京と大阪の２カ所に支局を置き、同社特派員が日本の政治、経済、外交、社会、文化、スポーツなどさまざまな記事や写真を中国・北京の本社に送っている。新華社東京支局は週刊誌「瞭望」の東京支局も兼ねている。中国人スタッフは十数人、大阪支局は１人とみられる。また、新華社は共同通信社や時事通信社などと協力関係を持っており、記事や写真、映像の交換なども行っている。一方、日本への記事や写真の配信は、東京華僑会館内に本社を置く株式会社中国通信社を通して行われており、同社が翻訳して日本のメディアなどに配信している。

　さらに、新華社のニュースサイト「新華網」が2010年12月、日本語版サービスを開始した。現在、日本語版の新華網では年間平均５万4000本以上のニュースを提供しており、その文字数は年間平均300万字を超えるという。また、新華社は15年３月から日本のSNSであるLINE、ツイッター、フェイスブックなどのプラットフォームで日本語のアカウントを開設。１週間当たりの平均出稿数は300本以上、ファンの数は合計40万人に近づいており、中日交流を進めるための重要な橋梁になっているという。

〔日吉昭彦・信太謙三〕

8．朝鮮半島の通信社
　　（聯合ニュース、朝鮮中央通信）

(1) 聯合ニュース（韓国）

　旧社名「聯合通信」。英文名称 Yonhap News Agency、略称 Yonhap。韓国最大の通信社で「ニュース通信振興に関する法律」（ニュース通信法[注1]）によって定められた「国家基幹ニュース通信社」。経営形態は「半官半民」。

歴　史

　1945年8月15日、日本の敗戦によって植民地支配から解放された朝鮮半島には数多くの通信社が誕生した。このうち、同盟通信社京城支社にいた朝鮮人の記者やスタッフが中心になって同支社の施設や機材を引き継ぐ形で同月17日に「解放通信」が発足、紆余曲折を経て同年12月に「合同通信」として設立された。朝鮮戦争（50年6月～53年7月）さなかの52年4月には「東洋通信」が誕生した。80年12月、全斗煥政権が推進した言論統廃合[注2]によって「合同通信」と「東洋通信」の二大通信社を軸に「時事通信」「経済通信」「産業通信」を統合して「聯合通信」が設立された。「聯合通信」は株式会社で、資本金13億ウォンのうち合同通信と東洋通信が24.5％ずつ計49％を、全新聞社と全放送局が25.5％ずつ計51％を出資する形態でスタートした[注3]。

　ソウル五輪開催の88年、日本大使館前にある現在の本社所在地に社屋を竣工。93年9月には「聯合テレビニュース」（YTN）を設立してテレビ事

業に進出した。YTNは95年3月、「韓国版CNN」を目指し、ケーブルテレビを通じて韓国初の24時間ニュース放送を開始したが、その後、資金調達が困難となったため、98年に保有株式を売却してYTNを手放した[注4]。一方で、98年にはイン

聯合ニュース本社（聯合ニュース提供）

ターネットを通じたニュース・サービスなどに本格的に乗り出した。「聯合通信」という社名が社業の実態にそぐわなくなったとして、同年12月、「聯合ニュース」に社名変更し、ネット時代に向けた総合情報サービス業へと大きくかじを切った。同社は98年を「第2の創業」「聯合ニュース元年」と位置付けている。

　99年1月、北朝鮮情報専門の内外通信を吸収合併、2002年12月には北朝鮮の朝鮮中央通信と記事・写真の受信契約を締結し、韓国メディアとして初めて北朝鮮に関するニュースや情報を包括的に取り扱う体制を整えた。03年4月にニュース通信法が国会で可決されて8月に発効し[注5]「国家基幹ニュース通信社」[注6]に指定された。05年10月には同法に基づいて法人「ニュース通信振興会」が発足した。11年3月、新たに「聯合ニューステレビ」を設立、YTNと同様のケーブルテレビによる24時間ニュース放送を開局し、再びテレビ事業に参入した。これを機に社屋を現有地で建て替え、13年10月にテレビ局が共に入居する新社屋が竣工した。

現　状

1) 組織、経営形態、収入構造

　株式会社。ニュース通信法によって韓国政府の「国家基幹ニュース通信

社」と定められ、その地位や業務、役員選任方法などの具体的事項は同法に明記されている。同法は「地位および業務」について「聯合ニュース社は国家基幹ニュース通信社として情報主権を守護し、情報格差解消および国民の知る権利充足のための機能を遂行する」（第10条第1項）と明記している。

　資本金13億ウォン。同法に基づいて設立された法人「ニュース通信振興会」が株式の30.77％を保有する大株主で、以下はKBS（韓国放送公社）27.77％、MBC（韓国文化放送）24.73％、中央紙9社11.81％、地方紙9社4.92％の順。KBSとMBCはともに公営放送[注7]。2016年（会計年度は暦年）の予算規模は約1760億ウォン（約176億円）。同法は韓国政府（直接の契約者は文化体育観光相）が同社と購読契約を結ぶことも明記しており、これに基づいて韓国政府は毎年、同社予算の20％強に当たる「購読料」を支払う形で財政負担している。購読契約は2年ごとに更新可能で「購読料」は物価上昇率や経済成長率などを考慮して改定され得る、と同法は定めている（第6条第3項、第19条）。

▷**ニュース通信振興会（KONAC）**

　ニュース通信法に基づいて05年10月24日に発足した法人で、聯合ニュースの株式30.77％を所有する大株主。同法は設立目的について「ニュース通信の振興と公的責任を実現し聯合ニュース社の独立性および公正性を保障するためにニュース通信振興会を設立する」（第23条第1項）と明記。第25条で具体的な業務を定めているが、聯合ニュースに直接関わる事項として①経営監督②代表理事ら役員の推薦③独立性と公的責任④予算および決算の承認ーなどを挙げている。同法によると、役員は理事長1人を含めた理事7人と監事1人（第26条第1項）。理事のうち政府が2人を、国会議長と与野党が1人ずつ計3人を、新聞協会と放送協会が1人ずつ計2人をそれぞれ推薦し、全員を大統領が任命する（同条第2項）。振興会は毎年、聯合ニュースの経営実績評価、予算書と決算書をそれぞれ国会と文化体育観光相に報告することが義務付けられており（第32条の2、第33条）、理事長は必要に応じて国会で報告や答弁をしなければならないと定められてい

る（第27条第3項）。第4代理事長は李文鎬（Lee Moon Ho、元聯合通信専務）15年1月就任。 http://www.konac.or.kr/（韓国語）

2）概　観

社員数800人余、うち記者数計590人。記者のうち約140人が国内の主要都市に置かれた13の取材本部、20の支局で取材している。海外は25カ国・地域の主要33都市に計約60人の特派員・通信員を配置している。いずれも韓国メディア最多。1日に作成するニュースコンテンツ量は写真やグラフィックス、映像を含めて計3000本以上に上る。これらコンテンツを契約しているのは韓国内で約180メディア、約120のポータルサイトなどのニューメディア、約210の官庁や地方自治体、約250の民間企業。海外では71カ国・地域の通信社85社と提携している。内訳は有料契約が10社（AP、ロイター通信、AFP、タス通信、新華社、朝鮮中央通信、DPA、UPI、PA、EPA）、記事交流協定を結んでいるのが共同通信やANSA、IRNAなど66社、アジア太平洋通信社機構（OANA）を通じた間接交流が時事通信など9社。共同通信とは03年11月に協力基本協定を締結し、関係をさらに強化した。

3）編集綱領

「社是」と「倫理憲章」がある。「社是」は創立に当たり、2つの通信社を統合したことから「全社員の心を一つに結べる精神が必要だと考えて」当時の社長が起草、第1回役員会で決定した[注8]。「倫理憲章」は「第2の創業」と位置付ける98年、社員で構成された改革委員会が起草、労使協議会で合意し、社長が全社員の前で発表（宣布）した労使合意の産物である[注9]。

▷**社是（1980年12月19日制定）**[注10]

真実を迅速、正確、自由に報道し、公正な論評を通じて正論の礎石となる。

品位と責任ある社会公器として創意力を尽くし、国家発展と文化暢達に

貢献する。

　国家間のニュース交流を促進し、相互理解を増進して人類福祉の向上に力を尽くす。

▷**聯合ニュース倫理憲章**[注11]

　われわれは言論の自由を実践し独立を守護するにあたって先頭に立ち、民主社会と民族統合の実現に貢献する。

　聯合ニュースは総合ニュース・情報メディアとして、公正で正確なニュースと情報を国内外に迅速に供給し、特定勢力のニュースと情報の独占・歪曲を排撃する。

　われわれは社内民主主義を発展させ、正しく品位ある言論の先導者となる。

　われわれは国民の基本権を擁護し、世界平和と人類の幸福増進に力を尽くす。

【公正な報道】
　—事実と真実に立脚し正確に報道して公正に論評する。
　—個人の名誉・権益・私生活を最大限に尊重する。
　—報道に誤りがあれば是正し反論権を保障する。
　—取材源を最大限に保護する。

【信頼を受ける報道】
　—取材源は公開することを原則とする。ただし、取材源が望んだり、その保護のため不可避と判断される場合は例外とすることができる。
　—取材源の言葉や文章を正確に伝えるよう最善を尽くす。
　—顧客に最上のサービスを提供するよう努力する。

【品位の維持】
　—社の名誉と品位を守るため最善を尽くす。
　—取材報道をはじめとする社の業務に関連して金品や供応を受けない。ただし、社会通念上、やむを得ないと判断される場合は例外とすることができる。
　—取材報道をはじめとする社の業務に関連して可能な限り便宜の提供を

受けない。
　—外部での活動は公益と社の利益に反してはならない。
【行動綱領】
・金品・供応・取材便宜（取材報道をはじめとする社の業務に関連して）
　—現金や小切手はいかなる場合にも受け取らない。
　—現物や商品券・入場券・会員権・陸海空交通の乗車券・宿食券を受け取らない。
　—供応や過大な割引の恩恵を受けない。ただし、やむを得ないと判断される場合は所属長と協議して社会通念に外れない範囲で例外とすることができる。
　—贈り物・供応・便宜を提供することも上記の原則にならう。
・取材など業務資料
　—取材報道をはじめとする社の業務に関連してサンプルや書籍、映像、音声資料などの提供を受けることができる。しかし、使用後は社に帰属させることを原則とする。
・請託
　—社会的に指弾を受け得る、いかなる請託や圧力も行使してはならない。
・情報活用
　—取材報道をはじめとする社の業務に関連して入手したニュースと情報を個人の利益のために利用してはならない。
・倫理委員会
　—倫理憲章実践のため倫理委員会を設置、運営する。
【付則】
　—倫理憲章の具体的実践のため「公正な報道と業務遂行に関する準則」を別途、制定する。
　—倫理憲章と上記準則は社規、団体協約と同一の効力を有する。
　—倫理憲章は宣布した日から発効する。
1998.9.16
　　　　　　　　　　　　　　　　　　　　聯合ニュース役職員一同

第1章　海外の通信社

ニュース・サービス

　ニュース通信法は聯合ニュースの具体的業務として①国などの公共機関、国内外のメディア、企業や個人などを相手にしたニュースデータと画像などの供給②外国の主要な公共機関、メディア、企業、団体に対し、英語または大統領令で定める重要外国語を通じたニュースデータと画像などの供給③大学、公共図書館、非営利社会団体などへのニュースデータと画像などの供給④国際親善、文化交流、在外同胞保護に関連して国が必要とする対外ニュース通信業務⑤災害の発生防止および被害を最小限に抑えるための災害ニュース通信業務—などと定めている（第10条第2項）。

　ニュース・サービスは基本的に同法が定めた国家基幹ニュース通信社としての業務内容を中心に行われており、同法に明記された「情報主権の守護」「情報格差の解消」「国民の知る権利の充足」という公的機能を果たすことを最優先事項としている。同社は、所管官庁である韓国文化体育観光省に登録されている中央日刊紙が2015年末時点で374紙、各市・道（県に相当）に登録されたオンラインメディアが5950に達しており、「メディア間の競争が激化し、中には事実の確認さえせずに根拠のない記事を配信するメディアもあり、読者に混乱をもたらしている」とし、「ニュースが氾濫する中で迅速かつ正確、中立的な報道を行い、韓国言論の方向舵の役割を果たそうと努力している」としている。

　具体的な主要ニュース・サービスとして、国内、国際、外国語、金融情報、北朝鮮および韓民族、写真・グラフィックス・映像、報道資料などを挙げている。

　このうち、外国語ニュースは英語、日本語、中国語、フランス語、スペイン語、アラビア語の6言語で行われ、ネイティブら約60人が制作に従事している。

　同社の外国語ニュースサイトの16年の月間アクセス数は1490万で09年の6倍超という。提携している世界70カ国・地域の通信社83社には英文ニュースレター「Yonhap Weekly Newsletter」を配信している。

もう一つの大きな特徴である北朝鮮ニュースは社内に専門チームを設け、朝鮮中央通信や労働新聞、朝鮮中央テレビなど10以上の北朝鮮メディアを24時間モニターして分析すると同時に、関連研究機関などと協力して北朝鮮専門検索サイト「北韓ポータル」を運営している。また「韓民族センター」、その傘下に在外コリアン関係ニュース専門の「韓民族ニュース部」を置いて関連ニュースを配信、韓民族ポータルサイトを運営して世界韓人連合会や約130の在外コリアンメディアに対し、700万人の在外コリアン向けのニュースを提供している。関連会社の聯合インフォマックスを通じて金融情報サービスも提供している。

　このほか、ニュース通信法は聯合ニュースの「編集権の独立」という条項を設け、このために労使双方からの編集委員で構成される「編集委員会を置くことができる」と明記している（第18条第3項）。

近年の変化と将来への展望

1）概　観

　近年の大きな変化要因はモバイル時代への対応とテレビ事業への参入である。これに対応するため、編集局に「融合ニュースチーム」、編集局外に「コンテンツ総括本部」を置き、文字ニュースや写真、映像を含めたニュースコンテンツを各種デジタルメディアやテレビなど多方面に使用できるようにしている。

　こうしたコンテンツをさまざまなマルチメディア・プラットフォームに提供、特にスマートフォンなどモバイル機器に最適化した映像ニュースフォーマットを制作する一方で、仮想現実（VR）やビッグデータなどの活用スキルも高めているという。韓国での主な事件事故や海外トピックスなどを現場から伝える「現場映像」、聯合ニューステレビのリポートの中から注目を集めそうなニュースを迅速に報じる「字幕映像」、ちょっとした暮らしのヒントや健康・生活情報を伝える「ハウツー」など新たなスタイルのコンテンツを提供している。オンラインニュース分野での国内シェアは18.6％で首位という。

同社は、日本の共同通信や中国の新華社など周辺国の主要通信社と規模的に大きな開きがあるとしながら「国力に見合ったグローバル・ニュース通信社への飛躍を目指している」とし、海外取材網を広げ、外国語ニュースや地域取材網、北朝鮮ニュースなど公的機能を強化して海外の主要通信社と競い合っていく方針だとしている。文化体育観光省傘下機関による16年1月の新聞、テレビ、ラジオ、オンラインニュースなどにおける各メディア系列社の影響力調査で、聯合ニューステレビを含めた聯合ニュース系列の影響力は9.9％となり、KBS系列（17.5％）、朝鮮日報系列（11.1％）に次ぐ3位として評価されたとしている。

2）インタビュー

聯合ニュースの戦略策定責任者を務めるリュ・ヒョンソン未来戦略室長[注12]に聞いた（2016年9月27日インタビュー）。

——今後の戦略は？

通信社が果たすべき役割はまだ多いと思っているが、国内外の状況を見ると、どの国でも新聞・放送が衰退してきており[注13]、通信社もきちんとした戦略を立てないと共に墜落してしまう。今回、テレビ局を開局し、以前にもYTNを開局したが、いずれも今後はテレビの時代になる、という予測に基づいたものだった。しかし、ニュース専門テレビをやってみると予想以上に厳しい。テレビ局と協力してウィンウィン（Win&Win）の戦略でいくが、聯合ニュース自体の生存戦略も必要だ。新聞・放送の時代が過ぎてモバイル中心の時代が到来したとみており、モバイル中心に新技術を導入しようと努力している。例えば、18年平昌冬季五輪で国内公式通信社に指定されているが、これを機会に

インタビューに答えるリュ・ヒョンソン未来戦略室長（筆者撮影）

新しい跳躍をしようとしている。文字テキストと写真だけで構成された通信社のコンテンツでは限界があると感じているからだ。新しい技術、トレンドに合わせてコンテンツを向上させていくことだけが、新聞・放送が墜落する中で通信社が生き残っていける方法だと思っている。

——中期的にはどうか？

結局、メディア環境の中で生き残るためにはテレビでなく、モバイルとインターネットしかない。韓国の地上波三大ネット（KBS、MBC、SBS）注14)は16年上半期、軒並み赤字だったが、ポータルサイトのネイバーは三大ネットを合わせたより、はるかに多くの広告収入を得ている。韓国でのネイバーの市場占有率は70％以上で、大部分のニュースがネイバーを通じて消費されている。ネイバーと協力して成果を上げようとする一方、別のモバイル・トラフィックを使って収益を得ようとしている。

——しかし、広告収入全体のパイが増えなければ負担になるのでは？

それは新聞・放送も皆同じ。公正な競争を通じてパイを育てていくしかない。ただ、わが社の長所を最大限生かして成長を試みようと思う。記者が600人近くいるが、みな速報に慣れているし、記事を書くこともできる。これまでは新聞用に記事を書くだけだったが、モバイル時代に合わせようと努めている。その努力をモバイル時代の新技術の流れに合わせて、新しい作品をつくろうと思っている。

——通信社であることが経営拡大につながるということか？

そうだ。通信社だからこそ生き残ることができる。メディアの変化が激しくなればなるほど、プラットフォームが多様化すればするほど、コンテンツ生産基地としての通信社の役割は大きくなっていくのではないか。

——聯合ニューステレビや国内の他の通信社注15)との関係は？

聯合ニューステレビの視聴率は0.7％〜1％未満。他の新聞社や放送局からの収入も下がる傾向だが、わが社の新聞社・放送局からの収入への依存度は10〜12％程度にすぎない。ITを活用して新しいマーケットを開拓しなければならないが、政府から財政補助を受けているという構造上、ネットメディアにコンテンツを供給できる活路は開かれている。国内の他通

信社については記者の能力や数から心配していない。むしろ、フェイスブックなど世界のSNSが大きなライバルだと思っている。
　——公的役割を基盤にして今後の戦略を立てているということか？
　その通り。わが社だけが持つ公的役割を守りながら、メディア環境の変化に対応していけると思っている。公的機能を強化して自らの役割を果たしていくしかない。全ての新しい流れに乗ることはできないが、通信社本来の伝統的な役割や公的役割を遂行しながら、メディア界の重要な流れに合わせていこうということだ。

日本との関係

1）概　観

　歴史的、文化的に極めて密接で複雑な関係の日韓両国のメディアにとって、互いの国は避けて通ることのできない取材対象であり、重要な取材テーマである。聯合ニュースも同様で、1980年の創立当初から東京支社を設置して取材活動を展開している。前身の東洋通信は54年、合同通信は63年から東京に特派員を派遣した。
　聯合ニュースの崔利洛（チェ・イラク）東京支社長によると、社内で東京支社および日本関連ニュースが占める比重は米国に次ぎ、中国と並んで2番目という。以前は米国、日本、中国の順だったが、中国の経済力が国際社会で大きな影響力を持つようになって中国関連の記事が急速に増えたという。「しかし、韓中関係に劣らず韓日関係は重要で、敏感な部分も多いことから、東京支社の重要性は北京支社に劣らない」と崔支社長。東京支社は設置当初から特派員2人体制だったが、韓流ブーム、慰安婦問題や竹島（韓国名・独島）問題などニュースの需要が格段に増えたため2013年2月から3人に増員。14年3月には日本人通信員1人を採用、計4人体制となった。他の韓国メディアと同様、若手記者が日本に研修生として派遣され、日本語などを学んだ後、特派員として赴任するケースがほとんどである。東京支社は共同通信社の本社ビルに入居している。

2）報道方針

　崔支社長は聯合ニュースの日本関連報道について、次のように述べた（2016年10月28日インタビュー）。

　「韓日関係に関するニュースを最重視している。両政府の関係、両国での主な選挙に伴う韓日関係の変化の有無、慰安婦問題を中心とする過去の歴史問題、独島問題など韓国で主要ニュースとして報道される事項は非常に多い。安倍晋三首相が目指す憲法改正の行方、日本の保守化現象や嫌韓行為なども主な取材対象で、日本政界の動きや経済状況、福祉対策など政府の主要政策も関心事だ。特に憲法9条改正の有無が最大の関心事で、全ての韓国メディア、そして韓国政府や政界が注視している。併せて安倍首相の任期延長問題、天皇の生前退位問題など重大ニュースも多く、アベノミクスの行方にも関心を持っている」

　「こうしたニュースを取材・報道するに当たって最も気を遣っているのは、公正性を維持しなければならない、という点だ。聯合ニュースの報道の方向性によって他の韓国メディアも相当の影響を受けるだけに、センセーショナルで刺激的な見出しや内容を避け、最大限に中立的で、真実を伝えることを中心に報道している」

本社住所：大韓民国SEOUL特別市鍾路区栗谷路2-25（〒110-140）
代表理事社長（CEO）：朴魯晃（Park No Hwang）2015年3月就任
1980年12月19日創立
http://www.yonhapnews.co.kr/（韓国語）
http://japanese.yonhapnews.co.kr/（日本語）
http://english.yonhapnews.co.kr/（英語）
関連会社：聯合ニューステレビ　　　http://www.yonhapnewstv.co.kr/
　　　　　聯合インフォマックス　　http://news.einfomax.co.kr/

⑵　朝鮮中央通信（北朝鮮）[注16]

　北朝鮮の国営通信社。英文名称 Korean Central News Agency、略称 KCNA。北朝鮮は「朝鮮労働党と政府の立場を代弁する国家通信機関」「通信報道の対内外的機能を遂行する共和国（北朝鮮）の有力な報道機関」と位置付けている。北朝鮮の資料によると、記事や写真を無線と有線で海外に配信し、国内には印刷物形式の通信を発行、配布している。外国通信社とは航空便で「対外論説」や報道写真を交換し、国際ニュース資料は外国の通信や新聞、放送の資料に依拠している。国内外の支社局および海外宣伝基地は20カ所以上。コンピューターと衛星通信システムを含む設備を備えている。アジア太平洋通信社機構（OANA）に加盟し、世界数十カ国・地域の通信社と報道交流協定を締結。公式ウェブサイトは朝鮮語のほか英語、日本語、中国語、スペイン語で運営されている。毎年、『朝鮮中央年鑑』を発行している。

　創立当時の名称は「北朝鮮通信社」で、1948年9月の北朝鮮建国後に現在の名称となった。北朝鮮の資料によると「党と政府の立場と見解を代弁する公式的代弁者の機能と国内外情勢をすみやかに掌握し中央と地方の新聞、放送に伝える役割」を遂行。北朝鮮と国際情勢に関する資料を新聞、放送などに提供する「統一的報道資料プロバイダー」としての機能と「大衆を党の路線と政策貫徹に導く宣伝者、組織者的機能、国際舞台で展開される重要な事件に対する朝鮮労働党と政府の立場を内外に明らかにする外交手段としての役割」を担っているという。

　北朝鮮と国交のない日本に支社局はないが、在日本朝鮮人総連合会（朝鮮総連）傘下の「朝鮮通信社」（本社：東京、48年10月1日創立）が日本や海外のメディアと契約し、朝鮮中央通信社配信の記事や写真を販売している。
朝鮮通信社 http://www.kcna.co.jp/　（朝鮮語および英語）

本社住所：朝鮮民主主義人民共和国平壌直轄市普通江区域
社長：金昌光（Kim Chang Gwang）
1946年12月5日創立
http://www.kcna.kp/kcna.user.home.retrieveHomeInfoList.kcmsf

[阪堂博之]

注

1) 韓国法制処ウェブサイトに同法全文の最新版（韓国語）が掲載されている。
http://www.law.go.kr/lsSc.do?menuId=0&p1=&subMenu=1&nwYn=1&section=&tabNo=&query=%EB%89%B4%EC%8A%A4%ED%86%B5%EC%8B%A0%20%EC%A7%84%ED%9D%A5%EC%97%90%20%EA%B4%80%ED%95%9C%20%EB%B2%95%EB%A5%A0#undefined
2) 『聯合ニュース25年史』（2006年）は「言論統廃合」について「1980年11月14日、韓国新聞協会と韓国放送協会がそれぞれ臨時大会を開き『健全な言論育成と暢達に関する決議文』を採択して本格化した。もちろん、この時、両協会による自律決議のような形式をとったが、事実は新軍部（全斗煥政権）が作成したシナリオ通り、決議文を採択したにすぎない」と記述し（p.83）、初代社長を務めた金聖鎮の証言も紹介している（p.87）。
3) 同上、p.86
4) 同上、pp.168～174。当時社長だった金栄一は「IMF事態」（アジア金融危機）が起きる直前にYTN株を売却できたことは「不幸中の幸いだった」としながら、困難な中でもYTNを手放さずにいられたなら「マルチメディア時代のシナジー効果を狙えたのではないか、という心残りもないではない」と回顧している（p.176）。現在、聯合ニュースとYTNに資本関係は一切ない。
5) 同法は09年4月、大幅な改正案が国会で可決された。
6) 00年9月～03年5月に社長を務めた金樺は、就任当初から「万年赤字体質」脱却のためには政府から補助を受けるAFP通信のような経営形態に変革するしかないと判断、当時の金大中大統領に直訴して「国家基幹通信社」設立を要請した、と明らかにしている（同上、p.226）。
7) KBSは日本の植民地時代、現在のソウルに設置された京城放送局（JODK）を源流とし、韓国の放送法で定められた「国家基幹放送」で、政府が100％出資し受信

料と政府補助金で運営されている。MBCは公益財団である放送文化振興会を大株主とし、経営は広告収入に依存する株式会社形態の公営放送。
8) 同上、p.106
9) 同上、pp.182〜183
10) 同上、p.11
11) 同上、p.450
12) 未来戦略室はメディア戦略、経営戦略、グローバル戦略、開発戦略などを担当している社長直属の組織。
13) 例えば『2015新聞産業実態調査』(韓国言論振興財団、16年) によると、朝鮮日報、中央日報、東亜日報の三大紙を含む全国総合紙11紙の14年の売上高は前年比2.85％減、当期利益は同24.62％減で、同財団は「売上高や当期利益のすう勢から総合的に判断すると、全国総合日刊紙の成長性は停滞ないし下落局面で、安定性も多少脅かされている完熟市場」としている (p.182)。
14) 地上波三大ネットのうちSBSは民営放送。
15) いずれも民営の「ニューシス」(Newsis、01年創立) や「ニュース1」(News1、11年創立) など。
16) 『朝鮮大百科事典』電子版 (平壌・科学百科事典出版社、2012年) 朝鮮語

【主要参考文献】
(1) 『聯合ニュース25年史』(聯合ニュース社、2006年) 韓国語
(2) 『聯合ニュース広報冊子』(聯合ニュース社、2016年) 韓国語
(3) 聯合ニュースのウェブサイト (韓国語、日本語)
(4) 『朝鮮大百科事典』電子版 (平壌・科学百科事典出版社、2012年) 朝鮮語

◎ソウル特派員の序列

西澤　豊（元時事通信ソウル特派員）

ソウルに赴任したのはパルパル五輪（1988年）の翌年だった。韓国はアジアで2番目の五輪開催国となり、先進国への明かりが見えてきた時分である。時事通信と提携関係にある韓国紙・中央日報の幹部にあいさつした際、「ソウル特派員は御社の中で何番目ですか」と、思わぬ質問を受けた。「そうですねぇ。ワシント

1989年、韓国の盧泰愚大統領にあいさつする筆者

ン、モスクワ、北京はニュースも多いですし……」と私。「では4番目？」との二の矢に、「ええ、まあ」とその場を取り繕った。

あとから思えば「もちろん一番ですよ。私が来たんですから」とジョークで切り返していたら、大爆笑で大いに受けたかもしれない。それはともかく、いきなり特派員の序列を聞いてくるメンタリティーに韓国らしさを感じたものだ。

だが、日本では外国に序列がないかといえば、そうでもない。例えば、外務省が霞クラブ加盟社と結ぶ「外務省人事の報道申し合わせ」。大使人事のうち韓国、中国、米国、ロシア、ドイツ、英国、フランスは別格で報道協定の対象外だ。赴任国による序列である。大使と特派員の違いはあるが、あながち韓国人の感覚がおかしいとも言えない。

とかく韓国は「反日」でくくられるが、これほど日本に思いを抱いている国はないのではないかと思うことがある。日本の目線が絶えず気になるのだ。ただ、最近は日本の低迷と韓国の国力アップで、日本への思いは昔ほどではなくなった。中国への"浮気"はその一つだろう。

私が時事通信の社長に就任した時、「中央日報のオ（呉）です。おめでとうございます」と電話をくれたのは、現在同紙の東京総局長・呉栄煥さんである。洪錫炫会長からは蘭の生花が届いた。この情の厚さはほかの任地国にはなかなかないのではないか。

調べたわけではないが、ソウル特派員経験者で主要メディアの社長になったのは私が初めてだと思う。中央日報の人たちが喜んでくれた裏には、そんな含意があったのかもしれない。

9．アラブ世界の通信社

情報覇権と通信社

　アラブ世界は、アラビア語を公用語として定め、アラブ連盟に加盟する22カ国（パレスチナを含む）が広がる地域である[注1]。その大部分は、もともとオスマン帝国の領土であったが、帝国の解体とともに欧米列強によって切り分けられて現在のアラブ諸国へと至っている。

　こうした歴史的な経緯によって、どの国も欧米諸国と密接な関係があり、その影響は今日まで続いている。19世紀半ば以降、アラブ諸国のほとんどは欧米の植民地とされるか、あるいは従属的立場に置かれるようになった。

図1　アラブ連盟加盟国

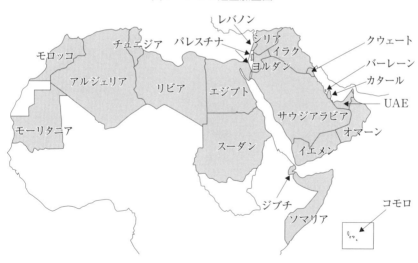

出典：筆者作成

英国とフランスは、アラブ諸国における政治経済的な優位性を維持し、さらにそれを補強するために通信社を通じて同地域の情報流通を支配した。

1859年、英国のロイター通信、フランスのアバス通信、ドイツのウォルフは、3社の競争緩和と情報流通をめぐる分割協定・相互不可侵協定を締結し、その後も数度にわたり契約を更新した。この協定に基づいて66年にはエジプトにロイターの支局が設けられ、同様にシリア、レバノン、マグリブ（北アフリカに位置するアラブ諸国）にはアバスの支局が設けられた[注2]。一方、アラブ諸国が独自の通信社を設けるのは、20世紀半ば以降のことであり、アラブにおける情報流通は約1世紀にわたって欧米の通信社の支配下に置かれ続けた。

それ故、アラブの通信社の歴史は欧米の情報覇権からの脱却の試みであり、独立国家建設の歩みにほかならなかった。ただし、こうした歴史的経緯がアラブの通信社を日本や欧米の通信社とは違ったものにした。新たに誕生したアラブ諸国は短期間で国家建設を行わなければならず、国民統合や経済成長を政治的自由の実現よりも優先させる開発独裁の国々となった。各国政府は、それまであった通信社を国営に変えるか、あるいは最初から国営の通信社を設けるなどして、情報の一元管理を試みた。アラブ世界は政治的自由が限定された権威主義の国々が大部分を占めており、いずれの国でも民間メディアへの規制が強く、レバノン、パレスチナ、リビアなどを除くと、多くの国では1つの国に1つの通信社があるのみである。

本節は、20世紀半ば以降に現れるアラブ世界の通信社の歴史をひもとくとともに、とりわけ1990年代以降の多メディア化や多チャンネル化といったメディア状況の変化に対して、アラブの通信社がいかなる対応をとろうとしているのかを検討する。やや結論を先取りすれば、多くの通信社はそうした変化に対応を試みてはいるものの、劇的な状況変化に十分に対応しきれていない。アルジャジーラのような衛星放送局が現れ、さらにインターネットの登場と普及が進む中で、多くの通信社は存在意義を問われている。また、2010年末以来の「アラブの春」と呼ばれる大規模な政治変動が生じた際の通信社の役割について、幾つかの事例を挙げながら検討する。

第1章 海外の通信社

国家の独立と通信社の設立

　アラブ諸国における通信社の歴史は、当時英国とエジプトとの共同統治下に置かれていたスーダンにおける1940年代の通信社設立の試みへとさかのぼる[注3]。ただし、現在まで継続しているアラブ諸国の通信社としては、エジプトの中東通信社（Middle East News Agency）が最も古い。エジプトは23年に英国から独立を果たしたが、それから30年近く英国の影響下に置かれ続けた。52年、青年将校を中心とする自由将校団のクーデターにより王政が廃されると、翌年にはエジプト共和国が成立し、新たな体制の下で英国の影響力排除が進められた。中東通信社の設立は、英国の情報覇権からの脱却を狙ってのものであった。
　56年2月、エジプト政府が一部を出資する形で、半官半民の中東通信社

現在の中東通信社（カイロ、2016年8月23日、筆者撮影）

が設立された。中東通信社は当初ガリ版印刷のニュース速報を配布していたが、同年4月以降になると電信を用いたサービスを開始した。なおこの年、革命後の権力闘争を経てナセルがエジプトの第2代大統領へと就任した。彼はその圧倒的な民衆支持を背景に、国内改革を次々と進めた。同時に、政敵や批判の声を封じ込めるためにメディアへの統制を強めた。60年、ナセルは国内の主要メディアを国営化し、さらに国内のジャーナリストを公務員化した。中東通信社もこの時に大手出版社とともに国営化され、情報省の指導下に置かれた。これ以降、中東通信社はエジプトの国家権力へと深く取り込まれることになった。

　エジプトを皮切りに、他のアラブ諸国でも次々と通信社が立ち上げられた。例えば、エジプトに次いで早かったのが、モロッコにおける通信社の設立である。59年、モロッコ人のジャーナリストであるマフディー・ベンヌーナを中心に、民間通信社のマグリブ・アラブ通信社（Maghreb Arab Presse）が設立された。当初マグリブ・アラブ通信社は、モロッコのみならずアルジェリア、チュニジア、リビアといった、いわゆるマグリブ（北アフリカのアラブ諸国）4カ国を対象とした地域情報サービスの提供と情報共有を主な目的に掲げたトランスナショナル志向の通信社であった。ただし、そうした建前とは裏腹に、実際には設立当初からモロッコ王室との関係が深いなど、モロッコの通信社としての性格が強かったようである。結局、中東通信社と同様に、マグリブ・アラブ通信社も74年に国営化されて現在へと至っている。

　エジプトやモロッコのケースは、すでにあった通信社が後に国営化されたものであったが、アルジェリアでは独立闘争の最中にチュニジアでつくられた通信社が、独立後にアルジェリアに移されて正式に国営通信社となった。ただし、全体としては最初から国営通信社として出発したものの方が圧倒的に多かった。例えば、イラク、チュニジア、リビア、シリア、レバノン、ヨルダン、イエメンといった国々では建国（あるいは独立）後に、国家が主導する形で国営通信社が設立された。また70年代に入ると、アラビア半島に位置する国々が相次いで英国から独立を果たしたが、これらの

国々でも建国後ほどなくして国営通信社が設けられた。こうして、70年代の終わりごろまでには各国の通信社が出そろった。

通信社設立をめぐるポリティクス

　わずか20年ほどの短期間に全てのアラブ諸国が自前の通信社を設立するに至った背景には、単に独立国家としての矜持(きょうじ)を示すという以上に、アラブ域内の対立構造や、それに伴う各国の政治事情が深く絡んでいた。

　当時のアラブ世界ではアラブ民族主義を支持する共和派と、それに反対する王党派の国々の間で政治的緊張が高まっていた。特に共和派の中心であったエジプトは、もともとアラブの文化的中心であったことに加えて、ナセルの大統領就任以降、メディア（とりわけラジオ）を通じた盛んな対外宣伝政策をとるようになっており、他国の脅威となっていた。さらにこの時期にはイラクやシリアをはじめとする王政の国々でクーデターが起こり、次々と共和制国家が誕生した。とはいえ、新生の共和制国家には対立の火種がくすぶっており、またそうした亀裂につけこんだ他国による内政干渉の危険性が常に存在していた。そのため、革命後の政治的基盤が不安定な国々では新政府が国内の統一を図ることを目的に、情報の一元管理を試みる必要があり、通信社もそうした要請からつくられた。

　一方、モロッコを除くと、王政の国々では通信社の設立が遅かった。アラブ民族主義の巨大なうねりは、王政の国々にとっての脅威となっていた。しかし、いずれの国でもエジプトに対抗するだけの十分な数のジャーナリストや新聞社などが存在しなかった。1970年代以降、湾岸諸国は天然資源を活用し、著しい経済発展を遂げることによってアラブ・メディアに大きな影響力を持つようになるが、長らく他国のプロパガンダに対する警戒心が残った。そのことが、遅れて登場した湾岸の国々が建国後に早々に通信社を設けた理由であったと考えられる。このように、わずか20年ほどの間に、アラブ諸国の通信社が全て出そろったことの背景には、近隣諸国から発せられるプロパガンダへの対抗や、国家建設の過程で国民統合・情報統制の要請が存在していたことがあった。

各国の通信社の規模と活動

　それでは、こうしてつくられた各国の通信社は、どの程度の規模でいかなる活動を行っていたのか。国連教育科学文化機関（ユネスコ）の区分に従えば、既存の通信社は大きく国内通信社、国際通信社、専門通信社に大別される。国際通信社は、現在ではロイター（2007年以降はトムソン・ロイター）、米国のAP、フランスのAFPなどに限られており、またアラブ諸国には専門通信社と呼べるような通信社も見当たらない。そのため、アラブの通信社は全て国内通信社に区分される。

　ただし、国内通信社と一口に言ってもその規模はさまざまであり、それぞれの情報収集能力も大きく異なっていた。例えば、次ページの表1は1970年代末のアラブ諸国の主要通信社の記者数および海外支局数を記したものである。記者数については、500人の記者を抱える中東通信社を筆頭に、イラク通信社（Iraq News Agency）、アルジェリア通信社（Algeria Press Service）、スーダン通信社（Sudan News Agency）、チュニジア・アフリカ通信社（Tunis Afrique Presse）が100人を超える記者を抱えていた。一方で、ヨルダン通信社（Jordan News Agency）やパレスチナ通信社（Palestine News Agency）、首長国通信社（Emirates News Agency）などの記者数は50人未満であり、小規模であった。

　また、海外支局数については、中東通信社が海外に35の支局を展開していたのに対して、それ以外の通信社は支局数が全て7支局以下であった。国外事情については、相変わらず欧米の通信社や、あるいは非同盟諸国通信社機構（Non-Aligned News Agencies Pool）へと加盟することで情報を得ていた。アラブ諸国の通信社の大部分は、国外において取材網を発達させるよりも、むしろ国内での取材活動や、政府の発表を基にしたニュースの提供などをその活動の中心に据えていたことが分かる。

　その後、エジプトの中東通信社などは組織規模を縮小したが、経済発展を遂げた湾岸諸国の通信社は逆に規模を拡大している。例えば、クウェート通信社（Kuwait News Agency）は、設立当初は75人の職員を有するにす

第1章　海外の通信社

表1　アラブ諸国の主要通信社

設立年	国名	政体	通信社名	略称	記者数	海外支局数
1956年	エジプト	共和制	中東通信社	MENA	500人	35支局
59年	モロッコ	君主制	マグリブ・アラブ通信社	MAP	80人	7支局
59年	イラク	共和制	イラク通信社	INA	236人	6支局
61年	チュニジア	共和制	チュニジア・アフリカ通信社	TAP	110人	3支局
61年	アルジェリア	共和制	アルジェリア通信社	APS	180人	4支局
64年	リビア	共和制	ジャマーヒーリーヤ通信社	JANA	50人	7支局
65年	シリア	共和制	シリア・アラブ通信社	SANA	n.a.	5支局
66年	レバノン	共和制	レバノン通信社	LNA	100人	n.a.
68年	南イエメン	共和制	アデン通信社	ANA	6人	n.a.
69年	ヨルダン	君主制	ヨルダン通信社/ペトラ	PETRA	44人	n.a.
71年	スーダン	共和制	スーダン通信社	SUNA	113人	n.a.
71年	サウジアラビア	君主制	サウジ通信社	SPA	n.a.	6支局
71年	北イエメン	共和制	サバ通信社	SABA	n.a.	n.a.
72年	パレスチナ	―	パレスチナ通信社	WAFA	28人	5支局
75年	カタール	君主制	カタール通信社	QNA	n.a.	n.a.
75年	オマーン	君主制	オマーン通信社	ONA	n.a.	n.a.
76年	バーレーン	君主制	バーレーン通信社	BNA	n.a.	n.a.
76年	UAE	君主制	首長国通信社	WAM	26人	n.a.
79年	クウェート	君主制	クウェート通信社	KUNA	n.a.	n.a.

注：名称・記者数・海外支局数は1979年時点でのものである。
出典：関連資料や各通信社のウェブサイトをもとに筆者作成。

ぎなかったが、99年までにその数を365人まで増やすなど拡大を遂げた[注4]。ただし、いずれの通信社もその活動の軸足を国内に置いているという点で、従来から活動の在り方は一貫している。

地域通信社とその問題点

　アラブ諸国における通信社を考えるとき、異なる2つの形態の通信社を考える必要がある。1つは、ここまでに論じた各国の通信社であり、もう1つは国同士が協力して設立・運営を担った地域通信社である。特に、1950年代以降のアラブ諸国には各国に分断されたアラブ民族の統一を掲げるアラブ民族主義のうねりが生じており、さらに70年代以降になるとイスラム復興の影響からイスラム諸国間の連携・連帯を模索する動きが生じた。こうしたトランスナショナルな思想は、単に理念の次元にとどまらず、現実にさまざまな国家間組織を生み出した。特に通信社に限定した場合、次の2つが重要である。

　第1に、74年に立ち上げられたアラブ通信社連盟（Federation of Arab News Agencies）である。アラブ電気通信連合（The Arab Telecommunication Union、53年設立）やアラブ郵便連合（The Arab Postal Union、54年設立）、アラブ諸国放送連合（Arab State Broadcasting Union、69年設立）などとともに、アラブ諸国のトランスナショナルな情報通信組織の一つに数えられる。第2に、72年にイスラム諸国機構（Organization of the Islamic Conference、2011年よりイスラム協力機構へと名称を変更）の下部組織として国際イスラム通信社（The International Islamic News Agency）が設立された。国際イスラム通信社はイスラム諸国放送機構（Islamic States Broadcasting Organization、75年設立）とともに、イスラム諸国の連帯・連携強化や情報共有を目的として設立された。アラブ通信社連盟と違って東南アジアや南アジアなども含むイスラム諸国に広く開かれたものであったが、本部がサウジアラビアへと置かれたことからアラブの政治事情が深く反映された。

　これらの組織は、通信社間でのニュースの交換や搬送手段の共同利用、外国特派員の合同使用、ジャーナリストの訓練・研修などを行うことで相互の連帯・連携を強化すること、またそれにより情報発信力を強化することで、欧米の情報寡占に風穴を開けることが大きな目標として掲げられて

いた。しかし、アラブ通信社連盟や国際イスラム通信社は、いずれも十分な役割を果たしてきたとは言い難い。例えば、アラブ通信社連盟については、60年代半ばに設立の構想が持たれてから10年近く計画が進まなかった。また、74年に設立されてからは、毎年総会が開催されてはいたが、情報の国際発信という観点からすれば当初想定されていたような成果は上げられなかった。一方、国際イスラム通信社についても、72年に設置されたものの、結局2000年代に入るまでほとんど活動が行われなかった。01年の米国同時多発テロ以降に急速に高まったイスラモフォビア（イスラムやイスラム教徒に対する憎悪や嫌悪感）への危機感から、06年のイスラム諸国外相会議では、国際イスラム通信社の「再生」の必要性が説かれた。それに伴って国際イスラム通信社の活動が再開されたが、その存在感はいまひとつと言えよう[注5]。

　それでは地域通信社の試みは、なぜ十分にその役割を果たすことができなかったのか。大きく４つの理由を指摘できる。第１に、イニシアチブをめぐる内部対立の問題である。いずれの組織も、エジプトやサウジアラビアといった大国による主導権争いの場と化したことで、組織としての足並みがそろわなかった。第２に、内部検閲の問題である。例えば、国際イスラム通信社の本部が置かれたサウジアラビアは言論の自由が極めて制限されており、そうした状況の下では活動自体が多くの制約を伴った。第３に、これらの組織は国家間の友好・協力関係をつくりだすという目的を掲げており、各国がそれぞれをけん制したこともあってジャーナリズム機関が持つべきとされる批判精神に欠けていた。故に、いずれの組織もプロパガンダ機関のイメージを払拭できなかった。第４に、一部の産油国を除くと、多くの参加国は財政難にあえいでおり、運営を行うに当たっての十分な資金調達がかなわなかった。

変化の波

　1970年代から80年代の初頭にかけての国際社会では、途上国と先進国間の情報格差が問題視されていた。特に、国連やユネスコでは問題解決に向

けた調査団が結成され、それぞれの年次総会では侃々諤々(かんかんがくがく)の議論が行われた。是正案としては、各国の通信社の機能強化や連携強化、さらに欧米の通信社やジャーナリズム機関による支援の必要性が説かれた。だが90年代以降になると、衛星放送やインターネットなどの新たなメディアの登場によって、通信社をめぐる枠組み自体が変化した。ここではそうしたメディア状況の変化を見ていきたい。

　90年代以降のアラブ世界では、衛星放送の普及とともに政府の情報統制が急速に立ち行かなくなった。むろんそれ以前から英国のBBCやフランスのラジオ・モンテカルロによるアラビア語ラジオ放送などが存在していたことで、アラブ世界でも政府の情報統制が十分には及ばない「自由」な情報の流れはあった。しかし、90年代以降になると、欧州に拠点を置いたアラブの移民たちが衛星技術を活用し、アラブ人によるアラブ人のためのアラビア語の番組を開始した。そして、そうした番組が人々の支持を集めるようになった。さらに、96年に開始されたカタールの放送局アルジャジーラなどは、暴露ジャーナリズムともいえる手法で、従来の国営/政府系メディアがひた隠しにしてきたような事実を次々と報じた。それによって、国営/政府系メディアの信頼性はかつてないほどに揺らいだ。また、アルジャジーラは、その情報を国際社会へと発信することに成功した。このことは、アラブの国営通信社が協力し合っても長年なし得なかった国際社会への情報発信が、ただの一局によって可能になったことを示すとともに、アラブの通信社の無能さを限りなく露呈させた。

　インターネットの登場は、衛星放送によってもたらされた状況に、一層拍車を掛けるものとなった。インターネットの登場とともに、ジャーナリズム活動の幅が大きく広がった。従来であれば、アラブ諸国で活動を行う既存のジャーナリズムは、すべからく政府の許可を得なくてはいけなかった。しかし、インターネット時代になると、一般の市民がブログやウェブサイトを立ち上げるなど市民ジャーナリズムが生まれた。このような状況に直面したアラブの政府は、ネット上の検閲を行い、さらにブログやウェブサイトを一部認可制にするなどして情報統制を貫徹しようとした。しか

し、インターネット上の全ての活動を監視・監督することは困難であり、市民ジャーナリズムの活性化とともに、国営/政府系のメディアが報じないさまざまな事実が明るみに出た。そのような流れの中で、国営/政府系メディアの役割自体に批判の声が投げ掛けられるようになった。

通信社の変化

それでは、こうした状況の変化に対して、アラブの通信社はいかなる対応を試みているのか。まず、民営化の要求や運営の効率化を求める声の高まりに対しては、通信社の位置付けが見直されたり、一部のサービスが有料化されたりするなどの対応が取られた。例えば、ヨルダン通信社の場合、2001年の同国における情報省の廃止を受けて、04年には法令によって通信社の位置付けがそれまでの「国営」から「独立組織」へと変更された。またそれに伴い、従来であれば全て無償での提供が義務付けられていたサービスが一部有償化された[注6]。さらに予算の使途がインターネット上に公開されるなど、アカウンタビリティー（説明責任）の向上に向けた取り組みも見られる。中東通信社なども、近年では自社のウェブサイト上に、「単なるニュース・サービスを提供することから、収益化事業への転換を目指す」[注7]と明記するようになっている。

また、いずれの通信社も、衛星技術やインターネットといった新たな情報通信技術を積極的に取り入れている。現在ではどの通信社も自社のウェブサイトを開設しているほか、ツイッター、YouTube、フェイスブックなどの複数のプラットフォームを活用した情報発信を行っている。さらにアラブ諸国は携帯電話の普及率が高いことから、携帯・スマートフォン向けのサービスを提供する通信社が増えている。加えて、写真部門や動画部門を新たに設けることで、写真や動画の提供を行うなど多メディア・多チャンネル化への取り組みにも積極的である。

多言語化への取り組みについても触れておく必要があるだろう。いずれの通信社もアラビア語だけでなく、英語やフランス語を含む2～3カ国語での情報配信を行っている。中には4カ国語以上で情報配信を行う通信社

もある。例えば、モロッコのマグリブ・アラブ通信社は5言語（アラビア語・英語・フランス語・スペイン語・アマジグ語）に対応しており、サウジ通信社（Saudi Press Agency）などは6言語（アラビア語・英語・フランス語・ペルシャ語・ロシア語・中国語）に対応している。シリア・アラブ通信社（Syria Arab News Agency）に至っては、7言語（アラビア語・英語・フランス語・トルコ語・スペイン語・ロシア語・ヘブライ語）で情報配信が行われている。もちろん、こうした背景には政治的な事情も絡んでいるといえようが、多言語化への取り組みという観点からは特筆すべきことである。

このほか2000年代以降になると、若手ジャーナリストの養成を目的としたトレーニング・センターを開設する通信社が増えている。中東通信社では07年に自社のジャーナリストだけでなく、ジャーナリスト志望の大学生も受講可能なトレーニング・センターを開設しており、ニュース制作や翻訳に関する講義が提供されている[注8]。同様の試みは、オマーン通信社（Oman News Agency）やマグリブ・アラブ通信社、ヨルダン通信社といった他の通信社でも行われている。こうした取り組みは、若手ジャーナリストや技術者を早くから養成し、有能な人材を囲い込むことを目的としたものである。

立ち遅れるアラブの通信社

アラブの通信社は、新たなメディア状況に対応すべくさまざまな試みを行っている。とはいえ、1990年代以降に次々と現れた民間メディアに対抗するだけの十分な競争力を持っているとは言い難い。ここでは大きく3つの問題を指摘したい。

第1に、資金的な問題である。多くの通信社は衛星やインターネットといった新たな情報通信技術を積極的に取り入れようとはしているが、一部の産油国の通信社を除いては、最新機器を購入するだけの資金的余裕がない。また、産油国の通信社にしても規模が限られており、情報収集力や発信力の点で大手のメディアに比べると見劣りがする。そもそも現在では、通信社自体の役割が低下している。カタールを例に取るならば、政府はア

ルジャジーラのような放送局へと予算を重点的に配分しており、通信社の活動にはそれほど大きな比重が置かれていない。3000人の職員と世界中に65の支局を展開するアルジャジーラと比べると、カタール通信社（Qatar News Agency）の規模はその10分の1程度である。

　第2に、組織の肥大化と非効率性の問題である。収入の大部分が国からの補助金によって賄われているため、その実質的な活動内容に比べて過剰な職員を抱えた通信社が多く、組織として非効率であると指摘されている[注9]。にもかかわらず、大規模な人員削減が行われる様子は見られない。アラブ通信社連盟は、組織効率の改善や技術支援を目的に掲げて専門家を各国の通信社へと派遣している[注10]。しかし、アラブ通信社連盟自体が各国の通信社から構成された組織であるために、強制力を持ち合わせていない。

　第3に、信頼性の問題である。いずれの通信社も政府の「官報」としての性格が強く、自国の政治について批判的なニュースを報じることが少ない。また一部の通信社で行われている「独立組織」化や民営化への取り組みについても、それがどれだけ実質的な国家権力からの独立を意味しているかは疑わしい。収支を公表している通信社は皆無であり、運営費の大部分が国の補助金によって賄われていると見られている。そのため、政府からの圧力を受けやすい構造が依然として続いている。90年代以降の民間メディアの台頭や、自由な情報環境が到来する中で、批判的視点を欠いた通信社への需要は限られている。

「アラブの春」と通信社

　2011年1月、20年以上にわたって続いてきたチュニジアのベン・アリ政権が民衆デモによってあっけなく崩壊すると、それに続いてエジプト、リビア、イエメンでも長期独裁政権が次々と倒れた。ヨルダンやモロッコでは内閣の交代が行われ、さらにシリアでは出口の見えない内戦が続いている。通称「アラブの春」と呼ばれるこの大規模な政治変動の波はアラブ世界に広く及んだ。ここまでに論じてきたように、アラブの通信社はさまざ

まな問題を抱えながらも変化を遂げている。しかし、それがあくまで表層的な変化であることは、「アラブの春」における通信社の役割を検討してみるとより明らかになる。特に政治的な基盤が揺らいだ国々では、通信社がいまだ政治権力の「官報」的役割を果たしていることが改めて浮き彫りとなった。以下ではシリア、リビア、エジプトでの事例を検討したい。

11年2月、「アラブの春」の余波がシリアへと及んだ。当初は地方都市でのデモが中心であったが、そこに他国が介入したことによって混乱が拡大し、アサド政権と反政府諸勢力との間で泥沼の内戦が生じた。シリアの内戦は同時に激しい情報戦でもあった。例えば、反政府諸勢力のメディアだけでなく、アルジャジーラやライバル局のアルアラビーヤなどもアサド政権の蛮行を激しく非難したが、それはシリアと反目するカタールやサウジアラビアといったそれぞれのパトロンたちの意向を反映したものであった。これらのメディアは、民間人被害者の数を過剰に見積もるなど、アサド政権にとっての不都合な報道を繰り返し行ったとされている。一方で、シリア・アラブ通信社はアサド政権寄りの報道を行い、今なお一貫して政権側の動向や意図を読み解く上での重要な媒体として機能している。

リビアでも11年2月以降にカダフィ政権と、リビア国民評議会を中心とする反政府諸勢力との間で戦闘が発生したが、その際にジャマーヒーリーヤ通信社（Jamahiriya Arab News Agency）もカダフィ政権側の動向を伝える媒体として機能した。11年10月にカダフィ政権が崩壊し、リビア国民評議会がリビア全土を掌握するに及んでジャマーヒーリーヤ通信社は取りつぶされた。そして、その後継として新たにリビア通信社（Libyan News Agency）が創設された。しかし、その後諸勢力が入り乱れる内戦が発生すると、各勢力は自らの見解を伝えるためにさまざまなメディアを立ち上げた。リビア通信社は、現在は大統領評議会の影響下に置かれる一方で、それに反目する勢力がそれぞれのメディアを設立したことから、リビアでもシリアと同様の激しいプロパガンダ合戦が展開されている。そうした中で、リビア通信社は大統領評議会の広報的役割を果たしている。

同様のことはエジプトについても当てはまる。エジプトでは11年2月に、

実に30年にわたって続いたムバラク体制が崩壊し、その後には政治社会的な混乱が生じた。12年には革命後の自由選挙を経て、ムスリム同胞団を支持基盤とするムハンマド・モルシが大統領に就任した。しかし、モルシは国内の立て直しに失敗し、さらに露骨な同胞団員優遇政策を行ったことなどから、翌年7月には軍によるクーデターで政権を追われた。これによって、エジプトではモルシ派と反モルシ派の間で国内が二分し、政治社会上の大きな混乱が生じた。このとき、アルジャジーラやムスリム同胞団が所有するメディアなどは軍の蛮行を非難し、クーデター後の政権を批判し続けた。一方で、中東通信社は軍の支持を受けて発足した暫定政権や、その後誕生したシシ政権寄りの報道に徹した。

アラブ世界の通信社の行方

　アラブ世界の国営通信社には、2つの異なる役割が期待されてきた。一方ではジャーナリズム組織としての役割が期待されてきたのであり、他方ではその設立以来、欧米の情報覇権からの脱却や国民統合といったいわば国家的大義に資することが期待されてきた。ただし権威主義の国が多いため、国家的大義はしばしば支配体制の利益を意味していたと言えるだろう。

　1980年代までのアラブ世界では、権威主義的な政府の下で民間メディアが認められていない場合も多く、また存在していても政府による情報統制を受けていた。そうした理由もあって、アラブ世界では国営か民間かにかかわらず、メディアの多くは権力の監視機能を十分に持ち合わせてはいなかった。しかし、90年代以降の多メディア・多チャンネル化の進展や民間メディアの急増によって、権力の批判機能を持ったメディアが次々と現れるようになるにつれて、ジャーナリズム組織としての通信社の役割が改めて問われるようになった。

　こうした状況に直面し、アラブの通信社はさまざまな改革に着手し始めた。ある中東通信社の幹部は筆者とのインタビューに応じた際、「近年のメディア状況の変化に対して、サービスを多様化するなどして人々のニーズへ応えることが重要だと認識している」[注11]と述べたが、こうした改革

の必要性はアラブ世界の通信社で広く唱えられている。各通信社は「独立組織」化や商業化への前向きな姿勢を示し、また新たな情報通信技術の活用や多言語化への対応などを進めることで、自らの存在意義を積極的に示そうとしている。しかしながら、今日のアラブの通信社を取り巻く状況は決して好ましいとは言えない。いずれの通信社も、急速に変わりゆくメディア状況に十分に対応しきれておらず、大手の民間メディアと比べてみると競争力を持ち合わせていないことは明らかである。また、「アラブの春」における通信社の役割を検討した場合、そうした変化は表層的なものであって、本来のもう一つの機能であった国家的大義——すなわち既存の体制の持続と安定——への寄与というその役割自体に大きな変更が生じていないことが改めて浮き彫りとなった。本節ではシリア、リビア、エジプトの通信社を検討したが、それ以外の国々の通信社も事情は同様である。ジャーナリズム機関としての十分な役割を果たし得ない中で、通信社に対する人々のまなざしはますます厳しいものになるだろう。

　ただし、アラブの通信社の役割が全てなくなってしまったと結論付けるのも早計である。特に「アラブの春」を経た幾つかの国々では、国内の政治社会構造が極めて不安定となった。そうした国々において、国営通信社が果たし得る国民統合の機能を全く見過ごすこともできないだろう。また、近年のメディアが乱立する状況の下では、国営通信社の報道自体が既存の政府が一体いかなる政策をとろうとしているのかを知る上での重要な媒体となっている。「アラブの春」を経た現在もなお、アラブ諸国の大部分は権威主義的な政府から成っている。そのためアラブの国営通信社が民間メディアに敗れてすぐさま消え去るものとは考えにくい。従って、アラブの通信社は高まる批判に対して一方では改革の姿勢を見せつつ、他方では支配体制の持続へ寄与すべく、その活動を継続していくものと考えられるのである。

[千葉悠志]

第 1 章　海外の通信社

注

1) ただし、現在シリアが政治的な理由からアラブ連盟の資格を停止されている。
2) Noha Mellor. 2005. The Making of Arab News. Lanham: Rowman & Littlefield Publishers, p. 37-38.
3) William A. Rugh. 1987. The Arab Press: News Media and Political Process in the Arab World. Syracuse and New York: Syracuse University Press, p. 141.
4) クウェート通信社ウェブサイト（http://www.kuna.net.kw/Default.aspx?language=ar）より。
5) マグリブ・アラブ通信社ウェブサイト（http://www.map.ma/ar/）より。
6) ヨルダン通信社ウェブサイト（http://www.petra.gov.jo/）より。
7) 中東通信社のウェブサイト（https://www.mena.org.eg/）より。
8) 2016年 8 月23日、中東通信社での聞き取り調査より。
9) Oliver Boyd-Barrett. 2001. Final Report of the Workshop on News Agencies in the Era of the Internet. Paris: UNESCO, p. 22.
10) 同上，p. 23.
11) 2016年 8 月23日、中東通信社での聞き取り調査より。

10. アジア・太平洋地域のその他の通信社

(1) PTI通信社

　インド最大の通信社PTI（Press Trust of India）は同国の新聞社の共同組合方式で運営されている独立・非営利の通信社。インド国内のほぼ全ての地域や小さな町までもカバーしている。

　PTIは1949年にAssociated Press of India（API）と英ロイター通信のインド子会社が合併して成立した。同年2月からボンベイ（現ムンバイ）に本社を置いて活動を開始、「インドの自由で公正な報道活動の構築に貢献していることに誇りを持っている」とPTIのウェブサイトは述べている。

　10年、インド最初の報道機関と呼ばれるAPIが発足。19年、ロイターがAPIの活動を引き継いだが、APIのクレジットを継続使用。45年、ロイターが所有するインドの民間会社としてAPIが登録された。47年8月、マドラス（現チェンナイ）でPTIが設立される。49年2月1日PTIがAPIの活動を引き継いでニュースサービスを開始したが、ロイターとの関係を維持。53年PTIがロイターから独立、自由な報道組織としてニュース活動を開始。76年に経済サービス、86年にテレビサービスPTI-TVを開始。翌年10月、写真サービスを始めた。93年8月グラフィックサービスを開始。99年3月PTI創立50周年記念式典でラズダンCEOは「インドは1947年8月に独立したが、インドの独立したニュースと情報は49年にPTIが生まれて初めて実現した」と述べた。99年、インターネットサービスが開始された。

第1章　海外の通信社

組織と現状

　非営利で運営されており、広告収入はない。現在約500社の購読契約者からの購読料収入で全ての経費を賄っている。

　インド全域を報道するため963人の記者が取材に当たっている。ニュースのカテゴリーとしては、全国ニュース、国際ニュース、運動、ビジネス、法律、娯楽、写真、グラフィックスなどがある。

　インド国内の主要な新聞マスメディア、専門的な報道機関、研究機関、企業や政府組織、非政府機関など、約500の契約者に向けて毎日2000本以上の記事と200枚の写真をインド全土に配信している。PTIのウェブサイトによると、現在のインドのニュース市場の90％を占めるニュースサービスを提供している。言語は英語とヒンディー語。

　インド国外では100社以上の報道機関と情報交換を行っている。AP通信、フランス通信、ニューヨーク・タイムズやブルームバーグなど。主要なインド国内の加盟新聞社には、ザ・ヒンズー（The Hindu）、タイムズ・オブ・インディア（Times of India）、インディアン・エクスプレス（Indian Express）、ヒンドゥスタン・タイムズ、ステイツマン、トリビューン、全インドラジオなどがある。

　海外支局はバンコク、北京、コロンボ、ドバイ、イスラマバード、クアラルンプール、モスクワ、ニューヨークとワシントンD.C.に置かれている。

　2003年9月、ニュースや写真のインターネット配信を本格化、現在、ウェブサイトやポータルのオンラインのユニークユーザー（特定ページを訪問した人）数は月間約4000万人。

　マルチメディアではビデオ動画サービスを近く開始する予定。ソーシャルメディアのサービスを開始しており、PTIのツイッターアカウントは100万人以上のフォロワーがいる。フェイスブックのアカウントの利用者数は50万人以上。モバイル携帯電話向けのニュースサービスも数年前から実施している。

編集方針は「自由で公正、不偏不党の方針をいつも維持する」。

編集主幹・最高経営責任者（CEO）は、長期にわたって編集のトップを務めてきた M. K. ラズダン編集主幹（M.K.Razdan、Editor-in-Chief and CEO）が16年9月に退任、後任にベンキ・ベンカシュ氏（Venky Venkatesh）が就任した。

将来の展望としては、インド国内のメディアや海外の国際的なニュース組織との関係を拡大し、ウェブサイトのコンテンツをさらに生き生きとしたものにして顧客へのサービスを充実させる。ソーシャルメディア上でのPTIのプレゼンスの拡大を図るなどが挙げられている。

⑵ イスラム共和国通信社（IRNA、イラン）

イスラム共和国通信社（IRNA、The Islamic Republic News Agency）はイランの国営通信社。イラン全国のニュースを配信するため、同国外務省によって1934年に国営パルス通信（PARS NEWS AGENCY）として設立される。79年のイスラム革命後、81年に PARS NEWS AGENCY から現在の名称に変更された。アジア太平洋通信社連盟（OANA）の会長社や理事社になるなどイスラム世界からの国際情報発信を強化している。近年のインターネット、デジタル化の進展にも対応して、スマートフォン向けのサービスなども拡充している。

設立後6年間、国内外のニュースを発信するために外務省の監督下で活動、当時 PARS Agency（パルス通信）と呼ばれ、フランス語とペルシャ語で1日2回、ニュース速報を発行、政府当局者や、テヘランの国際的な報道機関や地元の新聞に購読された。40年5月、政府組織に The General Propaganda Department（一般宣伝部）が設立され、パルス通信は同組織の一部となった。54年には国際的なラジオ放送に乗り出し、国際的な報道組織の情報をペルシャ語に翻訳して利用、加盟社に提供するなど専門的なニュースサービスの強化に取り組んだ。63年に設立された情報省の下で、

名称も PARS NEWS AGENCY に変更された。

　79年のイスラム革命後、革命協議会は同年6月、情報・観光省が国家指導省に名前を変更。その下で、パルス通信は81年12月、イスラム共和国通信社に名称変更した。

組織と現状

　IRNA は、イラン政府から予算を得ている国営の全国的な報道機関で、広告からの収入には依存していない。IRNA の専門的活動はイラン・イスラム共和国の利益確保を目的とし、国内のさまざまなテレックス回線やさまざまな出版物を通じてニュース、速報、調査活動、世論調査や一般に関心の高い出来事なども含め、多様なニュース記事を、当局や国民向けに提供している。また24時間、オンラインでの外国語でのニュース発信と写真の配信を行っている。

　社長：モハマド・ホダディ（Managing Director：Mohammad Khodadi）

　住所：1943、Vali Asr Ave.、Teheran, Iran

　IRNA は約1200人のスタッフを抱え、国内には約70の支局、海外では30の支局を展開している。そのウェブサイト（http://www.irna.ir/en/）は無料で、誰もが IRNA のニュースを使える。全てのメディアや新聞は IRNA のニュースを使用することができる。

　テキストニュース、画像サービス、ビデオ映像素材、Android アプリケーション、iOS アプリケーション、ソーシャルメディア、インフォグラフィックス、動画を活用したグラフィックスなども展開している。またマルチメディアコンテンツにも力を入れており、ニュース、ニュース映像をインターネット上の掲示板や、ソーシャルメディア・サービスで提供、音声ニュース、調査分析も行っている。IRNA は、モバイル向けのニュース配信を強化し、将来、スマートフォン向けにあらゆるニュースを生成し提供していく計画だ。

　英語、スペイン語、アラビア語、ウルドゥー語、ロシア語、トルコ語の6つの言語でニュースを発信。近い将来、フランス語とドイツ語でのニュ

ース発信も予定している。

　日本との関係では、共同通信社とニュース記事、写真の相互提供協定を結んでいる。

⑶　国営ベトナム通信社（VNA）

　国営ベトナム通信社（Vietnam News Agency）は「党と国家の信頼できる戦略的情報センター」を旗印とするベトナム社会主義共和国の公式のニュースプロバイダーである。VNAの公式ウェブサイトは「ベトナムでの唯一のニュース報道機関として、国営VNAは公式情報や党と国家の文書を公開する責任を持ち、党指導部と国家管理のサービスに情報を提供する。さまざまな形でニュースの収集と配信を行い、マスメディア機関や、一般大衆、あらゆる種類の国内外の読者のためにニュースを提供している」としている。

　1945年9月、ホーチミン大統領がハノイのバーディン広場でベトナムの独立を宣言した際に、ベトナム語、英語、フランス語で、VNTTX（ベトナム語で Viet Nam Thong Tan Xa）、VNA（Vietnam News Agency）およびAVI（Agence Vietnamimen D'Information）のタイトルで、新しい独立ベトナムの誕生を世界に知らせた。VNAはベトナムに設立された最初の報道機関である。

　また南ベトナム民族解放戦線と南ベトナム共和国臨時革命政府の公式報道機関 The Liberation News Agency（LNA）が60年10月12日に設立され、75年のベトナム南北統一後VNTTXと合併した。77年5月12日、ベトナム社会主義共和国の国会常任委員会がベトナムで唯一の報道機関として新たにTTXVN（英語名はVNA）に名称を変更した。

組織と現状

　VNAは傘下に32の関連組織を持ち、国内外のニュース、外国サービス

のためのニュース、経済ニュースそして報道写真という５つの編集部門がある。ベトナム全土の都市や省に63の支局ネットワークを持ち、５大陸に30の海外支局網を展開、米州ではワシントン、ニューヨーク、ハバナ、オタワなど５支局、欧州ではパリ、ロンドン、ベルリンなど８支局、アジア大洋州では東京、シドニー、北京、ソウル、バンコク、シドニーなど12支局があり、主要な拠点に記者や編集者を置いている。

　スタッフ総数は2500人で、記者や編集者の数は1200人。ニュース速報、写真、テレビ番組、日刊紙、週刊誌、月刊誌、雑誌、画報(ピクトリアル)、書籍、インフォグラフィックス、音声サービス、電子新聞、モバイル・プラットフォームやソーシャルネットワーク上の情報サービスも含め、60種類のメディアプロダクツを展開している。

　VNAの出版報道部門は、10種類のさまざまなニュース報道に関する出版物を発行している。「ニュース新聞」、「スポーツ・文化新聞」、「少数民族・山岳地域向けのピクトリアル（映像入りの新聞）」、月刊誌の「科学技術雑誌」(Science & Technology)、電子新聞の「Vietnam Plus」、「ベトナム画報（Vietnam Pictorial）」、英文の「Vietnam News」、フランス語の「Le Courier du Vietnam」、「ベトナム法律法務フォーラム」、「ベトナム・韓国・タイムズウイークリー」だ。また、テレビ放送チャンネル「VNews」を保有し、５つのニュースサポートセンター、２つの印刷会社、貿易・サービス企業なども傘下に置いている。

　国内外のマスコミのために提供している公式ベトナム語のニュースに加えて、対外発信の外国向けサービスでは、英語、中国語、フランス語、スペイン語に加えて、ラオ語（ラオス）、韓国語、日本語、ロシア語の８カ国語でニュースを印刷物や電子新聞などで配信している。

　VNAはまた、ベトナム国内の11の少数民族の言語でも出版を行っている。

　そのほか「VNAテレビセンター（VNews）」と「データベース・ドキュメント・センター」の２つのニュースソースのセンターがある。

　インターネットコンテンツのサービスも展開、フェイスブックなどのソ

ーシャルメディアでも発信している。

　VNA はアジア太平洋通信社機構（OANA）、非同盟通信社プール（NANAP）および東南アジア諸国連合（ASEAN）加盟国によるニュース交換組織（ANEX）などのメンバーで、日本の共同通信社など40以上の国際的な報道機関との間で、2国間および多国間の協力提携関係を維持している。

　そのウェブサイトは「主要なパートナーに最新の公式の国内および国際ニュースを提供し、国家建設、開発、防衛に貢献、世論を導き、党と国家の戦略的かつ信頼できる情報センターとしての地位を保持する」ことを強調している。（http://vnanet.vn/webdichvu/en-US/29/Default.aspx）

　政府からの収入は VNA の運用予算の約60％を占める。印刷メディアサービスで有料の顧客数は約5万人。その他オンラインでも有料の購読サービスを提供しており、毎月購読料を支払い、記事や写真、さまざまなカテゴリーのニュースコンテンツを視聴できるようになっている。

　社長・党中央委員会メンバー　グエン・ドク・ロイ（General Director, Member of the Party Central Committee　NGUYEN DUC LOI）（2011年9月に就任）

　1990年11月に東京支局を開設。共同通信と自国語・英語記事および写真を無償で交換し電子メールで相手方に送信している。

⑷　ベルナマ通信社（BERNAMA、マレーシア）

　マレーシアの国営通信社で、マレーシア政府の公式報道機関。BERNAMA はマレー語の Berita Nasional Malaysia の略。マレーシア国内の新聞、テレビ、ラジオの報道機関にニュースを配信しているほか、インターネット（Bernama.com）で最新のニュースや分析報道などを行い、モバイル端末へのリアルタイムサービスも展開している。

　1967年のマレーシア議会の決定に基づいて、翌年に設立。マレーシア国

内の新聞、報道機関に対してテキストのニュース記事とスチール写真の配信を行っていたが、98年にベルナマ・テレビ（Bernama TV）のサービスを開始し、ビデオ動画のビジュアルサービスまで拡充した。

組織と現状

　ベルナマ通信社は300人以上の記者や写真ジャーナリストを抱え、マレーシア全土の各州に支局を置き、そのほか、シンガポール、ジャカルタ、バンコク、北京、ニューデリー海外支局に特派員がいる。ワシントン、ロンドン、マニラ、ダッカ、メルボルン、バンクーバーには通信員を置いている。

　社長（General Manager）：ズルケフリ・サレー（Datuk Zulkefli Salleh）
　編集局長：ザカリア・アブド・ワナブ（Datuk Zakaria Abd Wanab）

　マレーシアとシンガポールの主要ニュースメディアはほとんどベルナマ通信社と提携している。新聞やテレビなどのニュースメディアへのサービスのほか、24時間対応のニュースラジオ局やテレビの Bernama News Channel なども運営。リアルタイムの株価情報などのビジネス・データベース・サービスも提供している。

　インターネットを通して、ベルナマ通信のニュースは一般にも直接配信されるようになり、bernama.com はマレー語、英語、中国語、アラビア語、スペイン語でニュースを発信。ベルナマ・ニューズ・ワイヤー（bernama newswire）はリアルタイムで毎日24時間、カスタマイズされたニュースの選択ができるサービスを展開している。

　共同通信社とは無償ニュース交換協定を締結している。

(5)　アンタラ通信（ANTARA、インドネシア）

　アンタラ通信（The National News Agency of ANTARA）はインドネシアの国営通信社。インドネシア国内の多くのメディア組織・企業にニュー

ス報道を提供している。海外のニュースメディアのニュース情報コンテンツの国内配信を許可されている唯一の組織。

インドネシアがまだオランダ王国の植民地として支配下に置かれていた1937年12月、オランダが所有する通信社アネタ・ニュース（Aneta News）の現地ローカル報道がないことに反発した独立を目指す活動家の4人のジャーナリストを中心に設立された。42年の太平洋戦争で日本軍のインドネシア侵攻後、アンタラは同盟通信社に吸収されて、日本軍政下で活動。インドネシア独立を目指す情報活動も展開、日本の敗戦後、同盟通信の施設を管理下に置いた。

インドネシア独立後も民間の通信社として活動したが、62年にスカルノ大統領が国家建設推進のため、アンタラを国営通信社（ナショナル・ニューズ・エージェンシー）とすることを定め、政府の政策推進のための報道機関となった。90年代の政治改革の動きの中で、報道の自由を求める機運が高まり、98年スハルト政権の崩壊後、独立した報道組織を目指す動きの中で2007年、大統領の直接管理を離れ、国営企業の所有する報道組織として情報通信省の下に再編された。2012年12月に設立75周年を祝った。

組織と現状

2016年現在、記者・編集者の数は577人、国内32支局と、クアラルンプール、北京の支局で取材報道活動を行っている。ジャカルタ・ポストなどが報じたところによると、00年現在、ニュース配信を受けているインドネシア国内の新聞やニュース報道組織は70社。政府からの補助金は1987〜88年当時はアンタラの営業経費の11％を占めていたといわれるが、00年代に入ってからは減少傾向にあるといわれている。

CEO（最高経営責任者）：メイディヤタマ・スリョディニングラト（Meidyatama Suryodiningrat）（ジャカルタ・ポスト編集局長）、16年1月就任。

アンタラ通信のニュース配信は、テキストニュース記事、写真ニュース、ビデオニュース、マルチメディア・コンテンツに分かれる。

アンタラとニュース契約を結んでいる組織は次の通り。オンラインメディア（50）、印刷メディア（新聞）（150）、テレビ・ラジオ局（100）、海外の通信社・メディア（20）、政府機関（20）、インドネシア大使館（20）、外国大使館（5）、民間企業（30）。

通信社としてのメディア向けのニュース配信のほか、インターネットではアンタラ・ニューズ・ドット・コム（ANTARA NEWS.com）での配信をインドネシア語と英語で積極的に行っており、ニュースポータル全体で38億ページビュー。

またフェイスブックやツイッターなどのソーシャルメディアでもニュースコンテンツの配信をしている。

アンタラ通信の編集綱領（Mission）は「3つのEと1つのN」で「Empowering（権利の行使）、Education（教育）、Enlightening（啓発）とNationalism（ナショナリズム）を発揮し、メディアの中でのバランスの取れた報道を行っていく」こととされている。

今後のアンタラのニュース活動は、中核となるニュース活動のほか、マルチメディア・サービスに多くの焦点を当て、また出版部門、PRワイヤーなどのプレスリリース、イベント部門などが重要。

またデジタル化の進展によるメディア・ビジネス環境の変化に伴い、ソーシャルメディアやモバイル端末向けのモバイルニュースに対応するための編集取材活動の統合を進めている。そのために全ての記者に最新のデジタル機器を配備している。限られた予算の中でこのような急速な技術発展にキャッチアップしていくことが課題だ。

共同通信社との間で無償ニュース交換協定を締結、英語とインドネシア語でのニュース提供を相互に行っている。

⑹　AAP（オーストラリア）

AAP（Australian Associated Press）はオーストラリアの民営の通信社。

1935年創立、シドニーに本社を置く。オーストラリア全域の主要なニュースメディア、新聞に公平で独立した正確なニュースの配信を行っている。AAPのウェブサイトはその使命として「費用対効果の高い、公平で、信頼性の高い、総合的なニュースや情報リソースをオーストラリアのメディアと、民間部門や公共部門に提供すること」を挙げている。

35年にオーストラリア首都圏の新聞に高価だった国際ニュースの配信をシェアするための通信社(ワイヤー)としてキース・マードックによって設立され、その後、ニュース速報をABC（オーストラリア放送）などにも配信した。

組織と現状

オーストラリアの主要ニュースメディア企業3社が所有している。ニューズ・コーポレーション・オーストラリア（News Corp Australia）が45％、フェアファックス・メディア（Fairfax Media）が47％、セブン・ウェスト（Seven West）が8％を所有。

最高経営責任者（CEO）：ブルース・デービッドソン（Bruce Davidson）

編集長（Editor-in-chief）：トニー・ギリーズ（Tony Gillies）

世界に派遣された200人近い記者を含めて約600人のスタッフが、オーストラリアとニュージーランドの新聞ニュースメディアのために、公正で独立した正確なニュース報道を行っている。

ロンドン、ジャカルタ、ロサンゼルス、ポートモレスビーなどに特派員がおり、AP、ロイター、PAなどの国際通信社と提携している。また、米国、欧州、アジア、アフリカの各地域の提携関係を持つメディアからの情報収集も行っている。

オセアニア地域を代表する通信社として、オーストラリアとニュージーランドの主要な新聞、ニュースメディアに対してニュース速報を提供するほか、写真やビデオ動画を含む革新的なマルチメディアのコンテンツサービスを展開、出版、デザインやデータプロダクションなど多彩なメディア・ビジネスを展開している。

写真、フィーチャーニュースなども提供。またモバイル向けのサービス

やウェブサイトのデジタル開発、プレスリリースの配信、メディア分析、メディアトレーニングなどにも力を入れている。

　ニュージーランドでは、New Zealand Newswire が同国内の主要な新聞ニュースメディア向けに独自のニュース配信を行っている。テキストによるニュース速報のほか、写真、ビデオ動画、マルチメディアのサービスも含めて、全国ニュース、ローカルニュース、政治、経済、金融ビジネス、エンターテインメントの各分野で配信している。

　AAP は毎週、4200本の記事を配信、写真も毎週、2万2500枚を配信、インターネットも含めて AAP のニュースコンテンツにアクセスした人の数は週に1143万2500人。プレスリリースの配信を受けた人の数は週に8万9875人に上っている。

　「信頼され、正確で、頼りになる」（Trusted, Accurate, Reliable）が編集のスローガン。ウェブサイトは AAP.com.au。

〔山口　光〕

(7)　中央通訊社（CNA、台湾）

　台湾を代表する通信社。英文名は The Central News Agency。中華民国の「国営通信社」として台湾のメディアにニュースを提供するとともに、台湾の情報を対外発信し、台湾の国際的地位向上に努めている。

　1924年に国民党によって大陸の広州で誕生し、中華民国の国営通信社となり、首都南京に本社が置かれた。しかし、日中戦争の勃発に伴い、本社は漢口や重慶に移転。日本の敗戦で本社は再び南京に戻ったが、国民党が共産党との内戦に敗れると、49年10月、国民党と共に台湾に移り、台北に本社を開設した。73年に株式会社になったが、政府が1000万台湾ドル（約3000万円）を拠出し、96年7月に財団法人の通信社となり、現在に至っている。

組織と現状

　現在の中央通訊社は立法院で採択された「中央通訊社設置条例」に基づいて設立・運営されており、トップである董事長は行政院長がメディアを研究する学者や報道機関出身者などから任命することになっている。

　現董事長の陳国祥氏は政治大学新聞研究所修士の学歴を持つ、日刊紙「聯合報」の記者出身。

　財団法人中央通訊社の年次（中華民国103年度＝2014年）報告書によると、収入の合計は5億1587万6892台湾ドル（約15億円）。このうち3億0058万4000台湾ドル（約9億円）が政府からの補助金とされている。社員数は340人前後とみられ、台湾の内外に約20の支局・事務所を擁している。

　中央通訊社の日本語ニュースサイト「フォーカス台湾」によると、同社の1日当たりのニュースの配信本数は約1600本。台湾と世界のニュースを中国語、日本語、英語、スペイン語で発信している。台湾メディアや海外の中国語メディアなどが主なクライアント。また、同社は海外の国際的な通信社や影響力のあるメディアとの協力関係強化に努めており、トムソン・ロイター、AFP、AP、EPAとの提携関係を維持している。

　日本の共同通信とは12年12月に記事交換を含めた協力に関する覚書に調印している。またトルコのジハン、ポルトガルのLUSA、インドネシアのアンタラ通信などの通信社との間でも協力協定を結んでいる。

　その任務は①内外マスメディアへのサービス②台湾に対する国際的理解の促進③国際的なニュース交流の増進──とされており、同社は、中国の"一つの中国政策"によって孤立を強いられている台湾にとって、重要な国際交流の窓口になっている。

　内外のメディアに対する中国語、英語、日本語、スペイン語でのニュース配信や写真の提供のほか、インターネット時代に対応し、2010年に英語のニュースサイト「Focus Taiwan」を開設。11年には日本語のニュースサイト「フォーカス台湾」をスタートさせた。スマホ向けのサービスも行っている。

[信太謙三]

⑻　アジア太平洋通信社機構（OANA）

　1961年12月、アジア地域諸国の通信社の発展と相互協力の促進を目的に国連教育科学文化機関（ユネスコ）の下で、共同通信社を含む14加盟社で発足。共同は71年に台湾のOANA（The Organization of Asia-Pacific News Agencies）加盟問題で脱退したものの81年に復帰し、91年から94年まで会長社を務めた。2012年11月には東京で理事会が開催されている。16年現在の加盟社数は35カ国、44社。

　年に1回か2回、理事会が開催されるほか、数年に一度の頻度で総会が開催される。最近はロシアのタス通信や資金力豊富な中東地域の国営通信社の活動が活発化している。全体で統一した事業や研究に取り組むというよりは、各社の交流、意見交換の場としての性格が強い。会長社は13年から16年までロシアのイタル・タス通信社。16年11月18日、第16回OANA総会がアゼルバイジャンのバクーで開かれ、19年までの会長社に国営アゼルバイジャン通信（AZERTEC）を選出、アシアン・アスラノフ（Asian Aslanov）社長がOANA新会長となった。

［山口　光］

◎ベトナム戦争の〈最後のサイゴン支局長〉として

佐々木　坦
（元共同通信サイゴン支局長）

サイゴン、1975年1月、南ベトナム政府軍第18師団の従軍取材。空軍ヘリの機中にて

通信社の長い海外特派員生活の中で忘れ難いのは、ベトナム戦争の最終局面、1975年4月30日の南ベトナム共和国の首都サイゴン陥落と親米政権の崩壊、それに続く北ベトナム人民軍の入城と労働党（共産党）の占領行政を、つぶさに目撃することができたことだ。

陥落後の残留西側記者としては、支局ビル全体が軍事管理委員会に丸ごと接収され、殺気立った人民軍兵士に無理やり押しかけ同居を強いられても一言も文句は言えない。完全武装のままジャングルの中から出てきたばかりの人民軍部隊は、硝煙の匂いを漂わせたままだった。

ベトナム人の支局助手や運転手、お手伝いさんたちはもちろん、生まれて初めて生身の共産ゲリラ〈ベトコン〉に接するわけだから、文字通り震えて顔色を失い、自分たちが「アメリカの手先として収容所送りになる」と本気で心配していた。実際、当時のサイゴン人の大量難民・ボートピープル現象が日常的に周りに起きていたのだ。

私は支局長として現地人スタッフ一同7人の身の安全確保もさることながら、サイゴン陥落と同時に本社との通信連絡、送金も一切断たれてしまったので日常生活の回復が急務。市場を駆けずり回り、肉や魚、野菜など朝昼晩の食料調達に明け暮れた。生活資金も底をついてからは支局備品の車、家具、発電機、ラジオ・テレビ、時計などなどを、ヤミ市で売り払うその日暮らし。

最後は、チョロンの華僑の金持ちなどに帰国後支払うとの借用書を一筆書いて、大借金で急場を切り抜けることができたが、まさに窮すれば通じるの一幕。翌年の5月8日、最終的には共産政権に支局閉鎖を命じられ、バンコクへ出国するまで1年余りの波乱万丈ではあった。

第2章 日本の通信社

1. 共同通信社

現況――新聞組合主義の通信社

　一般社団法人共同通信社は全国の有力新聞社とNHKでつくる新聞組合主義の通信社だ。2016年4月現在の社員社（加盟社）は新聞、NHKの56社。理事会長は村田正敏北海道新聞社会長、役員は13年6月に社長に就任した福山正喜社長ら9人、役職員数は1656人で、うち記者は1121人。1945年11月1日の発足時は本社を東京・日比谷の市政会館に置いた。66年1月、虎ノ門に地上9階、地下2階、延べ床面積3万7000平方㍍の本社ビル（共同通信会館）を建設。現在の本社（汐留メディアタワー）は、2003年6月に港区東新橋の汐留地区に完成した。地上34階、地下4階で、アネックスを含めた延べ床面積は約6万6000平方㍍。25階から上部にはパークホテル東京が入っている。

　札幌、仙台、東京、名古屋、大阪、福岡に支社、県庁所在地を中心に45カ所に支局を置いて全国を網羅した取材を展開している。海外では41都市に支局を設置、10カ所に通信員を配置し、06年9月には日本のメディアとして初めて北朝鮮の平壌に支局を開設。その後もヤンゴン（ミャンマー）に支局を置くなど、世界のニュース取材、編集活動を強化している。

　スポーツ記録や経済データを除き、新聞記事換算で1日当たり3万～3万3000行を配信している。声の速報も多用されている。大ニュースを伝えるフラッシュ（チャイム）は15年度で計50本、月平均4本。この他、番外

と呼ばれる通常の速報や出稿案内など、1日当たり300本強が加盟社に声で届けられている。写真は平日で約400枚、グラフィックスは200枚、映像も5〜10本を配信している。

共同は1968年度の「ポンド切り下げ報道」から、97年度の「ペルーの日本大使公邸内撮影」、2013年度の「女子柔道のパワハラ問題」までストレートニュース、企画、写真、動画の編集部門で新聞協会賞を計15件受賞している。中には82年11月、北京支局が発信した「ソ連共産党のブレジネフ書記長が10日夜、死亡した」との大スクープがあり、世界を驚かせた。

加盟社以外にも契約新聞社10社、契約民放局110社、海外日系紙・日本語放送局約35社、外航船舶・漁船約560

東京・港区の汐留メディアタワー
（共同通信提供）

隻、在外公館約200カ所、ニュース交換・契約通信社約50社のほか各国政府、国際機関、各国の在京大使館などにも配信している。日本語だけでなく英語や中国語、ハングルでもニュースを発信しており、アジアに軸足を置く日本を代表する総合国際通信社だ。この他、株式会社共同通信社（KK共同）やデジタル部門、写真販売などを担うグループ会社がある。

発足から基盤整備

1）同盟から共同、時事へ

共同通信社は時事通信社と共に戦前の国策通信社・同盟通信社（同盟）を母体にして発足した。1936年1月に設立された同盟は、数々のスクープを放った。同年2月26日未明に起きた二・二六事件では当局の記事差し止

め命令が出る直前に報じ、このニュースは全世界を駆け巡った。同年12月には上海支社長の松本重治が「蔣介石消息不明」や「張学良の兵乱、蔣介石は軟禁か」などの特ダネを出した。翌年7月、盧溝橋事件も中国側電信局のニュース送信拒否に遭いながら、私設無線機で本社へ打電した。

　同盟通信は発足当時、社員803人、雇員409人の計1212人だったが、終戦時には総数約5000人、通信員、雇員を含めると6000人近くに達していた。日本に関するニュースと主張を栃木県の小山送信所から世界に向けて無線で発信した。発足時はローマ字、英文合わせて1日に3600語だったが、44年の段階でローマ字、仮名文字、英語、フランス語、スペイン語、中国語の5カ国語を合わせ、1日に4万8300語に増加した。戦中を通じて、日本からの対外発信は同盟とNHK海外放送によって行われ、世界に向けた「日本の声」だった。

　初代社長だった岩永裕吉は39年9月に急死し、古野伊之助が社長を継いだ。古野は広島に原爆が投下されると、軍の目を盗んでポツダム宣言受諾の対外放送を強行した。敗戦後、古野は干渉を強める連合国軍総司令部（GHQ）の先手を打って自発的に同盟を解散した。古野は公職追放令が解除された後は時事通信社取締役、共同通信社理事、新聞通信調査会会長などを歴任した。

2）役員総退陣でスタート

　1945年11月1日の共同通信発足時の加盟社は朝日、毎日、読売新聞の全国紙3社を含む新聞60社（11月6日にNHKが加わる）。加盟社へのニュース送信は、同盟時代から一瞬の切れ目なく引き継がれた。同盟から受け継いだのは本社社屋（市政会館内）の過半と全国の支社局、それらを結ぶ同報無線網と専用線、通信機器類と従業員約1000人だった。トップの理事長には中部日本新聞社専務だった伊藤正徳が就任したが、49年7月に辞任した。共同は理事長制を廃止し、伊藤の後任には松方三郎が初代専務理事に昇格した。66年3月に社長制が復活し外務省出身でジャパンタイムズ社長の福島慎太郎が就任した。

同盟は①マスメディア向けニュース②企業、個人向け経済情報や出版③対外宣伝・広報—の3つの機能を持っていた。①は共同②は時事に引き継がれ、国策通信社としての対外宣伝機能は消滅した。両社は互いに相手の業務領域を侵さないとする紳士協定を結んだが協定は破棄され、後にあらゆる分野で競争することになった。

　共同は発足当日にAP通信社と契約したのをはじめ、ロイター、AFPなど主要国際通信社と次々にニュースや写真の購入契約を締結した。このとき結ばれた外電契約は、54年に破棄されたAFPを除いて、現在もほぼそのまま継続されている。

　再出発時の加盟社向け送信手段は、同盟以来の同報無線と専用線による声送りだった。49年に他社に先駆けて開発したテープ式電送システム（通称ヘル）は通信技術革新の第1弾として、優れた機能を発揮し、60年5月の漢字テレタイプ（略称漢テレ）への切り替えまで主力送信手段として活用された。漢テレ体制の完成によって、共同は近代的通信社にふさわしい能率的な送信手段を獲得した。漢テレ導入は、共同を加盟各社の編集部門だけでなく、印刷分野にまで深く結び付け、共同と加盟社の関係をより緊密なものに変えた。

　占領下の日本メディアはGHQに対外発信を禁じられ、許されたのは共同が同盟から引き継いだ在外未帰還者向けのローマ字放送と、船舶向けの仮名文字放送という2つのモールス放送だけだった。対日平和条約発効直後の52年5月、共同は海外向け英文ニュースのモールス放送を開始した。63年4月には日本語、英語による対外サービスを強化し、8月には外務省委託による在外公館向けの英文サービスを始めた。65年1月には英文ニュース（KWS）の国内向けテレプリンター・サービスが始まった。KWSはその後、質量ともに大きく発展、現在では日本国内はもちろん、国際専用線を通じて世界中に配信され、活用されている。

　51年から民間放送のラジオ局が全国で次々に開局、共同は翌年6月、特信局にラジオ通信部を新設して、ラジオサービスに着手した。55年4月にはテレビ放映を開始したラジオ東京TV（現TBS）を皮切りに、テレビ局

向けのサービスも始めた。契約民放局からサービス改善を求める声が強まり、57年9月ラジオ・テレビ局が発足。ラジオ・テレビ専用線は60年8月から11月にかけて開通した。放送サービスを受信する民放局は次第に増えた。

3）3紙脱退

　1952年9月末、共同は創立以来最大の危機を迎えた。朝日、毎日、読売新聞の全国紙3社が、内外信ニュースを自前で賄えるようになったことと、共同負担金の重さに耐えかねることを理由に共同を脱退した。共同総収入の25％を負担していた3社の脱退は、共同と加盟各社に強い衝撃を与えた。共同理事会は新聞組合主義を堅持し、社費収入の減少は各社の負担増と共同の節約で賄う方針を決めた。加盟社の結束と共同の奮起で財政基盤は立て直され、ニュース活動は活発化した。3社の脱退は結果的に加盟社、共同双方の体力を強化する役割を果たした。一方、全国紙3社への対抗意識はいや応なく高まり、その後の全国紙対地方紙の全面競争を通じてさらに強まっていくことになる。

　3社は外信ニュースの面では早速困難に直面した。それぞれ未契約の国際通信社と新規契約を結ぼうとしたが、各通信社はいずれも共同との信義を重んじて、これを拒否した。このため3社は相次いで共同に外信復帰を申し入れ、3社への外信ニュース供給は57年2月から再開された。

4）編集綱領

　共同通信は1958年9月、編集綱領を作った。綱領は労使間の交渉を通じて練り上げられた。民主主義と平和の確立を目指すマスメディアとしての方向性を明確に示し、民主的で自由闊達な社風の確立を目指した。綱領は現在も共同の基本的な編集方針として定着している。2006年4月には編集綱領に加え、報道機関としての使命を果たすために「記者活動の指針」を作った。その中で①取材の基本姿勢②人権とプライバシーの保護③情報の出所明示と取材源の秘匿④取材方法と情報の取り扱い⑤職務倫理—などを

具体的に定めた。

5）船舶に向け PDF 紙面送信

共同が50年以上も続けているユニークなサービスにファクス新聞「共同ニュース」がある。「共同ニュース」の創刊は1964年3月。船舶向けニュース配信業務を開始したのは、さらに40年前の24年7月、同盟の前身である電報通信社の時代だ。当時はモールス信号でニュースを送り、通信士が船舶側で信号を聞き取って文章に書き起こしていた。この業務は共同に引き継がれた。2006年3月から衛星通信システムを使いPDF形式で送信を開始した。インターネット環境が浸透していく中で、高度なシステムの導入が進んでいた外航クルーズ客船「飛鳥Ⅱ」が第1号だった。ウェブ閲覧と違う「縦書き」の紙面は洋上の読者に好評で、メニューは朝刊、夕刊、スポーツ版、サンデー版（経済版）がある。客船向けには東証の主要銘柄の株価を伝える紙面も毎日届けた。受信している外航船舶・漁船は約560隻に及ぶ。

6）システム更新続く

コンピューターで配信管理する第1次システムの運用は1975年5月に始まった。加盟社にきめ細かい個別選別配信が実現、通信速度や精度も大きく向上した。その後、第2次システム、フレンズシステムなどを経て、基幹システムがフレンズからHOPEに替わった。HOPEシステムは新配信方式として国際新聞電気通信評議会が採用しているNewsMLを使用した。この時期に電子編集システムの導入が実現した。93年から徐々に進められ95年10月に電子編集化作業が終了した。当時、職場に配備されたパソコン、

編 集 綱 領

● 共同通信社は、世界の平和と民主主義の確立および人類の幸福を念願して、ニュース活動を行う。

● 共同通信社は、国民が関心を持つ真実のニュースを編集し、これを国内の加盟新聞、ラジオ、テレビに対し、正確敏速に配信する。

● 共同通信社は、日本国民を代表する国際的通信社として、海外の報道機関に対し、内外のニュースを供給する。

● 共同通信社は、これらの使命を遂行し内外の信頼を確保するため、圧迫に屈せず、言論の自由を守る。

ニュースセンターの24時間		
午前	午前3時	◆夕刊用の記事配信がスタート
	午前9時	◆朝の編集会議
	午前10時30分	◆編集局デスク会議
午後	午後2時45分	◆朝刊編集会議
	午後7時50分	◆第2朝刊会議
	午後10時50分	◆第3朝刊会議
午前	午前1時45分	◆平常時は配信終了

ワープロは計1260台に達した。
　ラ・テ局でも電子編集化に合わせ96年4月、従来のラジオ・テレビ専用線を使った放送ニュース配信の仕組みを抜本的に変革する計画がスタートした。「スターネットシステム」で、デジタル電文にした放送記事は、災害にも強い通信衛星回線経由で放送局が受信、専用パソコン端末で画面表示された。声の速報「ラテチャイム」も同じように衛星波を使い、放送局の専用スピーカーに送った。さらに2003年10月、新システム「共同ニュースネット」に移行し、ニュースの相互リンクも可能にした。端末でコンテンツが内容別に分類され、画面も多重化し、便利で見やすくした他、ルビ表示や自動再送などさまざまな機能を備えた。

　配信の中心になっていた整理本部は1993年、編集局ニュースセンター（NC）に衣替えした。共同原稿について「ノー校閲」態勢を取る加盟社が増加したため95年、校閲部が発足した。2000年4月、漢テレ配信の24時間化がスタートした。それまでは選挙、五輪など特別なイベントや大事件・大事故発生時の始動繰り上げを除き、午前2時前後から午前8時まで、配信はストップしていた。対外的な発信業務を担うKWSの24時間配信も実現した。24時間化は国際通信社の柱であり、長年の課題だった。ニューヨーク支局に英文担当デスクを配置、日本時間午前0時から7時までの発信をつなぎ、従来の空白時間帯を埋めた。01年6月1日深夜に発生した「ネパール王室銃撃事件」の特ダネ速報は24時間化の成果で、世界展開をする国際通信社を驚かせた。

変革の10年

1）構造改革

　共同通信は2007年から、多メディア時代に対応するための構造改革に取り組んだ。ニュースセンターに、紙面向けニュースの流れを指揮する「総合関門」と、多メディア発信を総合的に管理する「多メディア総合関門」の２つのポストを設けた。編集作業を複線化し記事、写真、映像、音声などニュース素材の一元的な管理を進めた。編集局は新聞向けサービスだけでなく、加盟社の多メディア展開に対応するための「統合編集局」として衣替えし、NCの体制を大幅に変えた。編集会議は新聞用のメモ（出稿メモ）と多メディア用メモを併せて検討する場に切り替えられ、単に事実の羅列ではなく「読ませる記事」をどう作るか出稿部と共に知恵を絞るなどの改革に取り組んだ。

　写真部、写真調査部、グラフィックス部、映像音声部を一元的に管理するため４部でビジュアル報道センターが発足した。その後ビジュアル報道局に改組した。社内に分散していたデジタル向け配信の担当部署を編集局内に一つにまとめたデジタル編成部が13年４月に総勢約80人で発足した。デジタル業務の効率化を図り、統合編集を進めるのが狙いで、編成部は５チームで構成。共同の記事のネット配信や、公共交通機関などのデジタルサイネージ（電子看板）の編集・配信を手掛けるニュースチーム、共同通信加盟社連合サイト「47NEWS」の編集やスポーツ・エンタメ系コラムなどデジタル向け専用コンテンツの編集を担うアドオンチーム、行政向け有料サイト「47行政ジャーナル」などを編集をするB to B（business to business）チーム、船舶向けニュースを編集・配信する紙面サービスチームなど業務内容は多岐にわたっている。

2）社費体系見直しと法人格移行

　減少傾向にあった日刊紙の発行部数は減り続けた。2010年には23年ぶりに5000万部を割り15年には4424万部に落ち込んだ。新聞社の総売上高は10

第 2 章　日本の通信社

一般社団法人　共同通信社　組織（2016年11月現在）

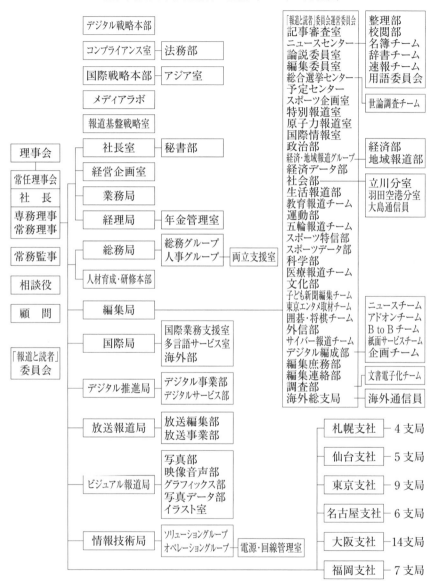

1．共同通信社

社員社一覧（2016年4月現在）

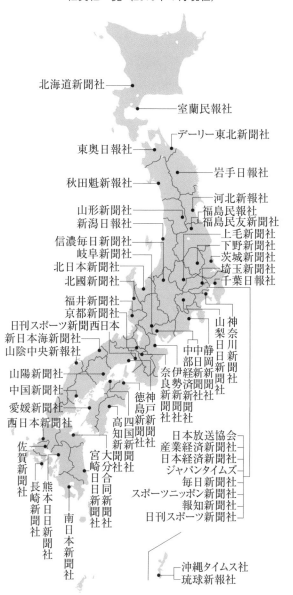

217

年度に2兆円を割り、15年度は1兆7904億円と本格的な冬の時代を迎えた（新聞協会調査）。社団法人組織で収入の約8割を加盟社からの社費に依存する共同も、この影響を真正面から受けた。共同理事会は社費体系の大幅な見直しのため作業部会を設けて議論を重ねた。11年4月から社費に固定部分を導入、紙面用配信記事を使用する電子媒体は社費の対象とした。社費算定は紙の部分の「積数」（定価×部数）に、電子媒体部分の「積数」（定価×会員数）を合算して行うという方法が明確なルールとして示された。

共同は戦前の同盟と同じように民法34条の公益法人として誕生した。しかし1896年の民法制定から第34条の抜本的見直しは行われなかった。政府は2002年3月、公益法人制度を抜本的に改革することを正式に決定した。改革のポイントは、非営利の法人を「税制優遇措置を受ける公益認定法人（従来の公益法人に該当）と、税制優遇措置のない一般非営利法人に分ける」という点だった。この枠組みに沿って法案が策定され、06年5月、国会で成立した。新制度では公益認定法人に移行すると行政による指導監督が従来制度以上に強まるが、一般社団法人へ移行すれば、公益認定法人より柔軟に法人運営ができる。共同理事会は「公権力の関与の度合いが強まるような法人類型は、報道機関である共同通信社になじまない」との理由から「一般非営利法人への移行」とする方針を了承し、10年4月1日、一般社団法人に移行した。

3）毎日再加盟と加盟社との協力

毎日新聞社は同年同日、共同に再加盟した。1952年9月に朝日、読売新聞社と共に脱退して以来、57年ぶりの共同復帰となった。毎日の再加盟は合同航空取材の動きを加速させた。2010年10月から、本社では毎日新聞と、大阪支社では産経新聞とヘリの合同運航が始まった。両社の写真記者が交代でヘリに搭乗し、撮影した写真を共有する仕組みで経費の大幅な節約になった。

東日本大震災が起きた11年3月11日、宮城県名取市を襲う津波を撮影した写真は、合同運航機から毎日記者が撮影し、加盟社はもちろんAPやロ

イターを通じて世界に配信され、この年の新聞協会賞を受賞した。さらに小型ジェット機が12年9月中旬から本格的に運航を開始した。毎日とのヘリによる合同航空取材の拡充が目的。従来のヘリの3倍の速度、5倍の航続距離を持つ小型ジェット機は運航開始直後から、中国公船などによる領海侵入で緊張が高まった尖閣諸島周辺海域での取材で成果を上げた。一方、朝日、読売新聞が12年4月、外信ニュースとスポーツ記録の受信契約を解約した。市況データは両社とも契約を続けた。しかし52年の3紙脱退のような衝撃はなかった。

　共同はデータ配信と並行して、東証1部など共同側で作成した株価欄の「組み版」を画像形式で配信、掲載加盟紙が急増している。東証と大証の統合、東証1部上場企業の大幅増が背景にあり、2部から1部への昇格を中心とした銘柄異動の管理など煩雑だった加盟紙の作業に役立っている。16年3月現在で8割近くの加盟紙に相当する40紙がこの株価欄組み版を掲載している。

　毎日の再加盟と軌を一にして共同は加盟社と連携する動きを強めた。11年3月29日に加盟社記事画像交換システムが本番運用を開始した。加盟社が共同との専用線を使い、紙面用の記事や画像などのコンテンツを交換するためのシステムだ。東日本大震災の発生当日の3月11日、震災被害を受けた山形新聞社が、まだテスト段階だったこのシステムを利用。生き残っていた共同の専用線を使い紙面データを新潟日報社に送信し、印刷を代行してもらった。利用社は16年10月末現在で49社。当初は専用線を介していたが、11年10月からはインターネット経由でも利用できるようになった。

　新聞制作共有システムが13年7月から動きだした。先陣を切る東奥日報社はタブロイド判の小中学生新聞から新システム使用を開始。特集面、地方面、スポーツ面と段階的に切り替え、9月24日付朝刊から完全移行した。16年10月現在、東奥日報社に続き茨城新聞、高知新聞、山陰中央新報、山陽新聞、大分合同新聞の各社で稼働、秋田魁新報など数社が稼働予定だ。

　加盟社と共同通信社が合同で設けた「地域再生大賞」は10年度から始まった。加盟社と共同が都道府県から原則1団体ずつ、計50団体を推薦する。

それぞれの詳報を紙面用に配信し、47NEWSに設けた特設ページで紹介した。5周年を迎えたことを記念して15年夏、これまでに表彰した計250団体をまとめて紹介した本「まちづくりのレシピー地域再生大賞から」を出版した。

4）外国通信社との協力

共同は世界各国の通信社約50社と契約、提携している。APは戦前の新聞聯合時代を含めると約80年の古い協力関係を維持している。新華社とは日中国交正常化以前から協力関係にあり、1955年に日本の主要メディアとしては戦後初の常駐特派員を北京に派遣、事実上の支局を開設した。両社ともトップ同士の交流を含め、関係はさらに強まっている。

ドイツ通信（DPA）は2009年8月から本社間で相互にニュース交換を開始した。共同はDPAの英文ニュースを日本語に翻訳して配信する非独占の権利を獲得、DPAに対して記事を編集参考用に提供した。13年6月にスペイン通信（EFE）との間で、記事交換を柱とする協力協定を日本のメディアとしては初めて締結した。EFEは経済成長著しい中南米での報道で定評があり、共同通信の国際報道を強化した。世界最大の写真通信社「ゲッティイメージズ」（本社・米国シアトル）と契約し、同社の報道用写真を日本国内で独占的に配信する権利を獲得した。国際オリンピック委員会（IOC）の唯一の公式フォトエージェンシーであり、APやロイターが取材しないスポーツ行事をカバーすることが多い。この契約で共同は海外スポーツ写真の配信内容をより充実できるようになった。12年のロンドン五輪でも同社と特別契約を結び配信を受けた。

北京で09年10月、世界メディアサミットが開かれた。発起人は主催の新華社のほかAP、共同、ロイター、BBC、NBC、CNN、アルジャジーラ、グーグルの9社。テレビ・ラジオ局からオンラインメディアも含めた全メディアを網羅した世界的規模の初めての会議だった。13年10月、中国・杭州で世界メディアサミットの議長団会議が開かれた。福山社長を含めた世界の大手メディア15社の首脳が集まった。会議の期間中に新華社、AP首

脳との個別の会談も行われ、両通信社間の人的交流を活発化させ、双方が両国民の相互理解を深める努力をすることなどを確認した。

　共同は61年に設立されたアジア太平洋通信社機構（OANA）の設立メンバー8社の一つで、これまで会長、副会長、理事を歴任してきたが理事の座を降りていた。11年の東日本大震災とその後の東電福島第1原発事故、尖閣諸島問題などを受け、日本の情報を対外発信する必要性が一層高まったことから再度理事に立候補し、満場一致の賛同を受けて返り咲いた。アジアの主要英字紙へのKWS配信も始まった。

　OANAの第39回理事会が15年11月からソウル市内の聯合ニュース本社で開催された。理事会ではパリ同時多発テロを批判する内容を盛り込んだソウル宣言を採択。全体会議で①地球規模で進む各国のメディア環境の変化②モバイルやソーシャルメディアの急速な普及——の2つのテーマを中心に意見交換した。共同も日本の新聞業界の経営状況や加盟社と推進するデジタル事業の現状を世界の通信社に報告した。OANA理事会開催に併せて福山社長はソウル市内で、聯合ニュースの朴魯晃社長と会談し、18年の平昌冬季五輪や20年東京夏季五輪に向けて両通信社が協力関係を強化していく方針を確認した。

　05年1月に発足した国際局の中国語ニュース室を、09年9月に多言語サービス室に改組した。中国語と英語でデジタルニュースを羽田空港向けに提供を始めた。中国語サイト「共同網」による対外発信は、中国のニュースサイトや国内華字紙と契約を結ぶなど有料顧客を増やした。11年2月、英語および中国語に続くハングルによる対外発信となる「共同通信ハングルサイト」を開設した。日本の主要メディアでハングルによる初の本格的なニュースサイトで、12年3月末から外部識者にコンテンツ作成を依頼して加盟社紙面向けの「ハングル講座」も配信した。

　共同の英文記事は1日約150本。英文記者のうち二十数人は翻訳のほか直接取材をしている。また一部海外支局には英文で直接記事を書く記者を配置している。中国語とハングルは日本語記事の翻訳で、それぞれ1日約40本と20〜30本を配信している。

共同通信社海外支局・通信員（2016年11月現在）

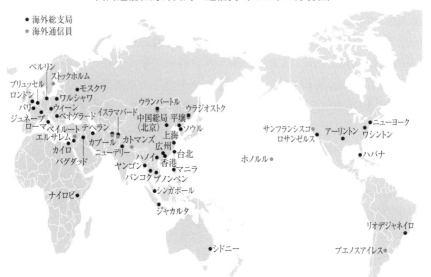

5）海外取材網の展開

　共同は国際情勢などに対応して海外支局の戦略的再編に取り組んだ。2006年9月の平壌支局（北朝鮮）、07年12月のハバナ支局（キューバ）の開設に続いて、世界の成長センターとして存在感を飛躍的に高めるアジアに人材をできるだけ集める方針を立て、08年から10年にかけて3支局を開設した。09年4月にロシアのウラジオストクに、6月には中国の成長をけん引する広東省に広州支局を開いた。翌10年12月にはインド2番目の拠点としてムンバイに支局を開いた（15年12月にニューデリー支局に統合）。大きな変化を遂げているミャンマーの最大都市ヤンゴンに13年3月、支局を開設。軍事政権時代に関係が深かった新華社に続き世界の主要メディアではAP、NHKとともにミャンマー進出の先陣を切った。一方、南アフリカのヨハネスブルク支局とドイツのフランクフルト支局、メキシコ支局を10月に閉鎖するなどの統廃合を進めた。

6）デジタル事業の展開

　共同はデジタル社会の到来とメディア環境の変化を受けて、加盟社と具体的なデジタル事業を検討する枠組みとしてデジタル事業研究会を設立した。研究会では新しい地方紙連合サイトを設立する方向を打ち出した。合同サイトは47NEWSと名付けられ、運営する事業会社として2006年9月、株式会社全国新聞ネット（Press Net Japan、PNJ）が設立された。PNJは47社が出資、4社がコンテンツ提供などで参加した。これに先立ち、デジタル戦略チームが発足。デジタル戦略チームはデジタル事業研究会の事務局機能を担った。

　さらに07年11月、官公庁・地方自治体を対象にした新たな行財政情報サービス、47行政ジャーナルサイトをオープンした。競合社の強力なサービスと互角に戦える、新たなコンテンツ投入や加盟社と連携した営業スタイルの確立に努めた。翌年春には、かつての「週刊選挙情報」誌をウェブ化した政治・選挙専門の情報サイト「e-WISE」がスタートするなど、有料専門サイトの展開が続いた。

　インターネットの普及が始まりブロードバンド元年とされた01年、写真を外販するデータベース「トレジャー」が産声を上げた。ユーザー登録をすれば写真の検索や閲覧、注文やダウンロードが容易にできるオンライン販売システムの先駆けとなった。写真外販事業の成長性に期待を込め「宝の山」から命名した。

　14年には3代目のシステムに更新。使いやすさを改良し資料写真の登録・検索機能の高速化を図った。著作権の管理機能も追加し、パソコンをはじめスマートフォンやタブレットなどの端末にも対応した。報道写真だけで登録枚数は250万件超。サイトデザインの定期的な更新や特集ページの拡充などで競争力を高めている。

　ガラケーと呼ばれる日本ならではの携帯端末は、スマートフォン登場までは、独自の高機能と使い勝手の良さで絶大な支持を得た。このモバイル端末への有料ニュースサービスを簡易に構築することができるシステムとして「NEWSmart」が開発された。11年度からは加盟社が電子新聞事業

をスピーディーに始められるよう、各社が共通して使える「会員管理・課金システム」を一括して開発。このシステムの利用社は35社（16年4月）となった。

東日本大震災の混乱が続く11年4月、KK共同のデジタル部門を分割する形で「共同通信デジタル（KD）」が創業した。営業開始当初は大震災による自粛ムードや、1㌦＝70円台後半の超円高により収益が悪化、解約や値下げ依頼が頻発する中での波乱の船出だった。鉄道の駅や列車・バスの車内、公共空間や大型ショッピング街などで、各種情報や広告、ニュースなどを表示する「デジタルサイネージ」が急速に増えた。共同はこの分野では後発だったが、東日本大震災直後の11年4月、JR東日本の山手線車内サイネージ「トレインチャンネル」への配信開始を契機に、一気にトップグループのコンテンツ提供社へと成長し、16年3月には配信面数が4万に達する実績を上げるまでになった。

この新たな情報環境に対応するため、KDは15年4月にヤフー株式会社と共同出資で「ノアドット株式会社」を設立し「コンテンツの最適な管理と適正な収益化」を担う事業に乗り出した。この新規事業は、新聞・通信業界と国内最大のIT企業との「歴史的和解」などと報じられ、メディア界の注目を浴びた。

7）五輪取材

IOCは2014年9月、異例の早さで共同を東京五輪の「国内公式通信社」に決定した。15年7月に合意文書に署名する調印式を催した。これにより、一足早く16年のリオデジャネイロ五輪で共同は日本オリンピック委員会（JOC）の枠から離れ、記者、写真・映像記者、技術スタッフらの取材証をIOCから直接配分され、65人もの大規模取材団を編成した。国際パラリンピック委員会（IPC）からも東京パラリンピックで五輪同様に国内公式通信社としての活動を依頼する要望が寄せられ、16年1月に相互協力の覚書に調印した。AP、トムソン・ロイター、AFP、ゲッティなどのIOC公認の通信社と一緒に日本を代表して日本人選手をフォローするため万全

の準備に取り組んでいる。

8）CMS導入

　HOPEに継ぐ第5次システムとして2011年11月、コンテンツ・マネージメント・システム（CMS）が稼働した。多メディア時代を見据え①新聞用と多メディア用コンテンツ作成の完全並行化②コンテンツのさまざまなメディアへの相互利用③記事と写真を組み合わせて表示するなどコンテンツ間のリンクの充実——などの実現を目指した。

　これにより新聞記事と多メディア記事の間にはリンクが張られ、新聞用コンテンツで構成するフル記事バージョンのサイトを作れば、さまざまに編集・加工し、デジタル媒体用のニュースパックに使うことも可能にした。また記者が新聞用に入力した記事を多メディアに転用することができるようになり、新聞用記事の配信を待たずに、多メディア記事を配信することも可能になった。日本語・校閲辞書配布システムも導入し、新たな用語が登場すれば即座にメンテナンスして、全社員に一斉配布できる仕組みを作った。これにより用字用語の統一が即座にできるようになった。

　13年2月に大規模な電源遮断事故が起きたため西日本のデータセンターにある災害対策CMSへ常時同期させるバックアップ機能が15年2月完成した。従来の災害対策CMSは、主に大規模災害やテロなどで首都圏が壊滅する事態を想定して構築されており、障害時の使用を十分考慮していなかった。これにより災害時だけでなく、本番CMSに障害が起こった場合でも機動的に災害対策CMSに切り替えることが容易となり、加盟社配信が安定的に継続できることになった。

9）編集力強化に全力

　新聞の発行部数の減少は続き、社費への影響は避けられない。選挙特別分担金を除く当初予算の規模はこの10年で、2006年度の430億円をピークに16年度は412億円となり、減少傾向が続いた。収入に占めるそれぞれの割合はほぼ変化していない。基本的な社費が75％前後を占め、特別契約し

ている芸能記事などの特信負担金を含めると加盟社の負担は約80％になっている。福山社長は「日本の新聞の減少は、当面は漸減状態が続くのではないか。表す形が変化してもニュースの必要性は減らない。通信社も新聞社も放送局も社会には不可欠のものだ」と報道機関の使命を強調。デジタル化については「共同は国営の通信社やAP、トムソン・ロイターなどと収入構造が違う。共同は加盟社のニーズに応えなければならない。加盟社は新聞紙面に重きを置いており、新聞制作への寄与を最重点に置いている。加えて加盟社のデジタル化に資することも重要だ」と共同のデジタル戦略を説明した。

福山社長はあらゆる機会を捉えて編集力の強化を訴え続けている。「共同に限らず全てのジャーナリズムも同じではあろうが、通信社としての共同の場合は"いい原稿を速く出そう"ということに尽きる」と話し、「この点をおろそかにすれば、加盟社、読者の信頼を得られない」と話している。

グループ会社

グループ会社には、株式会社組織の共同通信社、共同通信デジタル、共同通信イメージズ、共同通信ピー・アール・ワイヤー、エヌ・エヌ・エー、クォンツ・リサーチ、スタッツ・ジャパン、ノアドット、共同ニュース・インターナショナル、共同通信システム、共同通信会館がある。

このうち株式会社共同通信社は1972年設立。一般社団法人共同通信社の100％子会社。共同加盟新聞社、契約放送局のネットワークを活用して、官公庁、外郭団体や一般企業の広報・PR支援を主な業務としている。加盟社が主催する「政経懇話会」に講師を派遣している他、政財界や各界著名人を講師とする月例の「きさらぎ会」は全国4カ所で開催。この他、シンポジウムなどの企画・運営や、テレビ・インターネット向けのPR映像など、独自コンテンツの制作もしている。また天皇杯サッカー、都道府県対抗アマゴルフなどを運営し、囲碁の「碁聖戦」「女流本因坊戦」、将棋の「棋王戦」も主催。出版部門では、記者を中心に文章表記の指針として使

われる「記者ハンドブック」や「世界年鑑」などを発行している。

　株式会社共同通信デジタルは2011年設立。株式会社共同通信社のデジタル部門を発展的に分割する形で設立、社団と密接に連携して、多様なデジタルサービスを展開している。12年には「会見全文速報サービス」をスタートさせ、外国人向けの生活情報サイト「City-Cost」をリリースした。デジタルサイネージは国内最多の４万面に達し、15年にはヤフーとの共同出資でノアドットを設立した。サービスは15年12月から本格的にスタート。「国内最強のデジタルコンテンツプロバイダー」を目標にしている。

[渥美一志]

引用・参考文献

共同通信社35、50、60、70年各社史。共同通信社理事会資料、局長会報告など社内資料。
写真・グラフィックスはいずれも共同通信社提供。

2．時事通信社

　時事通信社は、敗戦直後の1945（昭和20）年11月1日、戦前・戦中を通じてナショナル・ニューズ・エージェンシー（国家代表通信社）として活動した社団法人同盟通信社の事業と人員の一部を引き継いで発足した。現在、共同通信社と並ぶ日本における二大通信社の一つとなっている。設立時の資本金は10万円（現在4億9500万円）。発足時の本社所在地は、東京都麹町区日比谷公園2番地（現千代田区日比谷公園1番3号）にある市政会館内だった。2003年7月末、東京都中央区銀座5-15-8に新社屋（地上14階地下2階、延べ床面積約2万8200平方メートル）が完成、11月半ばに本社の移転を完了している。

　国内外の取材拠点は、国内47都道府県に78の本総支社局、海外には28の総支局を展開。マスメディア向けに1日平均で約600本の原稿とグラフィックス約120枚、経済と行政情報の実務サービスで1日平均（平日）約3000本の原稿を内外に発信している。

外部資本排し社員株主制度で自主的運営

　時事通信は、発足に先立つ1945年10月15日の発起人会で創立趣意書を作成。その骨子は①政府と大資本より独立して報道の自由を確保する②組織は社員

時事通信ビル（時事通信提供）

の共同出資によるものとし、共同責任制に基づく自治的経営を確立して全ての社員の総意において決定、運営する──というものだった。

これに基づき、社発足時、その株式は発起人が商法の規定で 1 人30株ずつ引き受けたほか、全社員に例外なく 1 人 2 株が割り当てられた。つまり従業員株主制度で、外部からの資本は一切導入しなかった。また、当時は所有株数のいかんにかかわらず投票は 1 人 1 票に制限したので、協同組合のようなものであった。従業員株主制度は今日も引き継がれている。

共存共栄からライバルに──時事通信と共同通信

1945年10月31日には、時事、共同両社が業務領域などを定めた「同盟通信社解散に関する覚書」を調印。その内容は、①同盟通信は10月末で解散する②社団法人共同通信社は新聞社および日本放送協会を対象とする新聞通信を経営する。従って原則として同盟総務局、報道局、連絡局および写真部所属人員中より所要人員(約1000人)を選定採用し、同盟の新聞社および日本放送協会関係収入(年額約1000万円)を引き継ぐ③株式会社時事通信社は一般購読者を対象とする時事通信、経済通信、出版事業等を経営する。従って原則として調査局、経済局所属の人員ならびに報道局、連絡局および写真部の残留職員(合計約2000人)の中から必要人員を採用し、同盟の個人購読者ならびに出版事業関係収入(年額約800万円)を引き継ぐ④共同と時事とは共存共栄の目的を達するために、共同は新聞および放送協会を対象とする新聞通信を、時事は一般購読者を対象とする時事通信、経済通信、出版事業等をおのおのその業務活動の領域と定め、相互に援助協力すると同時に不必要な一切の競争を避ける──という内容だった。この覚書は、両社の住み分けを定め共存共栄を目指したことから「紳士協定」と呼ばれた。

ただ、この協定では時事が新聞向けのサービスを封じられたことから、社内では不満がたまっていく。たまたま連合軍対日理事会に関する時事の記事が有力紙に掲載されたことがきっかけとなり、46年11月には協定がさらに引き締められ、それまで編集参考用として一部新聞向けに行っていた

「一般速報」の配信中止に追い込まれた上、新聞社向けの教育や文化、芸能などに関する記事であるフィーチャー・サービス計画の放棄を強いられるなど、時事社内では紳士協定への怨嗟(えんさ)が増幅されていった。

こうした中で、49年5月30日の東京都公安条例反対デモの際、共同の配信記事について、連合国軍総司令部（GHQ）がプレスコード違反として6月18日、共同理事団に宛てて警告を発し、理事長が辞任する事態に発展した。記事は一組合員が警察官に突き落とされて死んだ、と語った組合員の談話を掲載したものだが、GHQはこれを意図ある宣伝を、事実を確かめずに取り次いだとして問題にした。

さらに、GHQ新聞課の少佐が新聞協会報7月2日号で、時事と共同の紳士協定を批判し、「もし共同、時事両社の間に激しい競争が展開されていたならば、共同通信社が現に当面しているような危機は起こらなかったと信じたい」と指摘したため、両社はこの少佐の見解は紳士協定が独占禁止法違反の疑いがあるとして協定の破棄を求める考えを示唆したものと受け止めた。これを受け、時事の長谷川才次代表取締役と共同の松方三郎（義三郎）理事長代行が7月14日に会談し、協定の解消を確認した。

これに伴い、それまで共同からの時事への外電および国内ニュースの提供が停止となった一方、時事は新聞社へ夕刊用として毎日3、4本の記事を提供するとともに、政治・経済関係の独自記事を盛り込んだ「特信プレス・サービス」を9月から、また論説資料や解説、囲みものなどを提供する「時事メール・サービス」を10月からスタートさせ、時事・共同は共存共栄路線に終止符を打ち、競争関係に突入した。

発足時からハンディ抱える

1945年11月の発足時、共同通信は同盟通信から約1000人を引き継いだが、時事通信は本社の社員と雇員の合計は266人、地方職員の陣容は同年12月の人事部の台帳によると248人と大きく水を空けられていた。ただ、同盟の外地からの引き揚げ者を時事が引き受ける役割があったため、46年3月末の総人員は600人、48年9月には1000人の大台を突破。54年5月末には

ピークの1847人にまで膨れ上がっていく。このため、47年7月には定期昇給の停止に追い込まれたほか、54年6月に開いた全国支社局長会議で、デフレ乗り切りに向け、当分の間、一切の新人の採用を中止、欠員を不補充とするなどの人員削減策を決定。これに伴い、毎年職員総数は100人以上減少し、5年後の59年3月末には1280人にまで減少した。

その後、時代は下るが、構造改革の柱の一つとして2002年12月には、社員1000人体制の実現と年齢構成の適正化を目的に、特別加算を大幅に増やした「早期退職優遇制度の特別措置」を発表。これに応募した71人が03年3月末に退職。さらに、07年、09年、10年と早期退職希望者を募集するとともに、11年度の新人採用を見送るなどしてスリム化を促進したことで、従業員数は862人（16年3月末）になった。

また創設時、全国に47支局を設置したものの、当初、支局長を配置したのは11支局（甲府、小樽、名古屋、静岡、大阪、富山、広島、鳥取、下関、福岡、鹿児島）にすぎず、その他は共同の支社局長に業務を委嘱していた。

一方、施設面では、同盟通信の資産のうち、通信社にとっては生命線といえる国内専用電話線（3930$_{キロ}$）や同報無線を共同が引き継ぎ、両社が本社を置いた市政会館でも、占有面積では共同が905坪に対して時事は223坪にすぎないといった状況にあった。また、資産では、現金・預金・消耗品を含めた時事通信へ引き継がれた資産は約254万円に対し、共同通信のそれは約302万円だった。

苦難の中でも発展への礎築く

社業の基盤を経済界に置く時事通信にとって、戦後急速に進んだインフレや預金凍結などを盛り込んだ金融緊急措置令による経済混乱は大きな打撃となり、経営状態の悪化で何度も危機に見舞われた。

しかし、そんな中でも連絡網の整備や新たな技術の導入・開発で社業の発展の礎を築いていった。

連絡網では、1946年8月、東京ー名古屋ー大阪間に専用電信線を開設。それまで共同の専用電話線か鉄道バッグ便を利用していたが、時事として

初めて自前の専用線による連絡が可能となった。50年9月には東京－函館－札幌線も開通、さらに51年12月までに大阪－金沢－福井、福岡－長崎など全国で4353キロメートルの回線を整備した。これにより北は札幌から西は長崎までつながった。

これと並行して、48年5月には東京－名古屋－阪神の印刷電信線、模写伝送用の市外専用電話線が7月から大阪－神戸、9月から東京－横浜、東京－大阪で開通。これを利用したサービスは同盟式の模写電送機による時事テレファクスで行われた。

技術開発、対外発信・進出で大きく先行

国内での無線使用が制限されていた中で、創業3周年に当たる1948年11月、待望の国内同報無線（短波）が許可された。大手新聞社も申請していたが、同報無線は通信社に限るとして、時事通信だけに許されたものだ（共同通信は同盟通信の同報無線を引き継いでいた）。当初はモールス信号で行っており、受信箇所は、札幌、仙台、名古屋、大阪、福岡など9支社局。

この同報無線がいかに時事にとって大きな存在となったかは、当時の長谷川代表取締役が残した48年12月15日付の「本社だより」への記述からよく分かる。同氏は、「三周年の祝賀メッセージにおいて『社業の基礎ここに成った』と申し上げた裏には、『同報無線』の開始が大きな要因」とし、「後年、時事通信社史を編む場合には、『同報無線』の開始が特筆大書されることを確信する」と強調したほどだ。

52年5月からは、超短波によるボイス同報「繊維相場」を東京と大阪でスタートさせている。超短波は短波と異なり、太陽表面の爆発などで電離層で起きる異常による通信障害「デリンジャー現象」の影響を受けず、見通しの利く範囲内に届くという特性から、近距離用の通信に利用したものだ。

一方で時事は51年6月、米国ホーガン研究所との間でホーガン・ファクスの特許権に関する契約を結び、日本国内はもとより朝鮮、台湾、沖縄での製造販売の独占権を得た。短波による同ファクスの業務開始は54年7月

からで、東京での超短波によるサービス開始は55年1月から。写真も送れる鮮明度を持ち、それまでの約5倍のスピードで送れる革命的な装置だった。

　海外への短波放送にも力を注いだ。時事には51年9月海外同報が許可された。当初はローマ字だけで1日10時間だった。これに先立ち同年8月には海外同報の開始に向けて編集局に特信部を新設して準備を進めていた。

　52年4月からは英文放送の許可を受けて、8月からモールス信号による送受信のうち約半分の時間をテープ模写方式に切り換えた。これに伴い53年6月、パキスタンのカラチでこれを受信して日本語による海外同報「時事速報」を創刊。54年2月からはロサンゼルス、55年5月にはニューヨーク、その後、ロンドン（同年9月）、ブエノスアイレス（56年3月）、香港（57年7月）、サンパウロ（59年3月）などと、世界へのニュースサービスを拡大していった。これらは、現在も海外の各地で提供している時事速報の先駆けとなった。

　英文放送は、57年4月から本格的な放送に着手した。ただ、放送時間は当初、北米向けラジオテレタイプ（RTT）1時間50分、欧州向けがRTT2時間、アジア向けモールスが2時間という状況だった。

　時事は「日本の声を世界に」の掛け声の下、海外への発信に力を入れる一方で、外国通信社と積極的に配信契約を結ぶとともに、いち早く海外主要国に特派員を派遣し、外国のニュース取得にも取り組んでいる。

　46年8月、UP通信社と経済通信契約を締結したのを皮切りに、52年1月にはロイター通信との間で経済通信の日本における独占配信権に関する契約を結んだ。この契約に基づき、ロイター特約の「特別チャーター・レポート」がスタート。これは日本で必要とされる海上運賃、用船契約などをロイターが毎日送信してくるもので、一般の購読料が月額2万円という高額だったにもかかわらず、多数の購読者を得た。ただ、新聞・放送に対する供給権は共同が持った。

　また、フランス通信社（AFP）とは、49年12月に一般ニュースと特電に関する契約を結び、53年1月には経済通信について独占契約を締結してい

る。その後、63年11月にUPI通信と通信契約を解約する一方、同12月にはタス通信と通信契約を、67年3月にラヂオプレス（RP）と契約するなど、海外情報の充実を図っていく。この間、ロイターなどとは新たな契約を結ぶなどしてサービスの強化に取り組んでもいる。

この一方、欧米の通信社に偏重したニュースサービスからの独立に向けた取り組みも進めた。「太平洋ニュース圏」の提唱がそれで、時事は69年4月、本社でそのための会議を開催。台湾の通信社である中央通訊社の幹部が49年に香港で設立したPANA（Pan-Asia Newspaper Alliance）との間で、東京とアジア各国のPANAとの写真サービスを拡充することなどで合意した。これに伴い、69年9月、英文の季刊誌「THE PACIFIC COMMUNITY」を創刊。創刊号は佐藤栄作首相や各国閣僚などの論文13編、広告カラー11ページの豪華本で、創刊号3000部は12月初旬には売り切れとなり、増刷するという好評を得た。

これと前後して①69年5月、東京―シドニー間に通信衛星インテルサットによる専用電信線を開設、シドニーの時事速報も漢字テレタイプ（漢テレ）による印刷を実現②同年9月、ニューデリーに約3年9カ月ぶりに特派員を再派遣、UNI（United News of India）と提携。同社の英文放送受信により、インド有力紙にUNI時事電が盛んに掲載されることに③70年1月末から既設の東京―香港間の専用線をシンガポールまで延長、同地でも時事速報を漢テレ印刷化④同年1月、カラチに特派員を再派遣、パキスタンのPPI（Pakistan Press International）と提携に関する契約を調印―といった太平洋アジア地域を中心としたニュースおよび連絡網の強化にも取り組んだ。

51年9月のサンフランシスコ対日講和会議を受けて対外進出への道が開けたため、新構想による海外特派員制度を計画。地方有力7紙と契約し、51年10月から52年3月にかけて、ロンドン、カラチ、ニューヨーク、ワシントン、ニューデリー、香港、ジャカルタの7都市に順次、特派員を送り出していった。戦後、このように多数の特派員を派遣したのは時事が初めてだった。

67年2月には正式に海外支局制を敷き、ロンドン、ニューヨーク、ワシントン、ハンブルク、ソウルが支局となった。翌3月に香港を含む各支局長の人事が発令された。これと前後して、66年5月バンクーバー、67年2月マニラ、4月メキシコシティー、6月オタワにそれぞれ特派員を派遣。さらに68年1月にはサンティアゴ（チリ）、2月にメルボルンへ派遣するなど、海外特派員網も充実・強化していった。

初期は出版で活路

新聞へのサービスを封じられたため時事通信は当初、出版部門を社業の支えにした。時事は同盟から受け継いだ「世界週報」を発行するとともに、45年12月から総合雑誌「太平」や隔週刊の「時事英語通信」、46年2月からは月刊「商工」などを次々と発刊。また、中国に亡命していた共産党の野坂参三の『亡命十六年』、徳田球一や志賀義雄の『獄中十八年』といった異色の出版物も刊行するなど、ありとあらゆる出版物を出すという姿勢で取り組んだ。

この背景には、終戦直後とあって、人々が活字に飢えていたという事情がある。長谷川代表取締役は、52年に新聞協会報（9月15―18日号）で、当時の様子を「幸い出版インフレ時代だったから雑誌にしろ単行本にしろ、白い紙を黒くしさえすれば羽根が生えたように売れたので、まず出版で息をついた。その意味では通信社の看板を掲げた出版社だったといわれても一言もなかった」と振り返っている。また、当時は用紙不足の時期だったが、時事は月1700連（1連は500枚）の用紙割り当てを同盟から引き継いでいた上、世間では印刷設備が壊滅状態にある中で、時事では印刷ができるという恵まれた環境にもあった。

速報時代の先陣「繊維速報」創刊

こうした中で、1948年5月から大阪でタイプ印刷による「繊維速報」を創刊し、続いて東京でも発刊するなど、速報中心の事業展開に移っていく。同年9月には、ロイター通信が戦後に東京支社で日本語による経済ニュー

スを発刊していたが、その編集、配信を時事に委託。ニュースは金融、商品、繊維の3部門に分けて収入は時事6対ロイター4とした。

　一方、民間貿易の再開、証券、商品取引所の再開などで、経済復興への動きが始まったことを受けて、従来の一般速報、繊維速報、株式速報に加え、貿易商品、海外相場、英文、海運、石炭、金属、金融、水産、商品相場など、業種別速報を矢継ぎ早に創刊していく。50年9月末には、こうした速報の社の全収入に占める割合は47％にまで増加していった。

　また、52年4月には、中央省庁や地方自治体を中心とした行政向け専門ニュースである「官庁速報」を創刊しており、これは時事の主要商品の一つとなっていく。現在は、印刷媒体の専門ニュースと電子メディアサービスにより配信されている。

多彩さ誇る商品群

　時事通信は、こうした間口の広いサービスを展開し、読者のニーズに応えることで発展してきた。このため、現在の商品体系もマスメディア系、マーケット系、行政系などで多彩な商品を提供している。各系の主な商品内容は以下の通り。

【マスメディア系】
　新聞、放送などマスメディア向けのサービスは、日本新聞協会または日本民間放送連盟加盟の新聞、放送向け（通称M1）と非加盟（同M2）向けがあり、原則24時間で配信している。現在、契約先は全国紙、ブロック紙、県紙、地域紙、NHK、民放、出版社などを含めると約140。また、外国通信社では、トムソン・ロイター（米）、AFP（仏）、ダウ・ジョーンズ（米国）、EPA（欧州）、新華社（中国）などで、記事・写真等の相互送受信のほか、ビジネス面で提携関係にある。特にAFPとは、時事が日本国内のメディア向け独占配信・販売権を持っている。

　マスメディアへのサービスは、共同との紳士協定解消から2カ月後の1949年9月、新聞11社に対して、夕刊用に毎日3〜4本、政治・経済関係

2．時事通信社

時事通信のニュース・情報の流れ

各種情報を各方面に提供している時事通信社は、新聞・マスメディア向けニュース、写真サービス、家庭向け一般ニュースなど、多彩なサービスを行っている。

ニュース・データ配信元

- 本社編集局各部
  記者クラブ（首相官邸、警視庁、財務省など）
- 国内支社総支局
  地方記者クラブ（都道府県、警察など）
- 海外総支局
  （ロンドン、ニューヨーク、香港、シンガポールなど）
- 提携外国通信社
  （トムソン・ロイター、AFP、EPAなど）
- 外部データ
  （証券、商品取引所、証券会社、商社、銀行、短資会社、卸売市場など）

↓

編集局

↓

サービス

- 新聞・放送（マスメディア）向けニュース
  一般ニュース、解説記事、家庭向け・文化欄向け企画記事
- 写真
  株式、相場関連ニュース
- 金融・証券情報
  為替、株式情報
  マーケットデータ、決済情報
- 行政情報
  行政関連ニュース、人事情報
- 商品情報
  先物・商品情報
- 企業向け一般ニュース
  経営情報、一般ニュース
- 短文ニュース
  ニュース速報、災害情報
- 海外向けニュース
  国内ニュース、海外現地情報
- 英文ニュース
  一般、経済ニュース
- 専門通信
  金融、地方行政、税務、教育、福祉・医療各分野のニュース、解説

↓

読者

- 新聞社、放送局、法人
  ポータルサイト
- 銀行、証券会社、商社、生命保険会社、損害保険会社、官公庁、メーカー
- 中央省庁、地方自治体
- 商品取引会社、商社、水産関連企業
- 商社、流通、メーカー、官公庁
- 個人（空港、駅、バス停、携帯電話）
- 企業、在外公館、提携外国通信社、国内報道機関
- 官公庁、金融機関、各種団体、企業、医療機関、学校、個人

237

の独自ダネを提供する「特信プレス・サービス」から始まった。翌10月には21社に論説資料や解説、囲みもの、外部寄稿を提供する「時事メール・サービス」の提供を開始した。

56年8月からは日本テレビ、同10月からニッポン放送にAFPその他の外電を配信。58年6月にはAFPとの契約を改め、一般ニュースと経済ニュースをマスメディアに短波ファクスで提供できるようになった。ただ、新聞社向けは、AFPと特派員電、文化、学芸などを紹介する記事だけに限定し、一般ニュースは「参考用」との枠をかけて、共同との全面競争はあくまで回避した。

本格的なサービスに乗り出したのは、東京オリンピック開催半年前の64年4月で、新聞、放送など35社を対象に開始。当時のマスメ契約社は、59年4月に先行的に始まった地方有力紙11社との「ジジ・プレス・シンジケート（JPS）」も加えると、内外の100社に達していた。

伝達手段はマスメ波と呼ばれた短波ファクスで、80年6月にはファクスの全国有線化を実現して受信状況は改善されたが、ファクスによる情報提供は、新聞製作上、ユーザーからすると満足できるものではなかった。これを大幅に改善したのが82年4月に稼働した時事通信データ通信システム（JACS）。これは、情報検索や記事をジャンル単位で自動配信する選択同報の機能があり、ユーザーが必要な記事だけ受信できるほか、スポーツ記録、相場などのデータは新聞製作に適合する送受信ができるといった特徴を持っていた。

一方、写真のサービスは、マスメサービスの開始以来、契約社がファクスなどで白黒の絵柄を見て必要な写真を電送依頼する方式だったが、96年5月に稼働した新写真配信システムでデジタル化された。99年5月には朝日新聞と時事、AFP写真の全量配信を契約。専用線で時事とAFPの写真が同社の専用サーバーに送られる仕組みとなった。同年4月には、オンライン画像データベース「J-LoUPE」（2013年10月に「時事通信フォト」に名称変更）との相乗効果で、写真契約はブロック紙、地方紙にも拡大した。

また、スポーツ面では、12年4月から朝日新聞、読売新聞向けのスポー

ツ記録配信サービスが稼働。プロ野球、Jリーグ、オリンピックなど国内外の記録データを両社に提供している。

【マスメディア・フィーチャー系】

49年10月、マスメディアサービスの先駆商品として、タイプ印刷したものを郵送で送る「時事メール・サービス」を開始した。その後、マスメサービスの本格開始とともに、名称を「フィチュア・サービス」（後にフィーチャー・サービスと改称）とし、内容も学芸や文化欄、読書欄、家庭・生活欄、ラジオ・テレビ欄、芸能・娯楽欄、レジャー欄などに拡大し、新聞の増ページの要請に対応した。

伝達手段は、79年9月からさん孔テープを宅配便などで送る方式だったが、92年7月からは契約各社の電算化に対応して、各社の編集システムにオンラインで直接記事を送り込む「特信オンライン・サービス・システム」での配信に変更していく。04年4月からは、それまで郵送していた記事見本と写真・グラフィックスをインターネット配信にした。

フィーチャー系では、先の学芸、家庭などの分野のほか、医学専門紙のメディカルトリビューン社が取材・編集した国内外の医学、健康に関する記事を契約紙に再編集し、一般向けの医学・健康情報として配信する「メディカルニュース・サービス」（78年6月から配信）、シニア向けの暮らしや健康に関する話題、シニアの著名人インタビューなどを盛り込んだ「シニア情報」（96年10月から配信）、学校教育にも役立つ紙面づくりのニーズに対応するための「こどもニュース」（12年2月から配信）などの幅広いジャンルで配信を行っている。

【行政系】

時事の事業では、中央省庁や地方自治体に対する行政向け専門ニュースサービスが大きな柱となっており、電子メディアと印刷媒体の専門通信の二本柱で構成される。

▷iJAMP：行政系サービスで最大の主力商品は、2000年10月からスタートした「iJAMP」だ。1952年4月創刊の官庁速報や官庁波（サービス開始65年）、行政ファクス（同85年）の流れを汲むサービスでインターネット

を利用してニュースを配信している。国の政策、都道府県や市町村が取り組む施策などを全国の支社総支局網を通じて紹介するもので、行政マンにとっては必読のニュースとなっている。

なお共同通信も06年9月に地方紙と提携して同種のサービスを開始している。

▷内外教育：初等・中等教育から高等教育、生涯学習まで幅広く対象として教育界のさまざまな動きを伝えている（46年10月発刊）。

▷地方行政：「行政情報の時事」の一翼を担い、「明日の地方自治を提案する」ことをテーマにして内外の先進的な取り組みを紹介するなどしている（45年11月発刊、当初は「政治特報版」だったが、53年9月に現行名に変更）。

▷厚生福祉：厚生行政を中心とした実務者向け（53年4月発刊、当初の「厚生と福祉」を58年5月に現在名に変更）

▷税務経理：税に関する実務担当者向け（49年9月発刊）。

以上は、いずれもB5判建てで、ページ数は20ページ（内外教育は20〜28ページ）となっており、週2回発行している。

【マーケット系】

時事による経済実務情報サービス分野で特筆すべきは、86年2月にサービスを開始した電子メディア商品の「MAIN」（Multi-Access Information Network）だ。この商品は、内外の重要ニュースをコンパクトにまとめて速報するほか、為替・金融・債券市場等の数値データをリアルタイムで読者に提供できるシステム。送信したニュースで相場が動く「MAIN相場」という言葉が生まれるほど、銀行、証券などの市場参加者から極めて高い評価を獲得した。

▷MAIN NX：ユーザーから絶賛されたMAINの後継として、顧客層を銀行・証券会社などのディーリング部門、運用部門など金融商品の売り手を中心としたのが「MAIN NX」（07年10月スタート）。

▷NX−Web：MAIN NXをベースに開発したWebブラウザ対応のサービスで、08年6月リリース。金融機関の市場部門以外（役員、広報、営

業、支店など）や事業法人が顧客の中心。

▷新 PRIME：野村総合研究所（NRI）との協業商品として、NRI のシステムリソースを使い、証券業務に必要な金融情報を最適化し、低コストで提供することを最大の狙いとした商品。11年11月リリース。

▷ Fits ボード：ニュースや金利、為替、経済指標、株価データ、写真などを顧客の表示器具（PDP や液晶ディスプレイ等）向けに複合的に提供するコンテンツサービス。

▷「金融財政ビジネス」「銀行速報」：金融財政ビジネスは金融政策や財政、国内外の経済について掘り下げ、先取りした記事を掲載。主な読者は金融機関や金融財政関係者など。Ａ４判20〜24ページで週２回発行。銀行速報は、各種の速報を統合して66年３月発行。全国の金融機関、日銀や財務省、金融庁の方針や人事など、日々の動きを速報する日刊誌（土・祝祭日を除く）。

【ゼネラル系】

▷海外速報：米州や欧州、豪州をはじめアジア各地などで、主として現地の日系顧客向けに「時事速報」の商品名で展開している「海外速報」がある。ニュースレター形式のニュースサービスだったが、04年10月以降、順次、メールでの配信に切り替えている。アジア版（便）では、「時事速報アジア」シリーズとして、北京版、上海版、バンコク版、ベトナム版、インドネシア版など９版がある。アジア以外では、ニューヨーク、ブラジル、ロンドン、シドニーなどの各便がある。

時事速報のアジアシリーズの顧客には、基本サービスとしてウェブ形式の時事速報 on the Web のアジアパッケージも提供。時事速報アジアの過去記事だけでなく、過去配信の一般・経済ニュースなども長期間分検索が可能で、顧客は現地統計、資料データと併せ、報告書作成などに活用している。これに加え、緊急ニュースに際しては、版ごとに随時フラッシュメールを配信するので、現地での危機管理には欠かせない情報として評価されている。

▷ JNW：マスメディア向けサービスに準じた内容を盛り込み、幅広い

ジャンルのニュースや情報を素早く提供する「JNW」（04年10月スタート）がある。この商品は、自動プリントを含む充実した機能を利用でき、事業法人の広報部門等で活用されている。

▷デジタルフォト：時事通信フォトが保有する膨大な写真の中から、ポータルサイトや表示ボード向けにデジタル写真を提供するサービス。金融機関の店頭表示ボードやデジタル・サイネージのコンテンツとしても利用されている。

▷JIJI-Web（Janet）：マスメ向けに配信している内外のニュース・情報のうち、マスメのみに解禁されているニュースを除いたものをリアルタイムで提供。01年3月にスタートしたもので、インターネットによるウェブ形式のサービスで、過去約15年間分のニュースが検索できる。主な読者は、官公庁、事業法人、金融機関の広報部門や管理部門だ。これを基盤に、外務省本省や在外公館向けに開発されたニュースサイトがJanetで、海外各地域の現地情報などを提供している。

【その他の専門情報】

▷Agrio：14年3月にスタートしたデジタル農業情報誌。農業をめぐる環境が大きく変化する中で、地域活性化や輸出など農業に密接に絡む政策テーマを提供しており、主な読者は、JAグループなどの農業関連団体、中央官庁、地方自治体など。

▷時事水産情報（お魚Web）／お魚メール：時事通信は、マスコミ界では唯一、水産専門情報を関係者に提供してきた。13年に従来の配信内容やデザインをリニューアルし、「お魚Web」を展開。全国の主要漁港の水揚げや産地相場、三大消費地の鮮魚相場、荷主別相場や市況、水産関係のニュースや統計資料が主なコンテンツ。また、各地の水揚げ状況と築地主要魚種相場を携帯電話へ電子メール（「お魚メール」）で配信。漁業関係者や小売店のバイヤーなど幅広い関係者が利用している。

超長期体制で弊害

時事通信のこれまでの発展過程を振り返る場合、超長期政権を誇った長

谷川才次元代表取締役の存在を抜きにしては語れない。創立当時、本社の状況は「旧同盟から引き継いだ加入電話15本だけで、連絡施設らしいものもない、まったくの徒手空拳の姿」（1953年6月10日付社報）から、共同通信と競い合うまで時事の基礎を作り上げた手腕は評価されるべきだろう。

同氏は、終戦時、同盟通信の海外局長で、敗戦が決まった45年8月14日の連合国へのポツダム宣言受諾に先立ち同月10日、日本政府が条件付きで同宣言を受諾する用意があることを外務省が在外公館に対し、連合国側に伝えるよう訓令を打電した情報をキャッチ。同日夜、同盟通信の米州向け英語によるモールス信号で発信した人物としても知られる。マスコミ人として極めて有能であった。

ただ、四半世紀以上にわたって社を率いた長谷川氏を筆頭とする経営陣は、社業を発展させたものの、組合との敵対関係を続け、従業員の待遇は旧態依然のままで、社内の不満が拡大する中で68年7月19日、新たな組合「時事通信労働組合」が結成された。これに対し、50年10月結成の時事通信社労働組合は長谷川ワンマン体制の下で長期間、活動も機能も停止していた。

新設の労組は70年12月5日に開いた第4回大会で、初めて「長谷川体制打倒」を大会宣言に掲げて闘争を強化。指名ストや集会を連日開催し、71年3月26日には初の全組合員による全日ストを決行し、4月28日の第2次全面ストの際には職制と組合員との小競り合いなどの中で機動隊員が出動する事態にまでなった。

収拾不能の局面を迎え、長谷川氏は6月1日、滞在していた帝国ホテル内で臨時取締役会を開き「混乱の責任を負って辞任する」と取締役全員が辞任することを決議。組合側は直ちに終了宣言し、半年間にわたる経営側との攻防に終止符を打った。

26年ぶりに新生時事

新取締役を選出するための臨時株主総会が1971年7月17日に開催され、佐藤達郎福岡支社長ら9人を選出。総会後の取締役会で代表取締役に佐藤

氏を互選し、新体制が発足した。この取締役会ではまた、個人の能力尊重と組織体として総力結集、社業の正常化と人間性の回復、労使関係の正常化など「新取締役会の基本方針」を決定し、発表した。

　旧体制での人事停滞や組合との不正常な関係などへの反省を踏まえての方針だった。

　労使関係をめぐってはその後、79年4月の春闘の際にも異常事態が再び発生。組合幹部の退社処分や懲戒処分が行われた。ただ、社内的な対立など大きなしこりを残さずに解決でき、これ以降、労使間での大きな対立は起きていない。現在の組合は、時事通信労働組合（488人＝2016年10月末現在）と時事通信労働者委員会（2人＝同）。

8つの衛星企業・社団法人―時事グループ

　時事通信には内外情勢調査会、中央調査社、地方行財政調査会の3つの一般社団法人と時事通信出版局、時事通信フォト、時事総合研究所、時事通信ビル管理、エディターセンターの5つの株式会社が関連組織としてある。

　このうち内外情勢調査会は、1953年10月に当時の吉田内閣の緒方竹虎副総理の構想に基づいて創設された任意団体、国際情勢調査会の後身として54年12月に社団法人として発足（2012年に公益法人改革で一般社団法人）。海外の新聞雑誌等の論調などをまとめ、政府や国会議員に配布したが、55年からは会員制を設けて、これを会員にも配布。56年6月の広島商工会議所の有力会員を中心とした広島支部を皮切りに、全国に支部が結成されていく。

　調査会の会員には、全国各地の政治・行政・経済界などで指導的立場の人物が多く、内外の情勢を的確に伝え、国の方向を誤らないようにすることが設立時からの大きな目的。

　このため、東京では基本的に年間10回、首相や閣僚、経済団体の代表らを講師に迎えて全国月例懇談会を開催するほか、地方支部でも各界の著名人などによる同数回の懇談会が開催されている。

中央調査社は46年、大蔵省（現財務省）から調査機関の設立を持ち掛けられたのが契機となり、設立した「調査局」、その後の「調査室」が前身。54年10月、国立世論調査所の機能を引き継ぎ社団法人として発足した（12年2月に一般社団法人）。時事の支社総支局による全国調査網を活用し、登録調査員を動員して全国で同時に均質な調査を実施できることが大きな特徴。

編集・技術面での主な動き

1）編　集

　大韓航空機撃墜事件のスクープ──1983年9月1日未明、ニューヨーク発アンカレジ経由ソウル行きの大韓航空のジャンボ機がサハリン付近で行方不明となった。当初は、サハリンへの強制着陸説などが飛び交ったが、政治部記者がソ連機によるミサイル発射で撃墜された情報を得た。ミサイルによる撃墜の事実を伏せるとの条件だったため、第一報は「大韓機、モネロン島付近に墜落」と打った。その後、韓国側が「第三国によって撃墜された可能性が強い」と発表したため、「ソ連軍機がミサイルで撃墜」の第二報を出した。これを追うように米国務長官が正式発表した。その後、自衛隊が傍受したソ連機と地上基地との交信内容を入手、撃墜に至る全容を出稿。中央、地方紙のほとんどが1面トップで報じるという完璧なスクープだった。

　日航機事故で衝撃のフラッシュ──85年8月12日夕、乗員乗客524人を乗せた日航ジャンボ機が群馬県の御巣鷹山に墜落し、520人の犠牲者が出る大惨事となったが、この事故で第一報を放ったのは、時事通信だった。19時13分に流した「東京発大阪行きの日航123便がレーダーから消えた」の速報で、これは新聞、通信、放送を通じて最も早かった。続いて打った「墜落を確認」のフラッシュもテレビのニュース速報を6分抜くものだった。

　神奈川県警不祥事で新聞協会賞──神奈川県警の集団警ら隊での連続暴行や覚せい剤もみ消し疑惑を報じた一連の社会部出稿のスクープに対し、

第2章　日本の通信社

時事通信編集局（時事通信提供）

　日本新聞協会賞選考委員会は2000年9月、新聞協会賞の授与を決定した。
　作家の髙村薫氏は、「貴社会部の正真正銘の快挙」と絶賛、「一物書きとしてわずかばかり警察組織を覗いてきた実感から、あの組織の不祥事を現行の記者クラブ制度のしがらみの中で書くことの不可能を、よくぞ可能になさったと、ただただ感服するばかり」とのお祝いの言葉を寄せている。同年度には「住友銀行とさくら銀行の合併」も応募した。これも審査の過程で5作品に絞られる中に残っており、時事の底力を示す結果となった。
　写真では、97年12月、「ペルーの日本大使公邸占拠事件でゲリラのリーダーをとらえたスクープ写真」で東京写真記者協会賞。03年12月には、ヤンキースの松井秀喜選手を追い続けた5枚の組写真が同協会のスポーツ部門賞、04年12月には「サマワに立つ―自衛隊イラク復興支援」の5枚の組写真が同協会の一般ニュース部門奨励賞をそれぞれ受賞している。

2）技　術

　ホーガン式ファクスの導入――1954年7月から米ホーガン式ファクスに

よる業務を開始した。このファクスは、それまで使用していた日本製の電磁ハンマー式の模写伝送（電磁プリンター式とも呼ばれていた）装置とは比較にならないほどの優れものだった。ハンマー式では、白黒しか出ないため、文字だけしか送れなかったが、ホーガン式ではハーフトーン（中間色）が出せるため写真が送れること、受信用紙に特殊な薬品を浸透させてあり電気分解で記録するのでスピードも速いというものだった。ホーガン・ファクス・サービス（後に「時事ファクス・ニュース」に改称）は55年1月、東京で超短波によるサービスを開始したのに続き、短波による全国へのサービスも始まった。

時事通信の社報（54年7月1日付）によれば、超短波を使っての送受信の試験結果ではB5判の1ページを送るのに要する時間は2分3秒（大阪のように電源が60サイクルだと1分42秒）と従来方式の装置の約5倍の速さ。鮮明度も「一見グラビア写真のよう」との評価を得るなど、当時としては革命的ともいえる威力を持つ装置だった。

関東電波監理局長表彰——60年6月1日の「電波の日」、ファクスの実用化で関東電波監理局長から表彰を受けた。「無線通信によるファクシミリ（ファクス）の実用化を企図し、48年以来、新周波数帯の開拓に努力し、種々の困難を克服して実用化に成功、電波技術および新聞通信界の発展に貢献した」のが受賞理由だ。

日本新聞協会報道通信技術賞——68年から約1年かけてファクスの軽便化、低コスト化のための新機種の開発に取り組み、「ミニファクス」の試作に成功。69年10月から実用機の組み立てに着手した。この開発で70年5月、新聞協会から「報道通信技術賞」が授与された。

JOINが威力発揮——75年4月、ボイスグレード（VG）回線を利用し、本社ーニューヨークーワシントン間でJOINファクスサービスを開始した。VG回線は音声級（電話級）回線のことで、電信のほか電話、ファクス、写真電送などにも利用できた。当時、外務省や商社などでVG回線を利用している例はあったが、時事のようにファクスに利用した例は極めてユニークで、関係方面から注目された。同年8月には、ワシントンで三木武夫

首相とフォード大統領との日米首脳会談が行われたが、この際、クアラルンプールで日本赤軍による米大使館占拠事件が発生。首相や宮沢喜一外相ら政府首脳が JOIN から刻々と流れる情報を参考に緊急協議を行うなどしたことから、JOIN が高く評価された。

JACS に新聞協会賞（技術部門）——時事は82年 4 月から「時事通信社データ通信システム」（JACS）を正式にスタートさせた。これは、「時事通信編集システム（JET）」と「文字管理システム」とを一体化した総合的な記事編集・配信システムだった。このシステムについて日本新聞協会は、①加入社のニーズに応じ記事検索が可能な、わが国初めての双方向的な機能を持つ配信形態②報道界として初めてパケット交換網を採用し、信頼性を向上③既存の定額制回線との選択を加入社に委ねるなど、利用社主導——などを受賞理由に挙げた。

誤報問題受けて記者行動規範制定

時事通信は2002年 9 月17日の小泉純一郎首相の北朝鮮訪問による日朝首脳会談の報道の際、重大な誤報をした。拉致された有本恵子さんら日本人 3 人の一時帰国見通しのフラッシュ、記事などを流したが、外務省のブリーフィングで北朝鮮側がこの 3 人がすでに死亡していると表明したことが後で分かった。こうした誤報の再発防止などのため、03年 4 月 1 日付で「時事通信記者行動規範」を制定した（12年 7 月 1 日に一部改正）。

取材方法や記事の在り方、人権への配慮、情報の取り扱い方など 8 項目で、要旨は以下の通り。

1、正当かつ妥当な手段によって情報を入手しなければならない。その手段は社会通念に照らして許される限度を超えてはならない。事件・事故の被害者やその家族を取材する際は、節度を保ち、「集団的過熱取材」（メディアスクラム）にならないよう配慮する。
2、正確で公正な記事を書き、一刻も早く読者に伝えることに最大の努力を払う。十分な裏付けに基づき、予断や偏見のない記事を心掛けなければならない。写真も同様である。

3、常に人権に配慮した取材・報道を心掛けねばならない。
4、他人の著作物の盗用は恥ずべき行為であり、絶対にしてはならない。インターネット上の他人の著作物を端末の記事作成画面に張り付ける（コピー・アンド・ペースト）など、他人の著作物の盗用になる恐れのある行為をしてはならない。
5、情報源の秘匿は記者に課せられた重い倫理的責務である。オフレコの約束は厳守しなければならないが、安易にしてはいけない。
6、報道機関としての独立・中立性を疑われるような行動をとってはならない。
7、報道の公正さを疑われるような利益の提供を受けてはならない。
8、職務上得た情報を社が報道する前に私的に利用してはならない。社員の名前で社外執筆する場合は、事前に社の了解を得る。

情報ソリューション分野でサービス拡大へ

2008年9月の米大手証券会社・投資銀行リーマン・ブラザーズの経営破たんは、時事にも大きな衝撃となった。中核分野である金融証券系、行政系、商品系サービスなどで売り上げが軒並み減少。同年度の売り上げは214億6561万円にまで落ち込んだ。09年度には195億4403万円と、1987年度以来となる200億円台を割り込んだ上、13、14年度には176億円台にまで落ち込んだ。15年度は売り上げが若干回復し、177億1836万円となり、決算も経常黒字となった。この間、16期の連続赤字に追い込まれる厳しい経営状況が続いた。これは、時事の収入構造がマーケット関係に大きく依存してい

時事通信社のデモルームでの商品説明（時事通信提供）

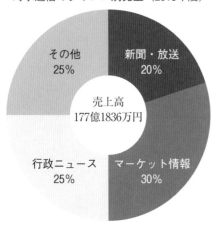

時事通信のジャンル別売上（2015年度）
売上高 177億1836万円
- 新聞・放送 20%
- マーケット情報 30%
- 行政ニュース 25%
- その他 25%

る体質的な問題があるためであった。

このため、16年6月に就任した大室真生社長は、早期に売上高180億円台を回復するとともに、安定した黒字経営を継続できる企業体質への転換を図るため、通信社として新たなビジネスモデルの構築を目指している。

これは、新聞・放送局へのニュース配信とともに、金融機関や企業への経済専門情報の提供、中央省庁や地方自治体には行政に関する専門ニュースを配信しているという特色を生かしつつ、非メディア向けのコンテンツや講演会、調査、出版などの時事が持つ「総合メディア企業」としての各種事業を組み合わせ、企業や自治体などのニーズに対応し、課題解決につなげる「情報ソリューション分野」でのサービスの拡大を志向している。

こうした戦略の背景には、①リーマンショックに伴う経済不況のほか、インターネットの普及に伴い、従来のマスメディア業界などの比重は縮小傾向②ネット上では速報、リアルタイム情報等で新聞・放送の通信社化が進んでおり、「通信社の領域が侵食されている」（吉永正幸社長室長）状況にあり、時事は発足の経緯からもともとマスメディアに対する収入依存度は高くはないものの、「既成概念にとらわれない新しい通信社への脱皮が急務」（同）との認識があるためだ。

また、情報ソリューション分野に加え、ストレートニュースだけでなく、深読みの記事や記事に関連した写真、グラフィックス、動画など視覚に訴えるコンテンツの重要性が高まっているとして、対応を急ぐ構えだ。

［佐藤陽信］

時事通信の内外の取材拠点

国内支社総支局
支社（6）＝札幌、仙台、名古屋、大阪、広島、福岡
総局（4）＝横浜、静岡、京都、神戸
支局（甲、43）＝立川、千葉、さいたま、前橋、宇都宮、水戸、甲府、長野、新潟、苫小牧、帯広、釧路、旭川、函館、青森、秋田、盛岡、山形、福島、岐阜、津、富山、金沢、福井、大津、奈良、和歌山、岡山、鳥取、松江、山口、松山、高松、徳島、高知、北九州、佐賀、長崎、熊本、大分、宮崎、鹿児島、那覇
支局（乙、24）＝川崎、厚木、湘南、成田、川越、つくば、松本、諏訪、室蘭、石巻、八戸、郡山、いわき、豊橋、岡崎、浜松、沼津、堺、阪神、姫路、福山、米子、久留米、下関
海外総支局
総局（2）＝ニューヨーク、中国（北京）
支局（26）＝ワシントン、シリコンバレー、ロサンゼルス、シカゴ、バンコク、ソウル、上海、香港、台北、マニラ、クアラルンプール、シンガポール、ジャカルタ、ハノイ、ニューデリー、カイロ、エルサレム、モスクワ、ベルリン、フランクフルト、ブリュッセル、パリ、ジュネーブ、ロンドン、サンパウロ、シドニー

引用・参考文献

時事通信社の70年史までの8冊の各社史および社報などの社内資料。
写真は時事通信社および時事通信フォト提供。
図表は時事通信社提供。

Ⅲ部
付録:世界の通信社一覧

通信社	社名	略称	国名
共同通信	Kyodo News	Kyodo	日本
時事通信	Jiji Press	Jiji	日本
聯合ニュース	Yonhap News Agency	Yonhap	韓国
朝鮮中央通信	Korean Central News Agency	KCNA	北朝鮮
新華社	Xinhua News Agency	Xinhua	中国
中央通訊社	Central News Agency	CNA	台湾
モンツァメ通信	Montsame News Agency	Montsame	モンゴル
フィリピン通信	Philippines News Agency	PNA	フィリピン
アンタラ	Antara	Antara	インドネシア
ベルナマ通信	Bernama	Bernama	マレーシア
タイ通信社	Thai News Agency	TNA	タイ
ベトナム通信	Vietnam News Agency	VNA	ベトナム
パテト・ラオ通信	Lao News Agency	KPL	ラオス
クメール通信	Agence Kampuchea Presse	AKP	カンボジア
ミャンマー通信	Myanmar News Agency	MNA	ミャンマー
APP	Associated Press of Pakistan	APP	パキスタン
PPI	Pakistan Press International	PPI	パキスタン
PTI	Press Trust of India	PTI	インド
UNI	United News of India	UNI	インド
バングラデシュ通信	Bangladesh Sangbad Sangstha	BSS	バングラデシュ
スリランカ通信	Lankapuvath	Lankapuvath	スリランカ
アフガン・イスラム通信	Afghan Islamic Press	AIP	アフガニスタン
パジュワク	Pajhwok Afghan News	Pajhwok	アフガニスタン
RSS通信	Rastriya Samachar Samiti	RSS	ネパール
AAP	Australian Associated Press	AAP	オーストラリア

付録：世界の通信社一覧

地域	本社所在地	URL
アジア	東京	http://www.kyodonews.jp/
アジア	東京	http://www.jiji.com/
アジア	ソウル	http://www.yonhapnews.co.kr/
アジア	平壌	http://www.kcna.kp/kcna.user.home.retrieveHomeInfoList.kcmsf
アジア	北京	http://www.xinhua.org/
アジア	台北	http://www.cna.com.tw/
アジア	ウランバートル	http://www.montsame.mn/
アジア	マニラ首都圏ケソン市	http://www.pna.gov.ph/
アジア	ジャカルタ	http://www.antaranews.com
アジア	クアラルンプール	http://www.bernama.com/
アジア	バンコク	http://www.tnamcot.com
アジア	ハノイ	http://www.vnanet.vn/
アジア	ビエンチャン	http://kpl.gov.la/
アジア	プノンペン	http://www.akp.gov.kh/
アジア	ヤンゴン	http://www.moi.gov.mm/npe/?q=myanmar-news-agency
アジア	イスラマバード	http://app.com.pk/
アジア	カラチ	http://www.ppinewsagency.com/
アジア	ニューデリー	http://www.ptinews.com/
アジア	ニューデリー	http://www.uniindia.com/
アジア	ダッカ	http://www.bssnews.net/
アジア	コロンボ	http://www.lankapuvath.lk/
アジア	カブール	http://www.afghanislamicpress.com/
アジア	カブール	http://www.pajhwok.com/
アジア	カトマンズ	http://www.rss.com.np/
オセアニア	シドニー	http://www.aap.com.au/

通信社	社名	略称	国名
アナトリア通信	Anadolu Agency	AA	トルコ
イラン通信	Islamic Republic News Agency	IRNA	イラン
イラン学生通信	Iranian Students' News Agency	ISNA	イラン
メヘル通信	Mehr News Agency	MNA	イラン
ファルス通信	Fars News Agency	Fars	イラン
中東通信	Middle East News Agency	MENA	エジプト
シリア・アラブ通信	Syrian Arab News Agency	SANA	シリア
ペトラ通信	Petra	Petra	ヨルダン
サウジ通信	Saudi Press Agency	SPA	サウジアラビア
クウェート通信	Kuwait News Agency	KUNA	クウェート
サバ通信	Yemen News Agency	SABA	イエメン
オマーン通信	Oman News Agency	ONA	オマーン
バーレーン通信	Bahrain News Agency	BNA	バーレーン
カタール通信	Qatar News Agency	QNA	カタール
首長国通信	Emirates News Agency	WAM	アラブ首長国連邦
TAP通信	Tunis Afrique Press	TAP	チュニジア
スーダン通信	Sudan News Agency	SUNA	スーダン
リビア通信	Libya News Agency	LANA	リビア
マグレブ・アラブ通信	Maghreb Arabe Presse	MAP	モロッコ
モーリタニア通信	Agence Mauritanienne d'Information	AMI	モーリタニア
パレスチナ通信	Palestinian News & Info Agency	WAFA	パレスチナ
マアン通信	Ma'an News Agency	MNA	パレスチナ
エチオピア通信	Ethiopian News Agency	ENA	エチオピア
ジブチ通信	Agence Djiboutienne d'Information	ADI	ジブチ
ケニア通信	Kenya News Agency	KNA	ケニア
ニジェール通信	Agence Nigerienne de Presse	ANP	ニジェール

地域	本社所在地	URL
中東・北アフリカ	アンカラ	http://www.aa.com.tr/
中東・北アフリカ	テヘラン	http://www.irna.ir/
中東・北アフリカ	テヘラン	http://en.isna.ir/
中東・北アフリカ	テヘラン	http://www.mehrnews.com/
中東・北アフリカ	テヘラン	http://www.farsnews.com/
中東・北アフリカ	カイロ	http://www.mena.org.eg/
中東・北アフリカ	ダマスカス	http://www.sana.sy/
中東・北アフリカ	アンマン	http://www.petra.gov.jo/
中東・北アフリカ	リヤド	http://www.spa.gov.sa/
中東・北アフリカ	クウェート市	http://www.kuna.net.kw/
中東・北アフリカ	サヌア	http://www.saba.ye/
中東・北アフリカ	マスカット	http://www.omannews.gov.om/
中東・北アフリカ	マナマ	http://www.bna.bh/
中東・北アフリカ	ドーハ	http://www.qna.org.qa/
中東・北アフリカ	アブダビ	http://www.wam.ae/
中東・北アフリカ	チュニス	http://www.tap.info.tn/
中東・北アフリカ	ハルツーム	http://www.sunanews.net/
中東・北アフリカ	トリポリ	http://www.lana-news.ly/
中東・北アフリカ	ラバト	http://www.map.ma/
中東・北アフリカ	ヌアクショット	http://fr.ami.mr/
中東・北アフリカ	ラマラ	http://www.wafa.ps/
中東・北アフリカ	ベツレヘム	https://www.maannews.com/
アフリカ	アディスアベバ	http://www.ena.gov.et/
アフリカ	ジブチ	http://www.adi.dj/
アフリカ	ナイロビ	http://kenyanewsagency.go.ke/
アフリカ	ニアメ	http://www.anp.ne/

通信社	社名	略称	国名
マリ通信	Agence Malienne de Presse	AMAP	マリ
セネガル通信	Agence de Presse Senegalaise	APS	セネガル
ギニア通信	Agencia de Noticias da Guine	ANG	ギニアビサウ
ギニア通信	Agence Guineenne de Presse	AGP	ギニア
AIP	Agence Ivoirienne de Presse	AIP	コートジボワール
リベリア通信社	Liberia News Agency	LINA	リベリア
ベナン通信	Agence Benin Presse	ABP	ベナン
ガーナ通信	Ghana News Agency	GNA	ガーナ
トーゴ通信	Agence Togolaise de Presse	ATOP	トーゴ
ナイジェリア通信	Nigeria News Agency	NAN	ナイジェリア
ルワンダ通信	Rwanda News Agency	RNA	ルワンダ
ブルンジ通信	Agence Burundaise de Presse	ABP	ブルンジ
コンゴ通信	Agence Congolaise d'Information	ACI	コンゴ共和国
コンゴ通信	Agence Congolaise de Presse	ACP	コンゴ（旧ザイール）
ACAP	Agence Centrafricaine de Presse	ACAP	中央アフリカ
インフォルプレス	Agencia Cabo-Verdiana de Noticias	Inforpress	カボベルデ
ガボン通信	Agence Gabonaise de Presse	AGP	ガボン
アンゴラ通信	Agencia de Noticias Angola Press	ANGOP	アンゴラ
ザンビア通信	Zambia News and Information Services	ZANIS	ザンビア
ニュージアナ	New Zimbabwe Inter-Africa News Agency	NEW-ZI-ANA	ジンバブエ

地域	本社所在地	URL
アフリカ	バマコ	http://amap.ml/
アフリカ	ダカール	http://www.aps.sn/
アフリカ	ビサウ	http://ang.gw/
アフリカ	コナクリ	http://www.agpguinee.org/
アフリカ	アビジャン	http://aip.ci/
アフリカ	モンロビア	http://www.liberianewsagency.org/
アフリカ	コトヌー	http://www.agencebeninpresse.info/
アフリカ	アクラ	http://www.ghananewsagency.org/
アフリカ	ロメ	不詳
アフリカ	アブジャ	http://www.nan.ng/
アフリカ	キガリ	http://www.rnanews.com/
アフリカ	ブジュンブラ	http://abpinfos.gov.bi/
アフリカ	ブラザビル	http://agencecongoinfo.net/
アフリカ	キンシャサ	http://acpcongo.com/acp/
アフリカ	バンギ	http://www.acap.cf/
アフリカ	プライア	http://www.inforpress.publ.cv/
アフリカ	リーブルビル	http://www.agpgabon.ga/
アフリカ	ルアンダ	http://www.angop.ao/
アフリカ	ルサカ	http://www.zanis.com.zm/
アフリカ	ハラレ	不詳

通信社	社名	略称	国名
南アフリカ通信	South African Press Association	SAPA	南アフリカ
マラウイ通信	Malawi News Agency	MANA	マラウイ
ボツワナ通信社	Botswana Press Agency	BOPA	ボツワナ
ナミビア通信	Namibia Press Agency	NAMPA	ナミビア
レソト通信	Lesotho News Agency	LENA	レソト
タラトラ通信	Agence Nationale d'information Taratra	ANTA	マダガスカル
コモロ通信	Agence Comorienne de Presse	HZK-Presse	コモロ
AP	Associated Press	AP	米国
UPI	United Press International	UPI	米国
カナダ通信	Canadian Press	CP	カナダ
メキシコ通信	Agencia de Noticias del Estado Mexicano	NOTIMEX	メキシコ
プレンサ・ラティーナ	Prensa Latina	PL	キューバ
カリブ・メディア通信	Caribbean Media Corporation	CMC	バルバドス
TELAM	TELAM	TELAM	アルゼンチン
アルゼンチン通信	Noticias Argentinas	NA	アルゼンチン
DYN 通信	Diarios y Noticias	DYN	アルゼンチン
アンデス通信	Agencia de Noticias Andina	ANDINA	ペルー
AVN	Agencia Venezolana de Noticias	AVN	ベネズエラ
ロイター	Reuters	Reuters	英国 / 米国
プレス・アソシエーション	Press Association	PA	英国
フランス通信	Agence France Presse	AFP	フランス
DPA 通信	Deutsche Presse-Agentur	DPA	ドイツ
ベルガ通信	Belga	Belga	ベルギー

地域	本社所在地	URL
アフリカ	ヨハネスブルク	http://www.sapa.org.za/
アフリカ	リロングウェ	http://www.manaonline.gov.mw/
アフリカ	ハボローネ	不詳
アフリカ	ウィントフーク	http://www.nampa.org/
アフリカ	マセル	http://www.lena.gov.ls/
アフリカ	アンタナナリボ	http://agenceanta.com/
アフリカ	モロニ	http://www.comores-online.com/HZK-PRESSE/
北米	ニューヨーク	http://www.ap.org/
北米	ワシントン	http://www.upi.com/
北米	トロント	http://www.thecanadianpress.com/
中南米	メキシコ市	http://www.notimex.gob.mx/
中南米	ハバナ	http://prensa-latina.cu/
中南米	ブリッジタウン	http://cananewsonline.com/
中南米	ブエノスアイレス	http://www.telam.com.ar/
中南米	ブエノスアイレス	http://www.noticiasargentinas.com.ar/
中南米	ブエノスアイレス	http://www.dyn.com.ar/
中南米	リマ	http://www.andina.com.pe/
中南米	カラカス	http://www.avn.info.ve/
欧州 / 北米	ニューヨーク（米トムソン・ロイターの通信社部門）	http://www.reuters.com/
欧州	ロンドン	https://www.pressassociation.com/
欧州	パリ	https://www.afp.com/
欧州	ハンブルク	https://www.dpa.com/
欧州	ブリュッセル	ttp://www.belga.be/

通信社	社名	略称	国名
オランダ通信	Algemeen Nederlands Persbureau	ANP	オランダ
オーストリア通信	Austria Presse Agentu	APA	オーストリア
スイス通信	Schweizerische Depeschenagentur	SDA	スイス連邦
ANSA	Agenzia Nazionale Stampa Associata	ANSA	イタリア
AGI	Agenzia Giornalistica Italia	AGI	イタリア
LUSA	Agencia de Noticias de Portugal	LUSA	ポルトガル
スペイン通信	Agencia EFE	EFE	スペイン
アテネ通信	Athens News Agency	ANA	ギリシャ
ノルウェー通信	Norsk TelegramByra	NTB	ノルウェー
スウェーデン通信	Tidningarnas Telegrambyra	TT	スウェーデン
STT	Oy Suomen Tietotoimisto-Finska Notisbyran	STT	フィンランド
リツァウス通信	Ritzau	Ritzau	デンマーク
ポーランド通信	Polish Press Agency	PAP	ポーランド
チェコ通信	Czech News Agency	CTK	チェコ
スロバキア通信	TASR	TASR	スロバキア
ハンガリー通信	Magyar Tavirati Iroda	MTI	ハンガリー
アジェルプレス	Agerpres	Agerpres	ルーマニア
HINA通信	Hrvatska Izvjestajna Novinska Agencija	HINA	クロアチア
タンユグ通信	Serbian National News Agency Tanjug	Tanjug	セルビア
ベタ通信	Beta News Agency	Beta	セルビア
スロベニア通信	Slovenian Press Agency	STA	スロベニア
マケドニア通信	Macedonian Information Agenc	MIA	マケドニア
マクファクス	Makfax	Makax	マケドニア
ブルガリア通信	Bulgarian News Agency	BTA	ブルガリア
ソフィア・プレス	SofiaPress	SPA	ブルガリア

地域	本社所在地	URL
欧州	レイスウェイク	http://www.anp.nl/
欧州	ウィーン	http://www.apa.at/
欧州	ベルン	http://www.sda.ch/
欧州	ローマ	http://www.ansa.it/
欧州	ローマ	http://www.agenziaitalia.it/
欧州	リスボン	http://www.lusa.pt/
欧州	マドリード	http://www.efe.com/
欧州	アテネ	http://www.amna.gr/
欧州	オスロ	http://www.ntb.no/
欧州	ストックホルム	https://tt.se/
欧州	ヘルシンキ	http://stt.fi/
欧州	コペンハーゲン	http://www.ritzau.dk/
欧州	ワルシャワ	http://www.pap.pl/
欧州	プラハ	http://www.ceskenoviny.cz/
欧州	ブラチスラバ	http://www.tasr.sk/
欧州	ブダペスト	http://www.mti.hu/
欧州	ブカレスト	http://www.agerpres.ro/
欧州	ザグレブ	https://www.hina.hr/
欧州	ベオグラード	http://www.tanjug.rs/
欧州	ベオグラード	http://beta.rs/
欧州	リュブリャナ	https://www.sta.si/
欧州	スコピエ	http://www.mia.mk/
欧州	スコピエ	http://makfax.com.mk/
欧州	ソフィア	http://www.bta.bg/
欧州	ソフィア	http://sofiapress.bg/

通信社	社名	略称	国名
アルバニア通信	Albanian Telegraphi Agency	ATA	アルバニア
エルタ通信	Lithuanian News Agency	ELTA	リトアニア
ラトビア通信	Latvian Information Agency	LETA	ラトビア
バルト通信	Baltic News Service	BNS	エストニア
タス通信	TASS	TASS	ロシア
インタファクス通信	Interfax	Interfax	ロシア
今日のロシア	Rossiya Segodnya	Rossiya Segodnya	ロシア
ウニアン	UNIAN	UNIAN	ウクライナ
ベルタ	Belarusian Telegraph Agency	BELTA	ベラルーシ
モルドプレス	Moldpres	Moldpres	モルドバ
アルメンプレス	Armenpress	Armenpress	アルメニア
アゼルバイジャン通信	Azerbaijan State News Agency	AZERTAC	アゼルバイジャン
カズインフォルム	Kazinform	Kazinform	カザフスタン
ジャホン	Jahon	Jahon	ウズベキスタン
ウザ	Uzbekistan National News Agency	Uza	ウズベキスタン
ホバル	Khovar	Khovar	タジキスタン
カバル通信	Kabar	Kabar	キルギス
トルクメニスタン通信	Turkmenistan State News Agency	TDH	トルクメニスタン
インタープレス	InterPressNews	IPN	ジョージア

付録：世界の通信社一覧

地域	本社所在地	URL
欧州	ティラナ	http://ata.gov.al/
欧州	ビリニュス	http://www.elta.lt/
欧州	リガ	http://www.leta.lv/
欧州	タリン	http://www.bns.ee/
独立国家共同体・カフカス地方	モスクワ	http://tass.ru/
独立国家共同体・カフカス地方	モスクワ	http://www.interfax.com/
独立国家共同体・カフカス地方	モスクワ	http://sputniknews.com/
独立国家共同体・カフカス地方	キエフ	http://www.unian.net/
独立国家共同体・カフカス地方	ミンスク	http://eng.belta.by/
独立国家共同体・カフカス地方	キシニョフ	http://www.moldpres.md/
独立国家共同体・カフカス地方	エレバン	http://www.armenpress.am/
独立国家共同体・カフカス地方	バクー	http://www.azertag.az/
独立国家共同体・カフカス地方	アスタナ	http://www.inform.kz
独立国家共同体・カフカス地方	タシケント	http://www.jahonnews.uz/
独立国家共同体・カフカス地方	タシケント	http://uza.uz/
独立国家共同体・カフカス地方	ドゥシャンベ	http://khovar.tj/
独立国家共同体・カフカス地方	ビシケク	http://www.kabar.kg/
独立国家共同体・カフカス地方	アシガバート	http://tdh.gov.tm/
独立国家共同体・カフカス地方	トビリシ	http://www.interpressnews.ge/

（共同通信社国際局調べ、2017年2月1日現在）
注：ウェブサイトで確認できた世界の通信社を地域別に配列。

あとがき

　通信社は伝統的に自ら収集したニュースを新聞、テレビ、ラジオ、ウェブサイトなどの報道機関や民間企業などに提供する組織であり、「ニュースの問屋」的な存在である。今風に言えば、主に B to B（business to business）の事業を展開している報道組織ということになる。新聞を発行したり、放送局を所有したりすることがないため、一般の読者や視聴者の目に直接触れることがなく、その報道活動はあまり知られていない。そのため、大手の新聞社やテレビ局に比べ、知名度も低い。

　「通信社」という言葉からは、NTT、KDDI、ドコモ、ソフトバンクなどの通信をビジネスとしている企業が連想され、誤解が生まれることもある。その黎明期においては、ニュース原稿の長距離送信・配信には電信線を押さえることが重要な業務であったこともあり、そう呼ばれたのかもしれない。

　ロイターはその創生期に、「ロイター氏の事務所」（Mr. Reuter's Office）から「ロイター電信会社」（Reuter's Telegram Company）へと生まれ変わった。ロイターより2年前にドイツに創設された通信社「ウォルフ」も「ウォルフ電報局」（Wolffs Telegraphisches Bureau）と名乗った。電信線を確保して通信社ビジネスを展開していったことが、その名称からも読み取れる。実際、その電信網を拡大しつつあった時代のロイターは、電信取扱業務からの収入によってニュース配信分野の赤字を解消していたという。

　また、APなどの米国の通信社は長きにわたり"wire service"と呼ばれてきた。ロイターも同様である。電信線などの専用回線（wire）を通じて新聞社や他の報道機関にニュースサービスを提供してきたためであろう。年配ジャーナリストの間には、今でも通信社のことを「ワイヤー・サービ

ス」と呼ぶ人が多くいる。
　しかし、「通信社」は標準英語で"news agency"と呼ばれており、その意味するところは「ニュースの代理店」である。APやロイターでは、現在の支局長や特派員に相当する記者を"agent"と呼んでいた時代があった。エージェンシーで働く人だからエージェントということでもあるが、「代理人」あるいは「仲介人」という意味になる。
　つまり、全国あるいは全世界の主要都市にくまなく支局を設置し、記者を派遣することができない新聞社などの報道機関の代理として取材網を設営。そして収集したニュースをそれらの報道機関に提供することを主な業務とする組織と考えれば、その機能と役割は明確になるだろう。
　2009年2月、マイケル・オレスケスAP編集局長（当時）はニューヨークのオーバーシーズ・プレスクラブでジャーナリズム奨学生を前に講演し、「われわれは独立したオブザーバーで、多くの人々が行けないところに行き、情報を入手できないところで入手し、そうする時間を持たない人々のために情報を吟味し、解釈を加える。そして、われわれの読者や視聴者が世界を理解し、かじ取りしていくのを助けるため以外の特別な意図（agenda）を持たずに、その全てを遂行する」と、ジャーナリストの役割について語った。多くの報道機関とそれらの読者・視聴者のためにニュース情報を収集し、それを整理して正確かつ公正に報道する代理人という姿が通信社記者の原点のように思える。
　ひと口に「通信社」と言っても、その形態はさまざまで、一定の描写で片付けることはできない。国際報道の第一線で競い合っているAP通信社とトムソン・ロイターもその組織形態や経営方針は異なる。少し離れた3番目に位置しているAFPは、第2次世界大戦の終わりに国営通信社として発足した歴史があるように、いまだにフランス政府から多額の補助金を受けている。
　その報道姿勢あるいは編集方針に目を向けると、自国政府の支配下にある国営通信社は論外だが、民間の独立した通信社が事実に基づく客観報道を重視してきたのには理由がある。米国を例に取ってみると、通信社は広

あとがき

い地域にわたる数多くの報道機関にニュースを提供していた。そして、それぞれが異なった政治的信条を掲げていたり、異なった宗教・宗派に属していたりしていたため、意見やイデオロギーを排除して、事実に即した客観的なニュースを提供しなければ、広く受け入れられることはないと判断したのであろう。英国を発祥の地とし、当初は主に欧州でビジネスを展開していたロイターも、報道の速さだけでなく、正確で偏りのないフェアなニュースでなければ多くの契約社を獲得・維持することができないということを理解していた。

　それ故、主要通信社は厳格なジャーナリズム規範と倫理を掲げてきた。その姿勢が新聞をはじめとする多くの報道機関に影響を与え、客観性を重んじる近代ジャーナリズムの基礎を築き上げていったと考える。

　ロイターが金融情報サービスで急成長を遂げ、株式を公開するに至った経緯をつづった「ロイターの奇跡」（原題 "The Price of Truth: the story of the Reuters millions"）では、「通信社は最も消毒された水道を消費者に配給する水道局のようなものだ。地域によって水に対する好みが違うという問題は別にして、通信社の任務は外部からの汚染に対してガードを固めることだ」と説明している。その一方、英国の主要新聞ジャーナリストは、ロイターのニュースが事実のみに基づいて書かれているため、退屈極まりなく、自分たちが書く記事のような趣も味わいもない、と見下していたという。

　APにおいても、掲げるジャーナリズム規範に基づき、情報の出所を明記することを原則としている。誰が語った言葉か、どこから得た情報かをそれぞれ記事中に示すことを基本としているため、その文体は硬過ぎて味気ないという評判があった。

　客観報道の基本原則は今も堅持されているが、記事の書き方は時代とともに変化してきている。例えば、1982年初版のベテランAPエディターによる「記事作成の手引書」（"The Associated Press Guide to News Writing"）には、「ニュース記事は明快にして簡潔、正確で興味深くなければならない」と冒頭に記されている。つまり、明快さ、簡潔さ、正確さだけでなく、

読者の関心を引き付けるような書き方も重要だと説く。この手引書は、大学のジャーナリズム学部ではもちろん、若手新聞記者にとっても貴重な参考書として活用されてきた。

今はデジタル時代となり、誰もが簡単に情報を発信できるようになった。そして情報はソーシャルメディアを通じて素早く拡散し、信頼できない情報も多く飛び交っている。個々人がブログを書いて意見を表明することも簡単になった。しかし、ブロガーのほとんどは独自取材をせず、2次情報、3次情報をまとめ、自身の解釈や意見を述べている。そうした情報にも一定のニーズがあり、参考資料にはなり得るが、全面的に信頼すると誤った方向に導かれてしまうかもしれない。

また、ニュース情報はスマートフォンなどの携帯機器を通じて消費されるようになった。スマートフォン・ユーザーはせっかちで、長文記事を好まないという。その一方で、短い速報だけを読んでいると、やがてそれに物足りなくなり、しっかりとした背景説明を含む長文記事を読みたくなるという調査報告もある。

このような情報洪水時代に望まれているのは、独自取材による信頼できるニュース情報である。ちなみに、独自取材による報道は"original reporting"と呼ばれている。そして、それに応えることができるのは、世界各地に幅広い取材拠点を維持している通信社に他ならない。通信社の生命線である速報は欠かせないが、今は調査報道にも力を入れ、重要と判断したニュースについてはしっかりとした解説記事も提供している。写真ニュースはもとより、デジタル時代のニーズに応えるべく、映像ニュースサービスにも力をいれている。当面の問題としては、それをいかにビジネス化していくかということに尽きるだろう。

今回インタビューしたAPとトムソン・ロイターの首脳や編集幹部は口をそろえ、デジタル時代がもたらした困難な状況は、新たなビジネスチャンスを生み出しつつあると語った。情報技術は進化し続け、メディアの生態系や地形図を大きく変えた。今は新たな時代への移行期間であり、新た

あとがき

な考えや工夫が必要とされている。組織形態や経営方針は異なるが、両社ともに数年先を見据え、着実に手を打っているように思えた。

元AP通信北東アジア総支配人
我孫子和夫

執筆者紹介（「世界の通信社研究会」メンバー）

［執筆順、名前の後は担当した項目］

長谷川和明（はせがわかずあき）（刊行にあたって）　公財・新聞通信調査会理事長

Ⅰ部
有山輝雄（ありやまてるお、座長）
　1943年生まれ。東京大学大学院単位取得退学。元東京経済大学教授、メディア史専攻。主な著編書『日本発国際ニュースに関する研究』、『日本からの情報発信—現状と課題—』（以上、新聞通信調査会）、『情報覇権と帝国日本』Ⅰ、Ⅱ、Ⅲ（吉川弘文館）。

Ⅱ部
第1章　海外の通信社
我孫子和夫（あびこかずお）（1．AP通信社、2．トムソン・ロイター、あとがき）
　47年生まれ。カリフォルニア州立大学大学院卒。元AP通信社北東アジア総支配人。元日本外国特派員協会会長。上智大学非常勤講師、神田外語大学客員教授。訳書『ブレーキングニュース』、共著書『ジャーナリズムの規範と倫理』（以上、新聞通信調査会）など。
倉沢章夫（くらさわとしお）（3．AFP）
　52年生まれ。東京大学卒。時事通信社外経部、ニューヨーク特派員、ロンドン支局次長、編集局総務、解説委員、時事総合研究所代表取締役。現在、新聞通信調査会編集長。著書『ロンドン特派員余録』（千早書房）、『国際商品市場リポート』（同友館）など。
今井　克（いまいまさる）（4．DPA）
　48年生まれ。ベルリン経済大学卒。共同通信社入社、テヘラン支局長、ボン支局長、ニューヨーク総局次長、国際局長。共著『バルカン　危機の構図』（恒文社）。
山口　光（やまぐちこう）（5．ロシアの通信社、10．アジア・太平洋地域の通信社）
　44年生まれ。国際基督教大学卒。共同通信社サイゴン、バンコク、ニューヨーク各特派員、ジュネーブ支局長、国際局長。長野五輪日本組織委員会メディア責任者、FIFAワールドカップ日本組織委員会広報報道局長。上智大学講師。現在、共同通信社経営企画室顧問。
浜田幸絵（はまださちえ）（6．EFE、ANSA）
　83年生まれ。東京経済大学大学院コミュニケーション学研究科博士後期課程修了。主要著書に『日本におけるメディア・オリンピックの誕生』（ミネルヴァ書房）。現在、島根大学法文学部准教授。
日吉昭彦（ひよしあきひこ）（7．新華社）

70年生まれ。成城大学卒。文教大学情報学部メディア表現学科准教授。主要著書『日本発国際ニュースに関する研究』(新聞通信調査会)など。

信太謙三(しだけんぞう)(7．新華社、10．のうち中央通訊社)

48年生まれ。早稲田大学卒。時事通信社外信部、香港、北京特派員、北京、上海支局長。東洋大学教授(2004〜14年)。同大学現代社会総合研究所客員研究員。主要著書『中国・赤い資本主義の秘密』(時事通信社)、『中国ビジネス光と闇』(平凡社新書)など。

阪堂博之(はんどうひろゆき)(8．聯合ニュース、朝鮮中央通信)

58年生まれ。天理大学卒。共同通信社ソウル特派員、外信部担当部長、国際局企画委員兼国際業務支援室長、編集委員室編集委員。共著『朝鮮を知る事典』(平凡社)、訳書『現代韓国の地方自治』(共訳、法政大学出版局)、『朴正熙と金大中』(共同通信社)など。

千葉悠志(ちばゆうし)(9．アラブ世界の通信社)

85年生まれ。京都大学大学院アジア・アフリカ地域研究研究科博士課程修了。日本学術振興会特別研究員(PD)。現在、早稲田大学イスラーム地域研究機構研究助手。著書『現代アラブ・メディア——越境するラジオから衛星テレビへ』(ナカニシヤ出版)。

第2章　日本の通信社

渥美一志(あつみかずし)(1．共同通信社)

50年生まれ。早稲田大学卒。共同通信社入社、大阪社会部長、整理部長、秘書部長、東京支社長。編著『銀行が食い尽くされた日』(講談社)。現在、共同通信社史刊行委員会事務局編集委員。

佐藤陽信(さとうはるのぶ)(2．時事通信社)

52年生まれ。中央大学卒。時事通信社政治部、メキシコ特派員、首相官邸記者クラブキャップ、神戸総局長。著書『21世紀の首相候補生』(共著)。現在、公益財団法人同盟育成会事務局長代理。

Ⅲ部　付録：世界の通信社一覧
共同通信社国際局

[コラム：五十音順]
金重 紘	(かなしげひろし)	時事通信社元解説委員長
金子敦郎	(かねこあつお)	共同通信社元常務理事、大阪国際大学名誉教授
佐々木 坦	(ささきひろし)	共同通信社元常務理事
塚越敏彦	(つかごしとしひこ)	共同通信社元アジア地区総代表
西澤 豊	(にしざわゆたか)	時事通信社前社長、現相談役
藤原作弥	(ふじわらさくや)	時事通信社元解説委員長、元日銀副総裁

挑戦する世界の通信社
メディア新時代に

発行日	2017年3月25日
編　者	「世界の通信社研究会」
発行者	長谷川和明
発行所	公益財団法人　新聞通信調査会

Ⓒ Japan Press Research Institute 2017, Printed in Japan

〒100-0011　東京都千代田区内幸町2-2-1
　　　　　　　日本プレスセンタービル1階
電話(03)3593-1081(代表)
URL：http://www.chosakai.gr.jp
ISBN978-4-907087-10-4

装幀　野津明子
印刷所　㈱太平印刷社